柏拉图全集

PLATONIS OPERA

增订版

5

[古希腊]柏拉图◎著

王晓朝◎译

人民出版社

责任编辑：张伟珍
封面设计：吴燕妮

图书在版编目（CIP）数据

柏拉图全集 .5 ／[古希腊] 柏拉图 著；王晓朝 译 . – 增订本 . —北京：
人民出版社，2016.12（2020.1 重印）
ISBN 978 – 7 – 01 – 016839 – 5

I. ①柏… II. ①柏… ②王… III. ①柏拉图（前 427~ 前 347）–
全集 IV. ① B502.232-52

中国版本图书馆 CIP 数据核字（2016）第 245143 号

柏拉图全集 [增订版] 5

BOLATU QUANJI

[古希腊] 柏拉图 著 王晓朝 译

人民出版社 出版发行

（100706 北京市东城区隆福寺街 99 号）

北京汇林印务有限公司印刷 新华书店经销

2016 年 12 月第 1 版 2020 年 1 月北京第 2 次印刷
开本：710 毫米 ×1000 毫米 1/16 印张：14.25
字数：204 千字 印数：3,001–5,000 册

ISBN 978 – 7 – 01 – 016839 – 5 定价：44.00 元

邮购地址 100706 北京市东城区隆福寺街 99 号
人民东方图书销售中心 电话（010）65250042 65289539

目 录

增订版译者前言

拙译中文版《柏拉图全集》自 2003 年开始出版以来，十来个年头匆匆而过。应社会大众的阅读需要，在出版界朋友的帮助下，全集多次重印，而在此期间，译者也在不断地听取和收集各方面的批评意见，并在教学和科研间隙对全集进行修订。最近几年，译者承担的教学和研究工作相对较少，有了对全集进行全面修订的充裕时间，遂有这个全集增订版的问世。

译者除了对原版译文进行逐字逐句的修订外，还做了以下工作：

（1）原版中各篇对话的提要译自伊迪丝·汉密尔顿所撰写的各篇对话短序。本次修订，所有提要均由译者本人撰写，内中包含译者自身的阅读结果，写出来供读者参考。

（2）考虑到研究的需要，也考虑到柏拉图的疑伪之作至今尚无最终定论，因此借修订之机，补译柏拉图伪作十六种。它们是：《阿尔基比亚德上篇》（Alcibiades I）、《阿尔基比亚德下篇》（Alcibiades II）、《希帕库斯篇》（Hipparchus）、《克利托丰篇》（Clitophon）、《塞亚革斯篇》（Theages）、《弥诺斯篇》（Minos）、《德谟多库篇》（Demodocus）、《西绪福斯篇》（Sisyphus）、《厄里西亚篇》（Eryxias）、《阿西俄库篇》（Axiochus）、《情敌篇》（Rival Lovers）、《论公正》（On Justice）、《论美德》（On Virtue）、《神翠鸟》（Halcyon）、《定义集》（Definitions）、《诗句集》（Epigrams）。

（3）专有名词（人名、地名、族名、神名）有少量改动和增添；哲学概念和术语的译名结合近年来的研究动态有改动，并以注释的方式说明旧译和新译的基本情况。

（4）文中注释有较多修改和增添。所有注释均由译者参照已有各种版本柏拉图著作的注释加以取舍、改写、综合、添加。

（5）柏拉图著作标准页在原版中在页边标注，考虑到中国人的阅读习惯和排版的方便，修订版改为文间标注。

（6）除原版中列举的参考资料外，本次修订着重参考了下列图书：

J. Burnet, Platonis Opera, 5 vols, Oxford, Clarendon Press, 1900—1907.

Plato, Complete Works, ed. By John M. Cooper, Hackett Publishing Company, Indianapolis, Cambridge, 1997.

（7）参考 John M. Cooper 编辑的英文版柏拉图全集中的索引，重编增订版索引，并增加希腊文对照。

近年来，中国高校大力推广人文素质教育，阅读经典著作成为素质教育的重要内容。为适应这种社会需要，译者将修订版的《柏拉图全集》分为十册出版，以解决全集篇幅过大，一般学生和社会读者难以全部购买的问题。待各分册出版完成以后，再视社会需要，出版完整的增订版《柏拉图全集》。现在，全集分册的出版已经完成。新的合集共分三卷，各卷包含的内容是：

上卷：中文版序、译者导言、柏拉图年表、柏拉图谱系表、柏拉图著作篇名缩略语表、申辩篇、克里托篇、斐多篇、卡尔米德、拉凯斯篇、吕西斯篇、欧绪弗洛篇、美涅克塞努篇、小希庇亚篇、伊安篇、高尔吉亚篇、普罗泰戈拉篇、美诺篇、欧绪德谟篇、克拉底鲁篇、斐德罗篇、会饮篇。

中卷：国家篇（10卷）、泰阿泰德篇、巴门尼德篇、智者篇、政治家篇、斐莱布篇、蒂迈欧篇。

下卷：克里底亚篇、法篇（12卷）、伊庇诺米篇、大希庇亚篇、阿尔基比亚德上篇、阿尔基比亚德下篇、希帕库斯篇、克利托丰篇、塞亚革斯篇、弥诺斯篇、德谟多库篇、西绪福斯篇、厄里西亚篇、阿西俄库篇、情敌篇、论公正、论美德、神翠鸟、定义集、书信、诗句集、总索引。

借《柏拉图全集》增订版出版之机，重复译者在原版"译者导言"中说过的话："译作的完成之日，就是接受批评的开始。敬请读者在发现错误的时候发表批评意见，并与译者取得联系（通信地址：100084 清华大学人文学院哲学系；电子邮件：xiaochao@tsinghua.edu.cn)，以便译者在有需要再版时予以修正。"

感谢学界前辈、同行、朋友的教诲、建议和批评！

感谢人民出版社为出版中文版《柏拉图全集》所付出的巨大努力！

感谢中文版《柏拉图全集》出版以来阅读过该书的所有读者！感谢中文版《柏拉图全集》出版以来，对该书作出评价和提出批评意见的所有人！

王晓朝

2017 年 9 月 18 日

克拉底鲁篇

提　要

　　本篇属于柏拉图中期对话，以谈话人之一克拉底鲁的名字命名。公元 1 世纪的塞拉绪罗在编定柏拉图作品篇目时，将本篇列为第二组四联剧的第一篇，称其性质是"逻辑性的"，称其主题是"论名称的正确性"。① 谈话篇幅较长，译成中文约 4 万 9 千字。

　　在本篇中与苏格拉底展开讨论的有赫谟根尼和克拉底鲁。前者是苏格拉底的门徒和至友，苏格拉底受审和被处死时他都在场，克拉底鲁是希腊哲学家赫拉克利特的信奉者。围绕名称的正确性这个主题，苏格拉底与他们讨论了语言的起源、名称的由来、名称的作用、名称的意义、命名的方式等问题，做了大量正面论述。整篇对话可以分为两个部分：第一部分是苏格拉底与赫谟根尼进行讨论，第二部分主要是苏格拉底与克拉底鲁进行讨论。

　　第一部分（383a—427e）：讨论名称正确性。赫谟根尼介绍了克拉底鲁的观点。克拉底鲁认为，每样事物都有一个正确的名称或名字，这个名称依其本性而属于该事物；事物的名称不是人们约定俗成的，而是自然生成的，具有一种符合事物本性的正确性。赫谟根尼认为，属于某个具体事物的名称没有一个是自然赋予的，而是由确立这些用法的人制定规则，用某个名称来称呼这个事物。苏格拉底在讨论中批评了名称约定俗成的看法，指出名称是人辨识事物的工具，因此只能根据事物的本

---

① 参阅第欧根尼·拉尔修：《名哲言行录》3：59。

性给事物命名。命名者就是习俗制定者，他们观看事物的"形状"，把合乎事物本性的名称用声音和音节表达出来。（390e）在讨论中，苏格拉底考察了大量的语词的词源和本义，进而提出命名是用字母和音节对事物的本性进行摹仿。为了给每一事物制定一个标记或名称，名称制定者使用字母或原素，摹仿它们所指称的事物，然后把字母组合成其他所有名称。（424a）苏格拉底还把名称（语词）区分为"原初名称"和"派生名称"两类，讨论了二者之间的关系。

　　第二部分（427e—440e）：名称与事物的关系。苏格拉底指出，如果正确地提供了名称，那么这些名称与用它们命名的事物相似。所以，人可以通过名称来了解事物，也可以通过事物本身来了解事物。苏格拉底在讨论中批评了赫拉克利特的流变学说。他指出，名称提供者在提供名称时相信一切事物都处于运动和流变之中，然而，事物存在的方式未必如此。如果事物无法保持同一，它就不可能是这一事物，也不能被任何人所知，甚至要说有作为知识的事物也是不合理的。也就是说，如果事物始终在流逝，那就不会有知识，不会有任何人知道任何事物，也不会有任何事物被知道。苏格拉底强调，存在着美本身、善本身和其他各种事物本身，这些事物是永恒不变的，要研究事物普遍绝对的型相或本质，才能保证名称的正确性。在苏格拉底的引导下，克拉底鲁接受了苏格拉底的主要观点。

　　整篇对话所讨论的名称问题在柏拉图对话中是一个新的论题。苏格拉底对这个论题的探讨包含着许多奇妙的猜测，偶尔也有对真理的洞察，甚至是非常深刻的顿悟。对话的大部分篇幅用于猜测众多名称（语词）的来源，因此整篇对话显得冗长。然而，正是通过大量使人疲倦的阅读，苏格拉底的形象才生动地显现出来。

正　文

谈话人：赫谟根尼、克拉底鲁、苏格拉底

赫　【383】我们要让苏格拉底参加我们的讨论吗？

克　只要你乐意。

赫　苏格拉底，克拉底鲁①说每个事物都有一个正确的名称②、一个依其本性③而属于该事物的名称。事物的名称不是人们约定俗成的，只要乐意，人们想叫它什么就叫它什么——用他们自己的母语来称呼它——而是具有一种名称的符合其本性的正确性，这对任何人来说都是一样的，无论是希腊人还是野蛮人。【b】所以我问他，他自己的名字是否真的是"克拉底鲁"。他回答说，是。"苏格拉底的名字呢?"我说。"他的名字是苏格拉底。""这对其他每个人来说也一样吗? 我们叫他的那个名字就是他的名字吗?""这对你肯定不适用。你的名字不是'赫谟根尼'，哪怕世上所有人都叫你赫谟根尼。"我急于要他告诉我他是什么意思。他的回应故弄玄虚，支支吾吾。【384】他装出一副拥有某些隐秘知识的样子，以此迫使我同意他的看法；如果他能把他的想法讲明白，我倒是可以讲述他对名称的看法。所以，如果你能解释一下克拉底鲁神谕一般的意思，我会乐意听的。尽管我宁可听到你自己对名称的正确性的看法，如果你能讲一讲你的看法。

苏　赫谟根尼，希波尼库④之子，有句古谚说【b】"要知道好东西是非常难的"，要知道名称肯定不是一件易事。当然了，如果我听过普罗狄科⑤那门收费 50 德拉克玛⑥的课，他自己介绍说这门课就是对这个主题的完整处理，那就不会有任何事情妨碍你直接了解有关名称正确性的真理了。但由于我只听了一门【c】一个德拉克玛的课，因此我不知道名称的正确性到底是怎么一回事。然而，我已经做好准备，与你和克拉底鲁一道进行考察。至于他否认你的真正的名字是"赫谟根

---

① 克拉底鲁 (Κρατύλος)，人名。

② 名称 (ὄνομα)，亦译名字。

③ 本性 (φύσις)，亦译"自然"。

④ 希波尼库 (Ἱππονίκου)，人名。

⑤ 普罗狄科 (Πρόδικος)，著名智者。

⑥ 德拉克玛 (δραχμή)，古希腊货币名，约合 4.31 克白银。

尼①"，我怀疑他是在开玩笑。也许他想到你想挣钱，但每次都失败了。无论如何，如我所说，要懂得这些事情是很难的，所以我们必须联合起来进行考察，看到底谁正确，是你还是克拉底鲁。

赫 好吧，苏格拉底，我经常和克拉底鲁谈论这个问题——也和其他许多人谈——但无人能够说服我去相信名称的正确性是由人们的约定俗成和一致同意决定的。【d】我相信你给予一样事物的名称就是它的正确的名称。如果你改变它的名称，给它另一个名称，那么这个新名称也和老名称一样正确。比如，我们给我们家养的奴隶换个名字，这个新名字和老名字一样正确。属于某个具体事物的名称没有一个是自然赋予的，而是由确立这些用法的人制定规则，用某个名称来称呼这个事物。不过，要是我在这一点上错了，【e】我不仅打算听取克拉底鲁的看法，也打算听取任何人的看法，向他们学习。

苏 【385】你也许是对的，赫谟根尼。让我们来看。你说任何人无论决定把某个具体事物叫作什么，这就是它的名称吗？

赫 我是这么说的。

苏 无论做这种决定的是一个人还是一个社团吗？

赫 是的。

苏 这会怎么样？假定我把存在的某个事物——比如，把一个事物叫作"人"——假定我把"马"这个名字给这个事物，而把"人"这个名字给一个我们现在叫作"马"的事物。这同一个事物会有一个公共的名字"人"，但有一个私人的名字"马"，是吗？你是这个意思吗？

赫 【b】是的。②

苏 所以，一个人无论说某个事物的名称是什么，对他来说，这就

---

① 赫谟根尼（Ἡομογένης），人名。这个名字的词义是赫耳墨斯所生的，即赫耳墨斯之子。赫耳墨斯（Ἑρμῆς）在希腊神话中是众神的使者，接引亡灵的神，多才多艺，首创字母。

② 英译者 C.D.C.Reeve 认为希腊原文此处有错乱，将 385b2—d1 移至 387c5。参阅 Schofield, *Classical Quarterly* 22（1972）。中译本采用这一处理方式。

是它的名称吗?

赫　是的。

苏　某个人说一个事物有多少个名称,无论他是在什么时候说的,这个事物真有那么多名称吗?

赫　是的,苏格拉底,因为我想不出名称能以其他任何方式是正确的。我用我给这个事物的名称叫它,你用你给他的不同的名称叫它。以同样的方式,【e】我看到不同的社团对相同的事物有不同的名称——这些希腊人与其他希腊人用的名称不同,希腊人与外邦人用的名称也不同。

苏　让我们来看,赫谟根尼,你在把握存在的事物时是否也会有相同的情况。每个具体事物是什么,或者它的本质①只和个人相关联吗,如普罗泰戈拉②所说的那样?他说人"是万物的尺度",事物对我显得怎样,它就是怎样,【386】事物对你显得怎样,它就是怎样。你同意这种看法吗,或者说你相信事物有某种它们自己的确定的存在或本质?

赫　有好多次了,苏格拉底,每当困惑不解的时候,我就被驱赶到普罗泰戈拉的学说中逃避困境,尽管我根本不相信这种学说。

苏　你的困惑是什么?【b】你真的被迫相信根本没有坏人这回事吗?

赫　不,众神在上,我没有。我发现自己确实相信有坏人,而且很多。

苏　什么?你从不相信有任何人很好吗?

赫　很好的人不多。

苏　但你还是相信有某些好人的,是吗?

赫　是。

苏　对这样的人你是怎么看的?或者说是这样的:非常好的人是非常聪明的,而非常坏的人是非常愚蠢的吗?

赫　是的,【c】这是我相信的事情。

---

①　本质 (οὐσία)。
②　普罗泰戈拉 (Πρωταγόρας),著名智者。

苏　但若普罗泰戈拉讲的是真话——如果这就是《真理》①，事物就是每个人所相信的那个样子，怎么可能一个人聪明，另一个人愚蠢呢？

赫　不可能。

苏　在我看来，你坚定地相信，如果存在智慧，也存在愚蠢，那么普罗泰戈拉讲的不可能是真话。毕竟，如果每个人相信为真的事物对他来说就是真的，【d】那么没有人能比其他人更聪明。

赫　对。

苏　但你也排斥欧绪德谟②的看法，每一事物始终同时拥有各种属性。因为，若是美德和邪恶始终同时属于每一事物，就会再次表明有些人好、有些人坏，是不可能的。

赫　对。

苏　但若两种学说都不对，如果并非每一事物始终同时拥有各种属性，亦非每一事物对每个人来说拥有个别的存在或本质，那么很清楚，事物有某些它们自己的确定的存在或本质。【e】它们并非与我们相连，或随着它们对我们的显现而变化。它们是独立自存的，与它们自己的存在或本质相连，这些存在或本质符合本性地是它们自己的。

赫　我同意，苏格拉底。

苏　如果事物具有这样一种本性，那么与这些事物相连的表现出来的行为不也一样吗？或者说，行为不也算是存在的某一类事物吗？

赫　当然算。

苏　所以，行为按照行为自身的本性发生，【387】而非按照我们所相信的事情发生。比如说，假定我们在切割一些物品。如果我们采用我们选择的任何一种方式切割，使用我们选择的任何一种工具，那么我们在切割中不会取得成功。但若我们在各种情况下按照切割的本性和被切割的物品的本性，使用最符合本性的切割工具，我们就会取得成功，就能正确地切割。然而，如果我们试图违反本性进行切割，那我们就错

---

① 柏拉图此处在拿普罗泰戈拉的著作《真理》开玩笑。

② 欧绪德谟（Ἐυθύδημος），人名。

了，不会有什么建树。

赫 【b】至少可以说，这是我的看法。

苏 还有，如果我们焚烧某些物品，我们的焚烧一定不能按照我们每个人自己的信念去做，而要按照正确的信念去做——也就是说，这种信念告诉我们如何焚烧物品，如何焚烧才是符合本性的，焚烧它的最符合本性的工具是什么？

赫 对。

苏 其他所有行为也都是这种情况吗？

赫 肯定是。

苏 讲话不也是这样吗，或者说讲话也是一种行为吗？

赫 是的。

苏 如果某人以他相信的任何一种方式讲话，他会正确地讲话吗？或者倒不如说是这样，如果他按照符合事物本性的方式进行言说、以符合被言说的事物的本性的方式言说它们、【c】使用符合本性的工具言说它们，那么他会有所建树，能够成功地讲话，是吗？但若他以其他任何方式讲话，他就错了，不会有任何建树，是吗？

赫 【387c5】我相信是这样的。①

苏 【385b2】告诉我这一点。有被你叫作说真话这么一回事吗，有被你叫作说假话这么一回事吗？

赫 有，确实有。

苏 那么有些陈述是真的，而其他一些陈述是假的吗？

赫 是的。

苏 那些言说存在的事物的陈述是真的，那些言说不存在的事物的陈述是假的吗？

赫 是的。

苏 所以，有可能在一个陈述中既说存在的事物，又说不存在的事物吗？

---

① 此处插入 385b2—d1。

赫　当然。

苏　【c】说一个陈述是真的，是整个陈述真，而不是部分陈述真吗？

赫　是整个陈述真，不是部分陈述真，但陈述的部分也应是真的。

苏　是大部分真而不是小部分真，还是全部都真？

赫　在我看来，它们全部都真。

苏　有陈述的某个部分比名称还要小吗？

赫　没有，名称是最小的部分。

苏　在一个真的陈述中，我们说的这个东西①是最小的部分吗？

赫　是。

苏　那么按你的看法，这个部分是真的。

赫　是的。

苏　一个假陈述的部分是假的吗？

赫　对。

苏　所以，不可能说名称的真或假吗，因为陈述的真或假是可能的？

赫　【385d1】当然可能。

苏　【387c6】现在，使用名称是讲话的一部分，因为正是依靠使用名称人们言说事物。

赫　当然。

苏　如果言说或讲话是一种行为，这种行为与事物有关，那么使用名称不也是一种行为吗？

赫　是的。

苏　【d】我们看不出这些行为并非与我们相连，而是有其专门的本性吗？

赫　我们看得出。

苏　所以，如果要和我们前面说的一致，那么我们不能按照我们的选择来给事物命名；倒不如说，我们必须按照符合本性的方法，使用符

————————

① 指名称。

合本性的工具来给它们命名。以这种方式我们会有所建树，成功地进行命名，舍此别无他途。

赫　好像是这样的。

苏　还有，说一个人必须切割，他必定要用某种物品来切割吗？

赫　是的。

苏　说一个人必须编织，他必定要用某种物品来编织吗？【e】说一个人必须穿孔，他必定要用某种物品来穿孔吗？

赫　当然。

苏　说一个人必须命名，他必定要用某种物品来命名吗？

赫　【388】对。

苏　要穿孔，必须用什么物品？

赫　钻子。

苏　编织呢？

赫　梭子。

苏　命名呢？

赫　名称。

苏　说得好！所以名称也是一种工具吗？

赫　是的。

苏　假定我问"梭子是一种什么样的工具？"你不会回答说"我们编织用的工具"吗？

赫　【b】我会。

苏　在编织的时候，我们做什么？我们不是在把混在一起的纬线和经线分开吗？

赫　是的。

苏　关于钻子或其他工具，你不也可以按照同样的方式加以回答吗？

赫　当然。

苏　你也能以同样的方式回答有关名称的问题，因为它们是工具。在命名的时候，我们在做什么？

赫　我不知道该怎样回答。

苏　我们不是在相互之间指称吗，也就是说，在按照事物的本性划分事物？

赫　我们确实在这样做。

苏　所以，就像用梭子区分经线和纬线，【c】名称就是提供指称的工具，也就是说，用来划分存在者。

赫　是的。

苏　梭子不是织工的工具吗？

赫　当然。

苏　所以，织工会很好地使用梭子；很好地使用梭子就被用来指称织工的行为。同理，指称者会很好地使用名称；很好地使用名称就被用来指称指称者的行为。

赫　是的。

苏　当一名织工很好地使用梭子时，他在使用谁的产品？

赫　木匠的。

苏　【d】每个人都是木匠，还是只有掌握了木作技艺的人是木匠？

赫　只有掌握了木作技艺的人是木匠。

苏　当钻孔的人使用钻子时，他在使用谁的产品？

赫　铁匠的。

苏　每个人都是铁匠，还是只有掌握了这种技艺的人是铁匠？

赫　只有掌握了这种技艺的人是铁匠。

苏　好。当指称者使用名称时，他用的是谁的产品？

赫　我不知道。

苏　你至少可以告诉我这一点吗？谁或什么给我们提供了我们使用的名称？

赫　我也不知道。

苏　你不认为给我们提供名称的是习俗① 吗？

---

① 习俗（νόμος），这个希腊词亦有法律的意思。

赫 就算是吧。

苏 那么，当指称者使用名称的时候，【e】他在使用制定习俗者的产品。

赫 我相信他是这样做的。

苏 你认为每个人都是习俗制定者，还是只有拥有这种技艺的人才是习俗制定者？

赫 只有拥有这种技艺的人。

苏 由此可知，不是每个人都能提供名称，赫谟根尼，【389】而是只有名称制造者才能提供，他似乎就是习俗制定者——这种匠人在世人中最难发现。

赫 我看是这样的。

苏 现在来吧，考虑一下习俗制定者在提供名称时在什么地方观看。以前面的讨论作为你的向导。木匠在制造梭子时在什么地方观看？他不就是在观看其本性适合纺织的事物吗？

赫 当然。

苏 【b】假定木匠在制造时，那支梭子破了。他会看着这个破梭子制造另一支梭子吗？或者说他会看着它的形状①另外再造一支吗？

赫 按我的想法，他会看着它的形状。

苏 那么称它的形状为梭子本身会是绝对正确的。

赫 我想是这样的。

苏 因此，当他必须制造一支梭子用于织造衣物时，无论衣物的厚薄，无论衣物是亚麻的还是羊毛的，这支梭子不是必须拥有梭子的形状吗？【c】这位工匠不是必须把天然最佳适宜进行其工作的这种本性置于其中吗？

赫 是的。

苏 对其他工具来说也一样。当一位匠人发现了天然适合于某样工

---

① 形状（εἰδώς, ιδέα），亦译为型相（型、相），柏拉图哲学的核心概念。此处为贴近语境，译为形状。

作的工具，他必须使用来制造工具的材料体现为工具。他一定不能凭他自己的选择把工具造成任何形状，而必须造成天然适合的形状。所以，铁匠似乎必须知道如何在铁块中体现钻头的类型，使之符合本性地适合各种类型的工作。

赫　当然。

苏　木匠必须在木头中体现天然适合各种织造的梭子的类型。

赫　对。

苏　因为对每一种类型的纺织而言，有一种类型的梭子是天然适合的。【d】工具的制造莫不如此。

赫　是的。

苏　所以习俗制定者不也必须懂得如何在声音和音节中体现天然适合每一事物的名称吗？如果他是一位真正的名称的提供者，他不也必须，在制造和提供每个名称的时候，观看名称本身是什么吗？如果不同的习俗制定者不是从相同的音节中制造出每一个名称，【e】那么我们一定不要忘了，不同的铁匠在为相同类型的工作制造相同的工具时，不会全用同一块铁把它们制造出来。但只要他们赋予它相同的形状——哪怕这种形状在不同的铁中体现——这个工具将会是正确的，【390】无论它在希腊制造，还是在外国制造。不是这样吗？

赫　肯定是这样的。

苏　你不也以同样的方式评价希腊的和外国的习俗制定者吗？只要他们给每样事物提供了适合它的名称的形状，无论它在什么音节中体现，他们就同样是优秀的习俗制定者，无论他们在希腊还是在外国。

赫　当然。

苏　那么，在任何一块给定的木头中体现梭子最适宜的形状，谁像是知道这一点的人？【b】是制造梭子的木匠，还是使用梭子的织工？

赫　都像，苏格拉底，我就说是使用梭子的人吧。

苏　所以，谁使用竖琴制造者的产品？不就是那个最懂得如何监管竖琴的制造，也知道竖琴造得好坏的人吗？

赫　当然。

苏　他是谁？

赫　竖琴演奏者。

苏　指导造船的是谁？

赫　【c】船老大①。

苏　谁是那个能够最好地监管习俗制定者的工作，无论是本邦的还是外国的，判断它的产品？不就是使用这些习俗的人吗，无论是哪一个？

赫　是的。

苏　这个人不就是懂得如何提问的人吗？

赫　当然。

苏　他也知道如何回答问题吗？

赫　是的。

苏　你把懂得如何提问与回答的人称作什么？你不称他为辩证法家②吗？

赫　是的，我会这样做。

苏　【d】所以，制造舵是木匠的工作。要造好舵，必须要有船老大的监管。

赫　显然如此。

苏　但是，习俗制定者的工作好像是制造名称。要想很好地提供名称，必须由辩证法家来监管习俗制定者。

赫　对。

苏　由此可知，提供名称并非像你认为的那样是一件不重要的事情，赫谟根尼，它也不是一项不重要的工作，或者随便什么人都能做的事情。所以，克拉底鲁说得对，【e】事物拥有符合其本性的名称，并非每个人都是制造名称的工匠，而只有那些能够看出每样事物符合其本性的名称的人才是名称的制造者，他能够用字母③和音节来体现事物的

---

① 船老大（κῠβερνήτης），亦译舵手。

② 辩证法家（διαλετικός）。

③ 字母（γράμματα）。

形状。

赫　我不知道如何反对你的意见，苏格拉底，【391】对我来说，马上改变观点也很勉强。我想，如果你能告诉我什么是你说的名称的符合其本性的正确性是什么意思，那么我会比较容易被你说服。

苏　我亲爱的赫谟根尼，对这个问题我没有什么具体的看法。你忘了我刚才对你说的话，我不懂名称，但我想和你一道进行考察。我们现在正在考察它们，你和我，至少对这一点我们比以前清楚了，名称拥有某种符合其本性的正确性，【b】并非每个人都知道如何很好地给事物命名。不是这样吗？

赫　当然。

苏　所以我们下一步的任务就是试图发现这种正确性是什么，如果你确实想知道。

赫　我当然想知道。

苏　那么我们就来考察这一点。

赫　我该怎么做呢？

苏　最正确的方式是向那些已经在行的人学习，但你必须向他们付钱，还要深切地感谢他们——这些人是智者。你的兄弟卡里亚①从他们那里得到了智慧的名声，这是付了一大笔钱以后的回报。【c】所以你最好去找他，恳求他能把他从普罗泰戈拉那里学来的有关名称正确性的知识教给你，因为你还没有自己的钱可以用来交学费。

赫　但是乞求普罗泰戈拉的《论真理》对我来说是荒唐的，苏格拉底，就好像我想要获得包含在他这本书中的知识、认为它们有价值似的，当我完全拒斥它们的时候。

苏　好吧，如果这样做对你不合适，【d】那么你不得不向荷马以及其他诗人学习。

赫　荷马在什么地方谈论过名称，苏格拉底？他说了些什么？

苏　他在许多地方谈过。他区分凡人称呼事物的名称和众神称呼事

---

① 卡里亚（Καρια），人名。

物的名称，在这些地方他谈得最好，也最重要。或者说，你不认为这些段落告诉我们某些关于名称正确性的事情非常值得注意吗？【e】诸神确实用符合事物本性的正确名称来称呼事物——或者说你并不这样认为？

赫 我确实知道，如果众神用任何名称称呼事物，它们用的名称肯定是正确的。不过，你指的是哪些段落？

苏 你知道他在什么地方提到那条与赫淮斯托斯①进行过一场战斗的特洛伊河，众神称之为克珊托斯（Ξάνθος），②而凡人称之为斯卡曼德（Σκάμανδρος）③？

赫 我当然知道。

苏 【392】你不认为知道把这条河称作克珊托斯比称作斯卡曼德更加正确是一件令人惊叹的事情吗？或者说，考虑一下，如果你愿意，他说某种鸟"诸神称之为铜铃鸟（χαλκίδα），而凡人称之为苍鹰（κύμινδις）"④。你认为知道把这种鸟叫作铜铃鸟比叫作苍鹰要正确得多是一件不重要的事情吗？荷马和其他诗人告诉我们的其他相似的事情怎么样？比如，【b】把某座山叫作密里那（Μυρίνα）比叫作巴提亚（Βατίει）更加正确？⑤不过，这些例子对你我来说可能太难理解。我想，考察荷马说的赫克托耳⑥的儿子的两个名字，斯卡曼德里乌（Σκαμάνδριός）和阿斯堤阿那克斯（Ἀστυάναξ），比较容易，更在人力所及的范围之内。当然，你知道我指的是哪些诗句。⑦

赫 我当然记得。

苏 你以为，给这个孩子起的阿斯堤阿那克斯和斯卡曼德里乌这两

---

① 赫淮斯托斯（Ἥφαίστος），希腊神话中的火神。
② 希腊神话中的河神。荷马：《伊利亚特》21：332—380。
③ 希腊神话中的河神。荷马：《伊利亚特》20：74。
④ 荷马：《伊利亚特》14：291。
⑤ 荷马：《伊利亚特》2：813 以下。
⑥ 赫克托耳（Ἥκτωρ），在特洛伊战争中，赫克托耳是特洛伊一方的猛将，后来被阿喀琉斯杀死。
⑦ 荷马：《伊利亚特》6：402—403。

个名字，荷马认为哪一个比较正确？

赫　【c】我真的说不出来。

苏　你这样想。如果问你谁提供的名字比较正确，是那些比较聪明的人，还是那些比较愚蠢的人，你会怎么回答？

赫　这很清楚，那些比较聪明的人。

苏　总的说来，你认为哪一类人比较聪明，城邦的女人，还是男人？

赫　城邦的男人。

苏　现在你知道了，不是吗，荷马告诉我们，赫克托耳的儿子被特洛伊城的男人叫作阿斯堤阿那克斯？①【d】如果说男人叫他阿斯堤阿那克斯，那么斯卡曼德里乌不就显然是女人叫的吗？

赫　可能是这样的。

苏　荷马不也会认为特洛伊的男人比他们的女人要聪明吗？

赫　我假定他会这样认为。

苏　所以，他想必会认为，对这个孩子来说，阿斯堤阿那克斯这个名字比斯卡曼德里乌更加正确吗？

赫　显然如此。

苏　好吧，让我们来考察一下为什么这个名字更加正确。荷马本人不是有个很好的解释吗，【e】"他独自捍卫了他们的城邦和巍峨的护垣？"②你瞧，由于这个原因，把这位捍卫者的儿子称作捍卫者（Αστυάναξ）或者城邦之主（ἀστυ,ἀναξ）似乎是正确的，如荷马所说，他的父亲正在捍卫。

赫　这在我看来好像是对的。

苏　对吗？你明白了吗，赫谟根尼？连我本人都还没有明白。

赫　不对，我确实还不明白。

苏　【393】但是，我的好朋友，荷马不是也给赫克托耳起了名

---

①　荷马：《伊利亚特》22：506。
②　荷马：《伊利亚特》22：507，句中的"他"指赫克托耳。

称吗？

赫 如果他这样做，他起了什么名称？

苏 好吧，在我看来，"赫克托耳"这个名字或多或少和"阿斯堤阿那克斯"有相同的地方，因为它们都是希腊人的名字。主人（άναξ）和拥有者（ἕκτωρ）所指称的东西几乎相同，因为二者都是用于国王的名称。一个人当然拥有他是主人的东西，因为他显然掌控、占据和拥有这些东西。【b】不过你也许会认为我在胡说八道，因为我错误地假定我已经发现了荷马对名称正确性的看法的线索。

赫 不，我不认为你错了。你可能真的已经发现了线索。

苏 无论如何，在我看来，把狮子的后代称作"狮子"，把马的后代称作"马"是对的。我在这里讲的不是马以外的正好由马生下来的某些怪兽，而是这种动物合乎本性生下来的后代。如果违反其本性，【c】一匹马生下了一只牛犊，那么它应当被叫作"牛犊"，而不是"马驹"。如果某个不是人的后代的东西由人生下来，我不认为它应当被叫作"人"。对树和其他所有东西也可以这么说。你同意吗？

赫 我同意。

苏 好。但是你最好仔细想一下我刚才讲的例子，免得中了我的圈套，因为按照同样的论证，国王的后代应当被称作"国王"。用相同的音节来指称还是用不同的音节来指称同样的事物则没有什么关系。【d】如果增加或减少字母，也没有什么关系，只要这个事物的存在或本质处于可控的状态，能够被它的名称所表达。

赫 你这样说是什么意思？

苏 我的意思很简单。你知道，当我们谈论元素或字母表里的字母时，我们说出来的是它们的名称，而不是字母本身，E，Υ，O，Ω这四个字母除外。① 我们也给其他所有元音字母和辅音字母制造名称，【e】如

---

① 字母的名称即字母的读法。希腊文字母 ε 读作 epsilon，υ 读作 upsilon，o 读作 omicron，ω 读作 omega。但这些读法在柏拉图时代没有使用，当时的人在说这几个字母时只是把它的音读出来，所以柏拉图在这里说这四个字母除外。

你所知，给它们添加一些字母。只要我们能把字母的力量或能力包括在内，我们就可以正确地用名称叫它，它也会向我们表达自己。以 $\beta\eta\tau\alpha$ 为例。添加 η,τ,α 这几个字母，并不会伤害或妨碍整个名称表达习俗制定者所希望表达的元素或字母的本性，他非常明白如何给字母提供名称。

　　赫　我相信你说得对。

　　苏　【394】同样的道理不是也可以用来解释"国王"吗？一位国王有可能是国王的儿子，一个好人有可能是好人的儿子，一个优秀的人有可能是优秀的人的儿子，等等。所以，除非生下了怪物，每一类生灵的后代都是同类的，应当用同样的名称来称呼它们。但是由于构成名称的音节是多样的，所以对那些没有这方面知识的人来说实际上相同的名称就显得不同了。同理，医生[①]用的药，给它们添加不同的颜色和气味，对我们来说就显得不同，尽管它们实际上是相同的，【b】对一名医生来说显得相同，因为他只看它们的药力能否治病，而不关心添加上去的东西。与此相仿，知道名称的人看到的是名称的力量或功能，而不在意字母有无添加、换位或减少，哪怕某个已有的名称完全由不同的字母来体现。所以，举例来说，我们刚才讨论的赫克托耳和阿斯堤阿那克斯这两个名称，除了"τ"，没有一个字母是相同的，但它们所指称的事物却是相同的。【c】$A\varrho\chi\acute{\varepsilon}\pi o\lambda\acute{\iota}\varsigma$（城邦首领）这个名称的字母与它们有什么共同之处？然而，它表达了相同的事物。其他还有许多名称指的也是国王；指称将军[②]的名称也有好几个，比如 $A\gamma\iota\varsigma$（领队）、$\Pi o\lambda\acute{\varepsilon}\mu\alpha\varrho\chi o\varsigma$（统帅）、$E\mathring{\upsilon}\pi\acute{o}\lambda\varepsilon\mu o\varsigma$（好武士）；指称医生的也有其他一些名称，比如 $\mathring{I}\alpha\tau\varrho o\kappa\lambda\widehat{\eta}\varsigma$（名医）、$A\kappa\varepsilon\sigma\acute{\iota}\mu\beta\varrho o\tau o\varsigma$（凡人的医者）。与它们的字母和音节不同的名称，我们也许能找到许多，但它们一旦说出来，就具有相同的力量或能力。这一点你清楚不清楚？

　　赫　【d】当然清楚。

---

① 医生（$\mathring{\iota}\alpha\tau\varrho\acute{o}\varsigma$）。

② 将军（$\sigma\tau\varrho\breve{\alpha}\tau\eta\gamma o\varsigma$）。

苏 那么，那些按本性所生的东西应当给予它们与其父亲相同的名称。

赫 是的。

苏 那些违反本性所生的东西怎么样，那些生下来的怪物？比如，一个虔诚的好人有了一个不虔诚的儿子，那么这个儿子一定不能拥有他父亲的名称，[1] 而应当用他所属的那类人的名称来称呼他，就好比我们前面举过的例子，马生下了牛犊，是吗？

赫 是的。

苏 【e】那么，应当给虔诚父亲的不虔诚儿子以儿子所属的那类人的名称吗？

赫 对。

苏 那么，他不应当被称作 Θεόφιλυς（为神所爱的）、Μνησίθευς（为神在意的），或其他同一类的名称，而应当给予某些指称相反事物的名称，如果名称想要真正地正确。

赫 这样做完全对，苏格拉底。

苏 因此，俄瑞斯忒斯[2]（山民）这个名字肯定是正确的，赫谟根尼，无论它是偶然得来的，还是因为某些诗人刻意想要表现这位英雄的残忍、凶猛和本性中的野性。

赫 【395】好像是这样的，苏格拉底。

苏 他父亲的名字好像也是符合本性的。

赫 它是符合本性的。

苏 是的，因为阿伽门农[3]是一个行动刚毅、坚忍不拔的人，由于他的美德或长处而能完成他的计划。他的军队坚持攻打特洛伊，他的坚

---

[1] 即不能被称为虔诚的好人。

[2] 俄瑞斯忒斯（Ὀρέστης），阿伽门农之子，这个名字的词义是"山民"。

[3] 阿伽门农（Ἀγαμέμνον），阿耳戈斯王和迈锡尼王，特洛伊战争时的希腊联军统帅。战争结束后返国时被其妻和奸夫谋杀。他的儿子俄瑞斯忒斯被他的姐姐送走，长大后与姐姐共谋杀死母亲及其奸夫为父亲报仇。为此受到复仇女神惩罚，变成疯子，后来被女神雅典娜解救，归国继承王位。

忍不拔由此可见一斑。因此"阿伽门农"这个名字的意思是，这个人是可敬的（ἀγαστὸς），因为他坚守他的阵地（ἐπιμονὴ）。阿特柔斯这个名字似乎也是正确的，【b】因为他谋杀克律西波斯，极为残忍地对待堤厄斯忒斯，因此摧毁（ἀτηρὰ）了自己的德性。① 然而，他的名字的意思有点歪曲和模糊，所以不能把他的本性表达给每一个人。但对那些懂得名称的人来说，它恰当地表达了"阿特柔斯"的意思。因为无论这个名称对应的是他的固执（ἀτειρὲς），还是他的大胆（ἄτρεστος），或是他的摧毁（ἀτηρος），【c】对他来说都是正确的。我认为珀罗普斯② 这个名称也起得很恰当，因为珀罗普斯的意思是一个只看见眼前事物的人（πέλας，ὸπσες）。

赫　怎么会这样呢？

苏　因为，按照传说，珀罗普斯对谋杀密耳提罗斯③ 会给他的整个部落长期带来灾难这件事毫无预见。他急于想用一切手段来达到娶希波达弥亚④ 做新娘的目的，【d】他只看到手边或眼前的事情——也就是说，附近的（πέλας）东西。每个人也都会同意，如果有关坦塔罗斯⑤ 的传说是真的，那么他的名字也是正确的，与他的本性相合。

---

① 阿特柔斯（Ἀτρεὺς）是珀罗普斯（Πέλοπες）之子。克律西波斯（Χρυσίππος）和堤厄斯忒斯（Θυέστης）都是阿特柔斯的兄弟。阿特柔斯与堤厄斯忒斯一起杀死克律西波斯，然后逃往迈锡尼，在那里当了国王。后来堤厄斯忒斯勾引阿特柔斯之妻，企图篡夺王位，阴谋败露后逃离迈锡尼。阿特柔斯杀了堤厄斯忒斯的两个儿子，并把他们的肉做成菜肴宴请堤厄斯忒斯。堤厄斯忒斯发现自己吃了儿子的肉后诅咒阿特柔斯的子孙，这个诅咒在阿特柔斯的儿子阿伽门农身上应验。

② 珀罗普斯（Πέλοπες）是坦塔罗斯（Ταντάλος）之子，他的父亲把他剁成碎块供神食用，但宙斯使他复活。他后来去了厄利斯，与那里的国王俄诺玛俄斯比赛驾车，获得胜利后娶公主希波达弥亚为妻。

③ 密耳提罗斯（Μυρτίλος）是赫耳墨斯之子、国王俄诺玛俄斯的御者。他被珀罗普斯收买，锯裂主人的车轴，使主人赛车失败。他后来被珀罗普斯抛入海中。

④ 希波达弥亚（Ἱπποδαμεία），厄利斯王国的公主。

⑤ 坦塔罗斯（Ταντάλος），希腊神话中的吕底亚国王。

赫 关于他有哪些传说？

苏 他们说，他的一生有许多可怕的灾难降临于他——最后一桩灾难是他的国家最终毁灭——他死以后在冥府受罚，【e】头顶上有石头高悬（ταλαντεία），与他的名字非常吻合。确实好像有某个希望把他称作"灾难深重者"（ταλαντατος）的人把这个名称篡改成了坦塔罗斯（Ταντάλος）。他的父亲据说是宙斯①，这个名字也有丰富的含义，【396】尽管很难理解。因为"宙斯"这个名字就像一个短语，可以分成两部分，"宙那"（Zῆνα）和"狄亚"（Δία），我们中有些人用这个部分，有些人用那个部分。但这两个名称后来又重新合在一起，表达这位神的本性——这就是我们说过的一个名称应当起的作用。确实，除了这位万民之王、万物之主，没有谁更会是生命（ζῆν）的源泉，无论对我们来说，还是对其他生灵来说。就这样，宙那和狄亚合在一起正确地给这位神命名，【b】他始终是一切生灵的源泉（δι᾽ ὅν ζῆν）。但是，如我所说，他的名字可以分成"宙那"和"狄亚"两个部分，但实际上是一个。听到宙斯是克洛诺斯②之子，人们起初会觉得有点不虔敬，因为说宙斯是伟大的理智的后代似乎更加合理。但实际上，克洛诺斯这个名称的意思不是孩子（κόρος），而是他的理智或理解的纯洁性和明晰性。③ 根据传说，他是乌拉诺斯④（天空）之子，这个名称也是正确的，因为用οὐρανία（天上的）这个名称可以很好地表示向上看——看上面的东西（ὁρῶσα τὰ ἄνω）——而天文学家说，【c】赫谟根尼，向上看可以导致心灵纯洁。如果我能记得赫西奥德⑤的神谱，他甚至提到了众神更早的祖先，我就不会停止解释他给予它们的名称的正确性，直到我检验了这种刹那间来

---

① 宙斯（Διὸς），天神。
② 克洛诺斯（Κρόνος）是宙斯之父，天神乌拉诺斯之子。
③ 苏格拉底说克洛诺斯这个名字不是从κόρος，而是从κόρειν（扫除）派生出来的。克洛诺斯的性格是纯洁的，他的理智是清晰的，因为二者都被很好地清扫过了。
④ 乌拉诺斯（Οὐρανός），天神。
⑤ 赫西奥德（Ἡσίοδος），诗人。

到我心里的智慧——【d】我不知道它是从哪里来的——看它是否能贯穿始终。

赫　真的，苏格拉底，在我看来你就像一名先知，突然受到激励以后发布神谕。

苏　是的，赫谟根尼，在我看来，普罗巴提亚区①的欧绪弗洛②最应当受到责备，我受到的激励是从他那里来的。我从拂晓开始就和他在一起，聆听他的长篇讨论。他肯定受到了激励，因为他不仅用他超人的智慧充斥了我的双耳，而且占据了我的灵魂。【e】所以，在我看来这是我们必须做的事情：今天，我们要使用这种智慧，完成对名称的考察，而明天，如果你们这些人也同意，我们要驱邪除怪，让我们自身洁净，只要我们能够找到能干的人来为我们涤罪③——【397】无论他是祭司还是聪明人。

赫　这样做对我来说可行。但要是能听到有关名称的剩余内容，我会很高兴的。

苏　好，这就是我们必做之事。由于我们现在已经有了某种纲要可以遵循，为了发现名称本身是否能向我们证明名称的提供不是偶然的、而是具有某种正确性，你想要我们从哪些名称开始呢？【b】英雄和凡人的名字据说可能会欺骗我们。毕竟，如我们一开始所看到的那样，他们的名字经常来自他们祖先的名字，因此他们的名字中有些经常是不恰当的。有些名字仅仅表达了一种期待，希望他们以后能够证明这些名字是恰当的，比如欧提基德斯（Εὐτυχίδηε，幸运之子）、索西亚斯（Σωσίας，救助者、救星）、塞奥菲鲁（Θεόφιλος，为神所爱的），等等。但是我想，我们最好还是把这样的名字搁下。我们最有可能在其中

---

①　普罗巴提亚（Προσπαλτία），地名，雅典的一个区。

②　欧绪弗洛（Εὐθύφρων），人名，很可能就是《欧绪弗洛篇》中的那位对话人，他在对话中被描写为有关乌拉诺斯、克洛诺斯、宙斯的权威。（参阅《欧绪弗洛篇》4e—5a,5e—6a）

③　涤罪（κάθαρσις）。

发现名称正确性的是那些本性不变的事物的名称，因为要为这样的事物提供名称需要最大程度的全神贯注，【c】有些甚至是某种超人的力量在起作用。

赫　我认为这样做是有意义的，苏格拉底。

苏　所以，从众神（θεοί）这个名称开始，看它为什么可以用来正确地称呼诸神，不就对了吗？

赫　可能是对的。

苏　我猜想事情是这样的。在我看来，希腊最早的居民只相信那些现今在许多外国人那里仍旧相信的神灵——太阳、月亮、大地、星辰、天空。【d】由于这些东西总是在移动和奔跑，他们称之为 θεοί，因为它们的本性就是奔跑（θεῖν）。后来，知道了其他的神，他们就全用这个名称来称呼它们了。你认为是这么回事吗——或者说我在胡说八道？

赫　很像是这么回事。

苏　我们下面应该考察什么呢？显然是精灵①，然后是英雄，然后是凡人，不是吗？

赫　【e】是的，下面要考察精灵。

苏　精灵这个词的正确意思是什么，赫谟根尼？你要考虑一下我下面要说的事情是否有点意思。

赫　你说吧，我会考虑的。

苏　你知道赫西奥德说精灵是什么吗？

赫　不，我不记得。

苏　你记得他谈论黄金种族吗，这是世上最早诞生的人类？

赫　是的，我记得。

苏　他是这么说的："自从这个种族被命运销蚀以后，【398】他们被称作神圣的精灵；他们生活在大地上，是善良的，他们抵御邪恶，守护凡人。"②

---

① 精灵（δαίμων），亦译守护神。
② 赫西奥德：《工作与时日》121—123。

赫　那又怎样？

苏　嗯，我不认为他说的黄金种族的意思是这个种族的人是用黄金造的，而是指这个种族是善良的、高尚的。我认为他把我们叫作黑铁的种族恰好证明了这一点。

赫　没错。

苏　所以，你难道不认为当今时代存在的某些好人，【b】赫西奥德也会说这样的人属于黄金种族吗？

赫　他可能会这样说。

苏　好人和聪明人有什么区别吗？

赫　不，没有区别。

苏　我想，这是主要的，因为精灵是聪明的和有知的 (δαίμονης)，赫西奥德说它们被命名为精灵 (δαίμονης)。在我们的阿提卡① 老方言② 中，我们实际上有这个词。所以，赫西奥德和其他诗人说得好，好人死后有很好的前程和荣耀，变成精灵，【c】给它们的这个名称与智慧相吻合。我本人还断定，确实，每一个好人，无论生前还是死后，都是精灵一般的，都可以正确地被叫作精灵。

赫　我完全同意你的看法，苏格拉底。但是英雄 (ἥρως) 这个名称怎么样？什么是英雄？

苏　我想这不难解释，这个名称没有多少变化，它表示英雄是爱 (ἔρως) 的结晶。

赫　这样说是什么意思？

苏　你难道不知道英雄是半神 (ἡμίθεοι) 吗？

赫　那又如何？

苏　它表明，所有英雄都是神与凡人之间爱情的产物，要么是神与凡间妇女所生，【d】要么是女神与凡间男人所生。如果你像前面一样，依据阿提卡老方言来考察，你会理解得更好，因为它会向你表明，英

---

① 　阿提卡 (Ἀττική)，地名。

② 　方言 (γλῶσσα)。

雄（ἥρως）这个词与爱（ἔρως）这个词只有微小的差别——英雄们都是由爱而生的。要么，这就是它们被称作英雄的原因，要么因为他们是智者、能干的语言制造者（ῥήτορες）和辩证法家、技艺娴熟的提问者（ἐρωτᾶν）——因为提问（εἴρειν）就是说（λέγειν）。因此，如我们刚才所说，在阿提卡方言中，英雄转义为语言制造者和提问者。【e】英雄们的高贵后裔由此组成一个聪明人和修辞学家的部落。这不难理解。但你能否告诉我，为什么人类的成员要叫作人（ἄνθρωποι）？这个问题比较难理解。

赫　我怎能做到呢，苏格拉底？要是我能做到，我不会束缚自己的，我想你好像比我更能发现这个答案。

苏　【399】你好像真的相信欧绪弗洛式的激励。

赫　当然。

苏　你坚信这一点肯定是对的。确实，我刚才似乎有一种这样的灵感，但若我不小心，那么到今天结束的时候我会聪明过头。所以，请你注意听。我们首先必须记住下面这条有关名称的观点：我们经常增加字母、减少字母、改变重音，但这样一来就离我们想要命名的事物远了。以 Διὶ φίλος（宙斯的朋友）为例。为了让我们能有一个名称而不是一个短语，【b】我们去掉了第二个 ι，并且把第二个音节的抑音发成锐音（διφιλος）。在其他例子中，我们的做法正好相反，添加字母，把原先的锐音发成抑音。

赫　没错。

苏　现在，我认为我们用来称呼人的这个名称就属于这种情况。它原来是一个短语，后来变成一个名称。字母 α 被省略了，而最后一个音节变成了抑音。

赫　你这是什么意思？

苏　【c】人这个名称意味着其他动物不会考察和推论它们看到的任何事物，也不会逼近观察任何事物。而人只要一看到某个事物——也就是说，ὄπωπε（看到）——马上就会逼近观察它，对它进行推论。因此在动物中只有人可以被正确地命名为 ἄνθρωποι——接近观察它所见的（ἀναθρῶν ἃ ὄπωπε）。

赫　下面考察哪一个名称？我可以把我想要得到解释的名称告诉你吗？

苏　当然可以。

赫　【d】在我看来，下面要解释的名称与前面这个名称正好相连。我们来谈论一下人的肉体与灵魂。

苏　当然可以。

赫　那就让我们像刚才一样来分析它们的名称。

苏　你是说我们应当考察灵魂和肉体是否合理地得到了命名？

赫　是的。

苏　要我讲此刻的想法，我认为那些赋予灵魂这个名称的人在心里是这么想的。他们想到，灵魂出现在肉体里，使肉体有了生命，【e】灵魂给了肉体吸气的力量，肉体复活了（ἀναψῦχον），而当这种复活衰败时，肉体就死了，完结了。由于这个原因，我认为，他们称这种力量为灵魂（ψυχήν）。但是，请你等一会儿，如果你不在意，我想象欧绪弗洛的门徒们会藐视这种分析，认为这种解释是粗糙的。【400】但是我想我窥见了一种他们会认为比较有说服力的解释。你听一下，看它是否讨你喜欢。

赫　告诉我吧，我会听的。

苏　当你考虑每个肉体的本性时，除了灵魂，有什么东西在支撑它，支持它，使它活着和运动？

赫　没有其他任何东西。

苏　当你考虑其他一切事物的本性时，会怎么样？你不同意阿那克萨戈拉①的看法吗，心灵或灵魂使一切事物有序，支撑着一切事物？

赫　我同意。

苏　【b】所以，这种力量支持和支撑着（ὀχεῖ καὶ ἔχει）整个本性，给予这种力量的一个好名称应当是"支撑本性者"（φυσέχην）。这个

---

① 阿那克萨戈拉（Αναξαγόρας），古希腊哲学家。

词也可以更加优雅地发音，读作 ψυχὴν。

赫 绝对是这样的，我还认为这个解释比另一种解释更加科学。

苏 是的，是这样的。就这样，按这种正确的方式命名，它有了它的真正的名称（亦即 ψυχὴν），我感到挺有趣的。

赫 我们对下一个词该怎么说呢？

苏 你指的是肉体的名称吗？

赫 对。

苏 有很多话要说，在我看来好像是这样的——如果把这个名称稍微改变一下，那就有更多的话要说了。【c】有些人说肉体（σῶμα）是灵魂的坟墓（σῆμα）①，依据是它今生就被埋葬在肉体中，而另外一些人说把它叫作标志（σῆμα）是正确的，因为灵魂可以借助肉体指称任何它想要指称的东西。我想，这个名称很像是奥菲斯②的追随者赋予肉体的，他们感到灵魂由于某些事情正在接受惩罚，肉体是安全地圈养或囚禁灵魂的地方——如 σῆμα 这个名称本身所提示的那样——直到惩罚完毕；按照这种解释，这个词的字母无需作任何改动。

赫 【d】我想我们已经恰当地考察了这些名称，苏格拉底。但是，我们能够沿着你前面讨论宙斯的路径来考察其他神灵的名称，看给他们的名称是否正确吗？

苏 宙斯在上，我们肯定能够这样做，赫谟根尼。作为有理智的人，我们必须承认的、首要的、最好的考察路径是这样的：我们首先承认我们对众神本身一无所知，对它们称呼自己的名字一无所知——尽管很清楚，它们称呼自己的名字是正确的名字。【e】名称正确性的第二条最好的路径是，如我们在祈祷词中所说的那样，我们希望众神对于我们给它们的名字能够高兴，因为我们不知道其他名字。我认为这是一种很好的习俗。【401】所以，如果你认为这样做可行，让我们开始我们的考察，首先对众神宣布，我们要考察的不是它们——因为我们不认为自己

---

① 希腊文 σῆμα 是个多义词，既有坟墓的意思，又有标志的意思。

② 奥菲斯（Ὀρφεύς），希腊神话人物，奥菲斯教的教主。

配得上进行这样的考察——而是凡人，以及凡人给了众神以它们的名字这种信念。无论如何，这样做不会有什么冒犯。

赫　你所说的在我看来是合理的，苏格拉底，所以让我们按照你的建议开始。

苏　【b】我们要按照习俗，从赫斯提①开始吗？

赫　行。

苏　你认为提供赫斯提这个名字的人心里是怎么想的呢？

赫　这不是一个容易回答的问题，在我看来。

苏　无论如何，赫谟根尼，第一位名称给予者不会是普通人，而是崇高的思想家和精妙的推论家。

赫　那又怎么样？

苏　嗯，在我看来很明显，就是这种人把名称赋予事物，哪怕对着阿提卡的希腊人考察外国名称，【c】也同样容易发现它们是什么意思。举例来说，我们在阿提卡方言中叫作 οὐσίαν（本质）的东西，有些人叫它 ἐσίαν，还有人叫它 ὠσίαν。那么，首先按照这些名称中的第二个来称呼 Ἑστίας 这个事物的本质是合理的。此外，我们自己说，这就是（ἔστιν）分有本质的东西，由于这个原因，在者被叫作 Ἑστίας 也是正确的。我们甚至在古时候把本质叫作 ἐσσίαν。还有，如果一个人心里想的是献祭，【d】他会明白名称给予者自己是以这种方式理解这件事的，因为任何把一切事物的本质叫作 ἐσσίαν 的人很自然地会在向其他所有众神献祭之前先向赫斯提献祭。另一方面，那些使用 ὠσίαν 这个名称的人似乎非常赞同赫拉克利特②的学说，一切皆流，无物常住——因为一切事物的原因和源头是推动者（ὠθοῦν），所以可以很好地将它命名为 ὠσίαν。关于这一点我们已经说够了，因为我们对此确实没有什么知识。【e】在赫斯提之后，我们来考察瑞亚③和克洛诺斯是对的，尽管

---

① 赫斯提（Ἑστίας），希腊灶神或家室女神。

② 赫拉克利特（Ἡράκλειτος），公元前 5 世纪希腊早期哲学家。

③ 瑞亚（Ῥέαν），众神之母。她是乌拉诺斯和该亚之女，克洛诺斯之妻。

我们已经讨论了后者的名字。嗯，也许，我下面要对你说的都是胡说八道。

赫　你为什么这样说，苏格拉底？

苏　因为我在心里已经发现了一大群智慧。

赫　什么种类的智慧？

苏　它听上去十分荒唐，【402】然而在我看来又有几分道理。

赫　怎么会这样呢？

苏　我似乎看到赫拉克利特萌生了荷马也曾告诉过我们的那种古代智慧——这种智慧非常古老，就像克洛诺斯和瑞亚的时代那么久远。

赫　你指的是什么？

苏　赫拉克利特在某个地方说"一切皆流，无物常住"，存在的事物就像一条河流那样在流动（ῥοή），他说"你不能两次走下同一条河"。

赫　没错。

苏　那么好吧，你不认为把克洛诺斯和瑞亚这两个名称给了诸神祖先的人对事物的理解方式与赫拉克利特相同吗？【b】或者说你认为他把两位祖先都称作河流（ῥεύματα）纯粹是偶然的？① 荷马说了同样的话，"俄刻阿诺②，众神的始祖，众神的母亲忒提斯"。③ 我想赫西俄德说的话也差不多。还有，奥菲斯在某个地方说："美丽流动的大洋是最先婚配的，【c】俄刻阿诺与他的姐姐忒提斯结婚，她也是他的母亲之女。"④ 你瞧他们的意见有多么一致，全都和赫拉克利特的学说相吻合。

赫　我认为你说的有点意思，苏格拉底，但我不明白忒提斯（Τηθύς）⑤ 这个名字的含义。

苏　但这个词本身实际上已经告诉你，它只不过就是略加改动的泉

---

① 　瑞亚（Ῥέαν）的发音与河流（ῥεύματα）相近，苏格拉底显然期待赫谟根尼听到克洛诺斯（Κρόνος）的时候能与小溪（κρούνος）相连。

② 　俄刻阿诺（Ὠκεανός），乌拉诺斯和该亚之子，大洋神，海神与河神之父。

③ 　荷马：《伊利亚特》14：201。

④ 　荷马：《伊利亚特》14：302。

⑤ 　忒提斯，乌拉诺斯和该亚之女，俄刻阿诺的妻子，海神与河神之母。

水（ἐπικεκρυμμένον）这个词！凡是渗透出来的东西（διαττώμενον）或者过滤出来的东西（ἠθούμενον）都像泉水，【d】忒提斯这个名字就是由这两个词合成的。

赫　这个词很优雅，苏格拉底。

苏　确实很优雅。下一个该轮到谁了？宙斯我们已经讲过了。

赫　是的，我们讲过了。

苏　所以，让我们来讨论他的兄弟，波塞冬①和普路托②（无论我们叫他普路托还是叫他别的什么名字）。

赫　就这么办吧。

苏　在我看来，无论是谁最先给了波塞冬这个名字，原因就在于他看到波浪的力量阻止他在水中行走，【e】没法前进，就好像被锁链捆住了双脚（δεσμὸς τῶν ποδῶν）。所以他呼唤这位神、大海力量的掌控者为"波塞冬"，因为他的双脚被捆住了（ποσίδεσμον）——ε 这个字母可能是为了发音悦耳而添加。但也许情况并非如此。这个名称中的 σ 这个字母最初也许是两个 λ，因为对这位神来说，许多事情是已知的（πολλ εἰδος）。【403】或者说，他也许被称作"摇撼者"（ὁ σείων），因为他摇晃（σείειν）大地，π 和 δ 这两个字母是后加的。至于普路托，他之所以得到这个名字是因为他是财富的源泉（πλοῦτος），而财富来自地下。在我看来，大部分人叫他普路托，因为他们害怕他们看不见的东西（αιδες），因此采用了他的另一个名字"哈得斯"（Ἀιδης）③，把他与冥府联系在一起。

赫　【b】你自己是怎么想的？

苏　我认为人们对这位神灵的权能有许多错误的看法，不恰当地恐惧他。他们感到害怕，因为我们一旦死了就要永远待在他的地界里。他们感到恐惧，因为灵魂脱离了肉体以后要去那里。但是我想，所有这些

---

① 波塞冬（Ποσειδῶν），海神，宙斯的兄弟。

② 普路托（Πλούτων），冥神，宙斯的兄弟。

③ "哈得斯"，即冥府、地狱。

事情，再加上这位神的名称和职司，均指向同一个方向。

赫　怎么会这样？

苏　【c】我会把我的想法告诉你。但是首先回答我：能把一个生灵捆绑起来，使它待在某个地方的是力量和期望①，它们哪一个要强些？

赫　期望要强得多，苏格拉底。

苏　那么你不认为许多人会逃离哈得斯，如果他不用最强大的锁链捆绑去了他那里的人吗？

赫　他们显然会逃。

苏　所以，如果他用最强大的锁链来捆绑他们，而非用力量来掌握他们，那么他必定是在用某种期望捆绑他们。

赫　显然如此。

苏　好吧，期望有许多种，不是吗？

赫　是。

苏　所以，如果他真的要用最强大的锁链捆绑他们，【d】他必须使用最大的期望。

赫　对。

苏　有什么期望比想与某人交往而使自己变得较好的期望更大呢？

赫　不，肯定没有，苏格拉底。

苏　所以，让我们说，就是由于这些原因，赫谟根尼，去了那里的人没有一个期望回到这里来。【e】哈得斯知道如何美妙地讲这些话，似乎每一个人——甚至塞壬们②——都被他的魔力所征服。由此看来，这位神灵是一名完善的睿智者，是那些与他在一起的人的大保惠师。确实，在他那个地方的下面，在他的周围，有大量的财富，他甚至还从地下给我们送来无数的善物。这就是他得到"普路托"这个名字的原因。另一方面，由于他愿意与仍旧拥有肉身的人联系，但只在他们的灵魂涤去所有欲望和身体的邪恶之时才会与他们交际，【404】在你看来他难道

---

① 期望（ἐπιθυμία）。

② 塞壬（Σειρῆνας），希腊神话中的人身鸟足的美女神，共八名，另一说共三名。

不像个哲学家吗？他不是非常明白，当人们摆脱了他们的肉体时，他才能用追求美德的期望束缚他们，而当他们还能感受到身体的激动与疯狂时，连他父亲克洛诺斯那著名的锁链也不能约束他们，使他们与他待在一起吗？

赫　可能是这样的，苏格拉底。

苏　【b】所以事情更像是这样的，赫谟根尼，哈得斯之名并非源于"不可见"（Ἅιδης），而是来自"他知道"（εἰδέναι）一切美妙的事物，这就是习俗制定者把他叫作"哈得斯"的原因。

赫　好吧。有关得墨忒耳、赫拉、阿波罗、雅典娜、赫淮斯托斯、阿瑞斯，以及所有其他众神又是怎么回事呢？关于他们我们能说些什么呢？

苏　得墨忒耳[①]之所以叫这个名字似乎是由于她提供（διδοῦσα）食物，就像一位母亲（μήτηρ）；赫拉[②]的意思是可爱者（ἐρατή），【c】确实，据说宙斯爱她，与她结婚。但也许习俗制定者，作为一位崇高的思考者，把 ἀέρα（气）这个词变形，把这个名字的尾巴放到头里来，称她为"赫拉"——如果你重复念几遍这个名字，你就明白了。至于斐瑞法塔（Φερρέφαττα）[③]：许多人害怕这个名字和阿波罗的名字，似乎就在于他们对名称的正确性一无所知，因为他们把第一个名称改成了珀耳塞福涅（Φερσεφόνην），然后这个名称就显得可怕了。但是斐瑞法塔这个名字真的只表示这位女神是聪明的——因为事物都在变动，智慧是把握（ἐφαπτόμενον）、理解（ἐπαφῶν）、追随（ἐπακολουθεῖν）它们的力量。因此，把这位女神叫作"斐瑞珀法"（Φερέπαφα）或与此相似的名字是正确的，也就是说，由于她的智慧，她有力量把握变动的事物（ἐπαφὴν τοῦ φερομένου）——也就是由于这个原因，哈得斯

---

① 得墨忒耳（Δημήτηρ），希腊神话中的谷物女神。

② 赫拉（Ἥραν），希腊神话中的天后，宙斯的姐姐和妻子。

③ 斐瑞法塔是珀耳塞福涅的另一个名字。珀耳塞福涅是希腊神话中的冥后得墨忒耳之女。

娶她为王后，哈得斯自己是聪明的。但是现今人们注重声音的悦耳胜过注重真相，所以他们改变了她的名字，叫她"斐瑞法塔"。还有，如我所说，同样的事情也发生在阿波罗①身上。【e】许多人害怕他的名字，因为他们以为这个名字表示某种可怕的东西②。你注意到这一点了吗？

赫　我当然注意到了，你说的是对的。

苏　然而，在我看来，这个名字确实最适合这位神的权能。

赫　为什么？

苏　至少，我会试着说出我的看法。我认为，【405】没有一个名字能够涵盖和表达这位神在音乐③、预言、医药、箭术四方面的所有本事。

赫　你所谈论的是一个相当惊人的名称；所以，你继续说吧，作出解释。

苏　它当然是一个委婉的名字。毕竟，它是这位音乐之神的名字。我从医生和巫师进行净化和洁身说起，他们用药物熏烟和熏香，【b】让人清洗污垢、喷淋除邪，这些做法全都起着同样的效果，不是吗，也就是使人的身体和灵魂清洁和纯净？

赫　当然。

苏　但是，阿波罗不就是一位洁净神吗，他消除（ἀπολούων）各种不洁的邪恶，把我们从邪恶中解救（ἀπολύων）出来？

赫　当然。

苏　由于他是一名医者，清洗荡涤我们的罪恶，【c】所以把他叫作 ἀπολούων（清洗者）是正确的。另一方面，他发预言，用帖撒利④方言的这个名字来称呼他可能是最正确的，也就是说，由于他的率真（ἁπλοῦν）和真诚（这些词的意思是一样的），所有帖撒利人都把这位神叫作"阿波洛"（Ἄπλουν）。还有，他总是（ἀεί）在发射（βολῶν），

---

① 阿波罗（Ἀπολλον），太阳神，宙斯之子。

② 他们把阿波罗这个名字与摧毁者（ἀπολυῶν）联系起来。

③ 音乐（μουσϊκή）。

④ 帖撒利（Θετταλία），地名。

因为他是射箭能手，所以他也是 Ἀειβάλλων（总是发射）。要理解他的名字如何与他的音乐禀赋相一致，我们必须明白字母 α 经常表示"在一起"（τὸ ὁμοῦ）的意思，就像在 ἀκόλουθόν（追随者或侍从）和 ἄκοιτιν（床伴、配偶、丈夫）这两个词中一样。在这个例子中，它的意思是移动到一起（ὁμοῦ πόλησις），无论是天穹围绕我们所说的"极"（πολεῖ）移动到一起，还是被我们称为协和（συμφωνία）的音乐中的和谐变动；【d】因为，如那些天文家和音乐家所说，所以这些事物都按照某种和谐移动到一起。阿波罗是主掌和谐之神，它使万物聚合在一起（ὁμοπολῶν），无论是诸神还是凡人。所以，正如 ἀκόλουθον 和 ἄκοιτιν 这两个名称是从 ὁμοκέλεθον 和 ὁμοκοιτιν 中派生出来的，用 α 取代 ὁμο，我们叫他阿波罗，尽管他实际上是 Ὁμοπολῶν（使事物聚合者）。【e】我们在这个词中塞入了第二个 λ，免得他的名字带有压迫性的意思。① 即便如此，确实，有些人，对他的名字的力量没有正确地考察，仍旧害怕它，因为他们怀疑它的意思是某种毁灭。但是，如前所说，【406】他的名字真的体现了这位神的所有权能，他是率真的，是一位总是在发射的清洗者、是万物的聚合者。至于缪斯（ἡ Μοῦσα）和一般的音乐和诗歌，他们之所以得到这些名称，似乎源于他们渴望（μῶσθαι）进行考察和做哲学。勒托② 之所以叫这个名字，那是由于她很温和（πρᾳότητος），愿意（ἐθελήμος）满足人们的要求。或者说，她的名字也许源于那些讲方言而不是讲阿提卡语的人，许多人叫她勒娑（Ληθώ）——显然是由于她的性格不是粗鲁的，【b】而是温和的，平顺的（λεῖον）。阿耳忒弥③ 这个名字似乎源于她的健康（ἀρτεμές）和有序，因为她渴望贞洁（παρθενίας）。或者是由于某个人称她为"美德的考察者"（ἀρετῇ ἵστορα）或"男女交媾的厌恶者"（ἄροτον

---

① ἀπολον 的意思是彻底摧毁、屠杀。

② 勒托（Λητώ），在希腊神话中是提坦巨人科俄斯和福柏的女儿，被宙斯所爱，生阿波罗和阿耳忒弥。

③ 阿耳忒弥（Ἄρτεμις），月亮和狩猎女神，阿波罗的孪生姐妹。

μισησάσης）。出于这些原因中的某个原因，或者出于所有原因，某个名称制定者提供了这个名字，用它来称呼这位女神。

赫　狄奥尼修斯①和阿佛洛狄忒②怎么样？

苏　你的问题对我来说真大，希波尼库之子，因为对这些神灵的名称不仅有一种严肃的解释，也有一种开玩笑似的解释。【c】要听严肃的解释，你得去问其他人，但也没有什么事情能妨碍我们来听听这种开玩笑似的解释——甚至诸神也喜欢开玩笑。狄奥尼修斯，葡萄的赐予者（ὁδιδοὺς τὸν οἶνον）可以开玩笑地被叫作 Διδοίνυσος；而葡萄酒（οἶνος）可以最正确地被称作 οἰόνους，因为它使大多数喝了葡萄酒的人在他们不明白的时候认为自己明白了（οἴεσθαι νοῦν ἔχειν）。关于阿佛洛狄忒，没有与赫西奥德不同的观点——我们赞同他的看法，【d】这位女神之所以被叫作阿佛洛狄忒是由于她在海浪的泡沫（ἀφροῦς）中诞生。③

赫　作为一名雅典人，苏格拉底，你肯定不会忘了雅典娜④，或者赫淮斯托斯和阿瑞斯。

苏　我不会忘记他们。

赫　不会，确实不会。

苏　要解释雅典娜如何得到其他名字不难。

赫　哪一个名字？

苏　帕拉斯（Παλλάς）——你知道我们用这个名字叫她。

赫　当然。

苏　在我看来，如果我们认为这个名字源于【e】携带武器和盔甲的舞蹈，那么不会有错，因为人们举手投足，或者把地上的任何事物举起来，都被称作摇晃（πάλλειν）、【407】跳舞、正在摇晃（πάλλεσθαι）、

---

① 狄奥尼修斯（Διονυσίῳς），希腊酒神。

② 阿佛洛狄忒（Αφροδίτη），希腊爱与美的女神，相当于罗马神话中的维纳斯。

③ 赫西奥德：《神谱》195—197。

④ 雅典娜（Αθηνᾶ），希腊智慧妇女神、雅典保护神。

正在跳舞。

　　赫　没错。

　　苏　她被称作帕拉斯就是由于这个原因。

　　赫　这样叫她是对的。但你如何解释她的另外一个名字？

　　苏　你指的是"雅典娜"？

　　赫　对。

　　苏　这是一个分量更重的问题，我的朋友。古人对雅典娜的看法似乎与现在解释荷马的专家相同。【b】他们中有许多人在解释这位诗人的时候说他把雅典娜说成理智或思想。名称的制造者对这位女神的想法似乎相同。确实，他在谈到这位女神的时候用了更加崇高的语词，说她是"神的特有的心灵"（θεοῦ νόησις），就好像她是 ἀθεονόα——在非阿提卡的文风中用 α 取代 η，再去掉 ι 和 σ。① 但也许这不是解释。他也许把这位女神叫作 Θεονόη，由于女神拥有无与伦比的有关神圣事物的知识（τὰ θεῖα νοούσης）。如果我们假定他叫这位女神 Ἠθονόη，我们也不会错得太离谱，因为他想要把这位女神等同于理智的特性（τὴν ἐν τῷ ἤθει）。【c】然后，要么是这位制定者本人，要么是他的后继者，按他们的想法把这个名字改得比较美，叫她雅典娜（Ἀθηνάαν）。

　　赫　关于赫淮斯托斯②你怎么说？你怎么解释他？

　　苏　你问的是这位高尚的光明法官（φάεος ἵστορα）吗？

　　赫　好像是的。

　　苏　那还不清楚，他的名字就是 Φαῖστος，只是前面加了字母 η，任何人都能看清这一点。

　　赫　可能是这样的——除非你还有另外一种看法。嗯，你可能会有的。

---

① "雅典娜"这个词的变化情况如下：从 θεοῦ νόησις 中去掉 σις，得到 θεοῦνόη，在非阿提卡文风中加上阴性冠词，把 η 改成 α，得到 ἀθεοῦνόα。由于在当时 o 和 οῦ 没有区别，可写作 ἀθεονόα。

② 赫淮斯托斯（Ἥφαῖστος），希腊火神和匠神。

苏　那就来防止这种情况发生，问我有关阿瑞斯^①的名字。

赫　噢，你自己已经问了!

苏　行，如果这就是你想要的。把一位喜欢打仗的神叫作阿瑞斯（Ἄρης），从各个方面来看都是恰当的，因为阿瑞斯相当于 ἄρρεν（男子气）和 ἀνδρεία（勇敢），【d】或者表示刚毅不屈的性格，具有这样性格的人叫作 ἄρρατος。

赫　确实是这样的。

苏　看在神的份上，我们不要再谈论众神了，谈论众神会使我感到害怕。但你可以随便问，"直至我们看到欧绪佛洛的战马如何昂首阔步，一往无前"。^②

赫　我会这样做的，但我还想再问一位神，赫耳墨斯^③，【e】因为克拉底鲁说我不是赫谟根尼（赫耳墨斯之子）。让我们考察一下这位神的名字和含义，看克拉底鲁这样说是什么意思。

苏　好吧，赫耳墨斯这个名字似乎和语言有某种关系：他是一位解释者（ἑρμηνεύς）、信使、小偷、骗子、讨价还价者【408】——诸如此类的事情都与语言的力量有很大关系。嗯，如前提及^④，εἴρειν 的意思是"使用语词"，这个名称的其他部分说——如荷马常说的那样——ἐμήσατό（他设想），这个词的意思是"谋划"。出于这两个词，习俗制定者构造了这位发明了讲话（λέγειν）和语词的神的名字，因为 εἴρειν 的意思与 λέγειν 相同。这就好像他在告诉我们："人啊，【b】你们把这位发明了语言（τὸ εἴρειν ἐμήσατο）的神叫作 Εἰρέμης 是对的。但是我们，为了美化这个名称，如我们所假设的那样，今天把这位神叫作赫耳墨斯。

赫　现在我敢肯定克拉底鲁没有说错，我不是赫谟根尼（赫耳墨斯

---

① 阿瑞斯（Ἄρης），希腊战神，宙斯与赫拉之子。

② 荷马：《伊利亚特》5：221—222；有关欧绪佛洛参阅本篇 396d。

③ 赫耳墨斯（Ἑρμῆς），希腊神灵，宙斯的信使。

④ 参阅本篇 398d。

的儿子），因为我不擅长发明语词。

　　苏　但是，把潘①说成是赫耳墨斯双形的儿子是合理的。

　　赫　【c】你是怎么想的？

　　苏　你知道，言语指称一切事物(τòν Πᾶνα)，并使事物循环往复，言语有正确与错误这两种形式吗？

　　赫　当然知道。

　　苏　好吧，正确的部分是精致，神圣的，是居于上界的众神拥有的，而错误的部分是居于下界的凡人拥有的，是粗鲁的、好色的(τραγικόν)；因为就在这里，在可悲的(τραγικòν)生活中，可以发现绝大多数神话故事和虚假的传说。

　　赫　当然。

　　苏　因此，把言说一切事物(Πᾶν)并使之循环(ἀεὶ πολῶν)者叫作 Πᾶν αἰπόλος（潘—山羊—牧者）是正确的。【d】赫耳墨斯的这位双形的儿子，上半部分是精致的，下半部分是粗鲁的、好色的。他本身既是言语本身，又是言语的兄弟，因为他是赫耳墨斯之子。兄弟之间相似不值得奇怪。不过，如我所说，我们不要再谈论众神了。

　　赫　如果你不想谈这一类神，苏格拉底，那我们就不谈了。但有什么事能让你不讨论这样一些神呢——太阳、月亮、星辰、【e】大地、以太、空气、火、水、季节、年度？

　　苏　你要我做的事情太多了！不过，要是能让你喜欢，我愿意。

　　赫　当然，我喜欢。

　　苏　你想要我先讲哪一个？或者说，由于你首先提到太阳(ἥλιος)，我们要从太阳开始吗？

　　赫　当然可以。

　　苏　如果我们使用多利亚方言的这个名称，【409】我想事情会变得比较清楚，因为多利亚人把太阳叫作 ἄλιος。所以，ἄλιος 也许和事实相符，太阳升起的时候把人聚集(ἁλίζειν)在一起，或者始

---

① 潘(Πᾶν)，希腊山林、畜牧神。他的身子是人，腿和脚是羊，头上有角。

终沿着轨道围绕大地转动（ἀεὶ εἰλεῖν ἰών），或者说它好像是指颜色（ποικίλλει），这是大地的产物，因为 ποικίλλειν 的意思和 αἰολεῖν（快速地来来回回）的意思相同。

赫　月亮（σελήνη）是怎么回事？

苏　这个名称似乎肯定会使阿那克萨戈拉陷入尴尬的境地。

赫　怎么会呢？

苏　它似乎已经指出阿那克萨戈拉最近提出的理论，【b】月亮的光来自太阳，实际上是相当古老的。

赫　为什么呢？

苏　σέλας（明亮的光）和 φῶς（光）是一回事。

赫　是的。

苏　嗯，如果阿那克萨戈拉的追随者们说得对，那么月光（σελήνη）始终既是新的（νέον），又是旧的（ἕνον），因为他们说太阳围绕月亮旋转，太阳始终在给月亮增添新的光，而月亮以前的光仍旧保持在那里。

赫　当然。

苏　但有许多人把月亮叫作 Σελαναίαν。

赫　对，他们是这样叫的。

苏　由于月光始终既是旧的又是新的（σελας νέον ἕνον ἔχει ἀεί），【c】所以它的正确名称是 Σελαενονεοάεια，这个词压缩以后就成了 Σελαναία。

赫　它也是一个酒神颂歌式①的名称，苏格拉底！关于月份和星辰你有什么必须说的？

苏　月份（μεὶς）的正确名称是 μείης，源自 μειοῦσθαι（减少）。而星辰（ἄστρα）的名称似乎源于 ἀστραπή（闪电），因为闪电是使眼睛向上看（ἀναστρέφει τὰ ὦπα）的原因。因此，它真的应当被叫作 ἀναστρωπὴ，不过今天这个名称被美化了，叫作 ἀστραπή。

---

① 酒神颂歌献给酒神狄奥尼修斯，用词复杂，多用复合词。

赫　火和水怎么样？

苏　【d】我对火（πῦρ）真的感到困惑。所以，要么是欧绪佛洛的缪斯把我甩了，要么是这个词确实难度极大。但是请你注意，每当我陷入这样的困境，我会用什么样的方法摆脱它。

赫　什么方法？

苏　我会告诉你的，但你先要回答我的问题。你能告诉我"火"这个名称是怎么来的吗？

赫　我肯定不能。

苏　这就是我产生疑问的地方。我想希腊人，【e】尤其是那些居住在外国的，采用了许多外语的名称。

赫　那又怎么样？

苏　嗯，如果有人试图发现这些名称是否正确地提供，把它们当作希腊语来处理，而不是当作外来语来处理，那么你知道他会陷入困境。

赫　他很有可能会这样。

苏　【410】好吧，现在来看一下"火"，看它是不是外来词——因为要把它与希腊语联系起来确实不是一件易事。此外，弗里基亚①人显然使用同样的名称，只是有轻微的改动。比如"水"（ὕδωρ）、"狗"（κύνας），等等。

赫　好像是这样的。

苏　因此，尽管人们可以谈论这些名称，但一定不能推得太远。所以，这就是我放弃"水"和"火"的原因。但是，"气"怎么样，赫谟根尼？【b】它之所以被叫作 ἀήρ 是由于它从大地上提升（αἴρει）某些东西吗？或者是由于它始终在流动（ἀεὶ ῥεῖ）？或者是由于气的流动形成风（πνεῦμα）？因为诗人们把风（πνεύματα）称作气流（ἀήται），不是吗？所以，也许某个诗人说 ἀητόρρους（气流动）在 πνευματόρρους（风吹）的地方，由此表明他正在谈论气。至于以太，我想做以下解释：把它叫作 ἀειθεήρ 是对的，因为它总是在气之上流动（ἀεὶ θεῖ ῥέων）。

---

① 弗里基亚式的（φρυγιστί）。

用 γαῖα 这个名字来指称大地（γῆ）比较好；【c】因为 γαῖα 被正确地称作一位"母亲"，如荷马告诉我们的那样，γεγάασιν 指的是"产出"。好吧，下面是哪一个？

赫 季节（ὧραι），苏格拉底，还有用来指称"年度"的两个名称，ἐνιαυτος 和 ἔτος。

苏 如果你想知道有关季节这个名称的可能有的真相，你一定要看到这个事实，它在古阿提卡方言中拼作 ὁραι。把季节称作 ὁραι（把一事物与其他事物区别或标定的东西）是正确的，因为这些季节区分（ὁρίζουσαι）了冬天和夏天、各种季风、大地的果实。至于 ἐνιαυτος 和 ἔτος，【d】它们实际上是一个名称。我们看到，较早的时候宙斯的名字分成两个——有些人叫他 Ζῆνα，有些人叫他 Δία（宾格）。①好吧，年度的名称也同样是这种情况。年或年度使大地上的植物和动物在既定的季节产生和成长，并在年度自身中巡视它们。因此，有些人叫它 ἔτος，因为它巡视（ἐτάζαι）事物，而其他人叫它 ἐνιαυτος，因为它这样做是在其自身之中（ἑαυτοι）。整个短语是在自身中巡视它们（ἐν ἑαυτῷ ἐτάζον），但这个短语带来的结果是用这两个不同的名称来称呼年度。因此，这两个名称，ἐνιαυτος 和 ἔτος，【e】源自同一个短语。

赫 我说，苏格拉底，你正在取得巨大的进展！

苏 我想我正在拼命地驱使我那显而易见的智慧。

赫 当然了。

苏 你甚至还可以对我再次加以肯定。

赫 【411】嗯，我们已经完成了对这一类名称的考察，下面我想看看有关德性的那些名称的正确性是如何提供的。我指的是智慧（φρόνησίς）、理智（σύνεσις）、正义（δικαιοσύνη），以及所有其他诸如此类的美好名称。

苏 你正在搅动的这些类别的名称没有一个是不重要的，赫谟根

---

① 参阅本篇 395e 以下。

尼，不过，既然我已经穿上了狮子皮①，那么我一定不能丧失信心。所以我似乎必须考虑智慧、理智、判断（γνώμην）、知识（ἐπιστήμην）这些语词的意思，以及你所说的其他所有美妙的词汇。

赫　【b】我们当然不能停止不前，直到我们这样做了。

苏　以埃及神犬的名义起誓，我想这是一个很好的灵感——它就在此刻在我心中出现了！当今时代我们大部分哲人在探讨存在的事物的本性时，由于不停地转圈子而头晕目眩，而这些事物本身对他们就显得像是在朝各个方向旋转和运动。【c】嗯，我认为古代给事物提供名称的人也很像这些哲人。然而，他们不把这种情况归咎于他们自身的内部状况，而是归咎于事物本身的性质，他们认为没有任何事物是稳定的或永久的，一切事物都在流动，这个世界永远充满各种运动和生成变化。我之所以这样说，是因为你刚才提到的名称使我有了这样的想法。

赫　怎么会这样呢，苏格拉底？

苏　你也许没有注意到，这些名称的提供都以一个假设为基础，叫这些名称的事物都在运动、流变或发生。

赫　没有，我从来没有想到这一点。

苏　【d】那好吧，从头开始，我们提到的第一个名称无疑就是这样的。

赫　哪个名称？

苏　智慧（φρόνησις）。智慧是对运动和流变的理解（φορᾶς νόησις）。或者说可以把它解释为乐于运动（φορᾶς ὄνησις）。在这两种情况下，它都必定与运动有关。如果你想要另外一个例子，那么判断（γνώμην）这个名称表达了这样一个事实，下判断就是考察或研究任何有生成（γονῆς νώμησις）的事物；因为研究（νωμᾶν）和考察（σκοπεῖν）是一回事。如果你还想要一个例子，那么理解（νόησις）本身就是对新事物（νεο ἥσις）的向往。而说事物是新的，指的就是它们始终在生成。这样的事物是灵魂所向往的，【e】按照这个名称提

---

① 指神话英雄赫拉克勒斯穿的奈梅亚狮皮。

供者的想法，νόησις 所表达的，在古代不是 νοέεσις，而是 νοέσις，但是用 η 取代了两个 ε。我们刚刚看到，节制（σωφροσύνη）是智慧（φρόνησίς）的拯救者（σωτηρία）。【412】知识（ἐπιστήμην）表示高贵的灵魂追随（ἕπεται）事物的运动，既不超前也不落后。所以我们必须在这个名称中塞入字母 ε，把它拼写为 ἐπεΐστήμην。再往下说，理智（σύνεσις）似乎是一种总结（συλλογισμὸς），每当一个人说理解（συνιέναι）的时候，就好比是在说知道（ἐπίστασθαι），因为 συνιέναι（字义"与某事物一道"）指的是灵魂与事物一道行进。【b】至于智慧（σοφία），它指的是对运动的把握。但它的来历模糊不清，不像是阿提卡语。但不管怎么说，我们必须记住，诗人们经常在说某个事物急速运动时就说它 ἐσύθη（急速行进）。确实，有一位著名的拉栖代蒙人① 名叫苏斯（Σοῦς），拉栖代蒙人就是用这个词来表示快速行进的。智慧（σοφία）指的是对这种运动的把握（ἐπαφὴν），假定一切事物都处在运动之中。【c】好（ἀγαθόν）这个名称用来指称一切本性上值得尊重的（ἀγαστῷ）事物。事物都处在运动之中，但有些快，有些慢。所以并非一切存在的事物都运动得快，而是运动得快的那部分事物值得尊敬。因此 τἀγαθόν（好东西，善物）这个名称可以用来指称那些因为快捷（θοοῦ）而值得敬重的事物。

很容易想到，"正义"（Δικαιοσύνη）就是给"对正义的理解"（δικαίου συνέσις）所起的名称，但是正义本身很难理解。许多人似乎在某一点上对正义有相同的看法，【d】然后就各持己见了。那些认为宇宙是运动的人相信，宇宙的大部分地方空无一物，任由他物进入，但有某种东西渗透、贯穿于宇宙之中，产生一切有生成的事物。他们说，这就是最细微的，最迅捷的东西；因为它若不是最细微的，那么任何东西都可以阻挡它们的进入，或者它若不是最快捷的，不能在其他事物呈现静止时穿越它们，那么它就不能在一切事物中穿行。【e】然而，由于它是其他一切事物的主宰和穿透者（διαϊόν）称之为正义（δίκαιον）是

---

① 拉栖代蒙人（Λᾰκεδαίμων），即斯巴达人（Σπάρτη）。

对的——添加字母 κ 只是为了声音的悦耳。如我前述，许多人只在这
一点上看法一致。【413】至于我自己，赫谟根尼，由于我坚持不懈地努
力，我学到了这件事的全部秘密——亦即正义和原因，因为一事物通过
某事物而产生，这个某事物就是原因。确实有人告诉我，由于这个原
因，把它叫作 Δία（宙斯）是正确的。然而，哪怕在我听到这一点的时
候，我仍旧温和地问他，"就算这些都是对的，我的朋友，到底什么是
正义？"就在这个时候，他们认为我的问题太多了，【b】我在追问不可
能回答的事情，所以他们告诉我，我已经学得够多了。然后他们试图用
每个人讲述他自己的观点的方法来使我满意。但是他们各自的意见并不
一致。有一个人说，正义就是太阳，因为只有太阳统治一切存在的事
物，穿透（διαϊόν）和燃烧（κάον）它们。我对这个回答很满意，并
且把它告诉其他人，但其他人讥笑我说，那么你认为太阳下山以后，这
世上的事情就没有正义吗？【c】所以我坚持不懈地向他提问，要他告诉
我他认为什么是正义，他说正义是火（τὸ πῦρ）——但这很难理解。另
一个人说，正义不是火，而是火中的热本身。另一个人说，所以这些解
释都是荒唐可笑的，正义就是阿那克萨戈拉谈论过的东西，亦即心灵；
因为他说，心灵是自主的，不与其他任何事物混合，为存在的事物安排
秩序，穿越一切事物。这个时候，我的朋友，我比开始学习什么是正义
之前还要困惑。【d】然而，我们的考察目标是"正义"这个名称，似乎
就是由于我们提到过的这些原因才有了这个名称。

　　赫　我想这种解释你肯定是从其他什么人哪里听来的，苏格拉底，
而不是你自己一个人的时候独自想出来的。

　　苏　我已经提到过的其他解释怎么样？

　　赫　我肯定不认为这些解释是你听来的。

　　苏　那么好吧，听着，也许我又会骗你，让你以为这些解释也是我
听来的。讲了正义这个名称以后，还剩下哪些名称呢？我想我们还没
有讨论过勇敢——不过很清楚，非正义（ἀδικία）无非就是对那种穿透
（διαϊόν）的一种阻挡。【e】勇敢（ἀνδρεία）这个名称表明这种美德是
在战斗中得名的。确实，如果事物都处于流变之中，那么一场战斗不可

能是别的什么，只能是一种反流变。如果我们从 ἀνδρεία 中去掉 δ，就得到 ἀνρεία（回流），这个名称本身就揭示了这一事实。当然了，勇敢显然并不是反对一切流变，而只是反对违反正义的流变；【414】否则的话，勇敢就不值得赞扬了。同理，ἄρρεν（男性）和 ἀνήρ（男人）这些词也表示向上的流变（ἄνω ῥοή）。在我看来，γυνή（妇女）想要成为 γυνή（子宫），θῆλυ（女性）这个词来自 θηλή（乳头），而乳头之所以叫作 θηλή，赫谟根尼，乃是因为它使事物昌盛（τεθηλέναι），就像灌溉使植物生长茂盛一样。

赫 可能是这样的，苏格拉底。

苏 是的，θάλλειν 这个词本身在我看来似乎就像青年突如其来而又快速的成长，名称的提供者摹仿了这个名称中的一些内容，【b】他把 θεῖν（跑）和 ἄλλεσθαι（跳）这两个词放在一起。你瞧，我策马奔驰在平坦的大道上有多么顺利啊！不过，还有许多名称留下来没有解释，它们似乎很重要。

赫 没错。

苏 其中之一，噢，让我们来看 τέχνην（技艺）这个名称是什么意思。

赫 当然。

苏 如果你去掉 τ，在 χ 和 ν、ν 和 η 之间插入 ο，它不就表示"拥有理智"（ἕξις νοῦ）吗？

赫 是的，苏格拉底，【c】但这样做就像是试着把一条小船拖上泥泞的斜坡。

苏 是的，但你要知道，赫谟根尼，为了使名称的声音悦耳，人们一直在给最初的名称添加或减少字母，以各种方式歪曲或修饰它们，这样一来，原先的名称就变得面目全非了。你也要知道，时间的流逝对这种变化也在起作用。以 κατόπτρῳ（镜子）这个词为例，你不认为插入 ρ 这个字母很荒唐吗？在我看来，这种事情肯定是那些丝毫不考虑真相、【d】只想着声音悦耳的人干的。因此，他们不断地修饰最初的名称，最后到了无人能够理解这些名称的地步。这种例子很多，另一个例子是，他们把"斯芬克司"① 叫作 σφίγγα，而不是 φικòς。

赫　你说得对，苏格拉底。

苏　然而，如果我们可以随意添加或减少字母，那么制造名称就太容易了，可以对任何对象使用任何名称。

赫　【e】对。

苏　是的，情况确实如此。所以我认为一位聪明的监管者②，就像你本人，应当密切地观察，注意保存平衡和可能性。

赫　我是想这么做。

苏　我也想和你一道这样做，赫谟根尼，【415】但别太在意精确性，免得"使自己失去勇力"③。好吧，现在"技艺"已经说完了，我将要抵达我们探索的顶峰。但在此之前，我要考察一下 μηχανή（发明）。在我看来，μηχανή 这个名称指的是伟大的成就（άνειν ἐπὶ πολὺ）；因为 μῆκός 表示某种"大"，而 μήκους 和 άνειν 这两个词合并在一起就构成了 μηχανή 这个名称。但是，如我刚才所说，我们必须继续前进，抵达我们探索的顶峰，【b】考察 ἀρετὴ（美德）和 κακία（邪恶）这两个名称。我对第一个名称还不太明白，但另一个名称似乎相当清楚，因为它与我们前面说过的那些名称的构成相当吻合。就事物处于运动之中而言，一切运动得坏（κακῶς ἰòν）的事物应当被叫作 κακία，但是这个可以用于所有诸如此类事物的名称主要用于某些灵魂，它们与它们居于其中的事物相关联而产生的坏的运动。在我看来，我们还没有讨论过的 δειλία（胆怯）这个名称所表达的就是这种坏的运动。——我们本来应该在讨论了"勇敢"之后讨论"胆怯"，【c】但我们刚才忽略了这个名称，因为我相信被我们忽略了的名称很多。——嗯，δειλία 表示的是

---

① 斯芬克司，希腊神话中带翅膀的狮身人面女妖。传说她常令过路行人猜谜：什么动物早晨用四只脚，中午用两只脚，晚上用三只脚走路？猜不出者即遭杀害。后因被俄狄浦斯道破谜底是人而自杀。

② 参阅本篇390b 以下。

③ 荷马：《伊利亚特》6：265。

灵魂被某种强大的锁链（δεσμὸς）捆绑，因为 λίαν（太多）表示的是某种程度。因此，δειλία 指的是灵魂所受到的最强大的束缚。ἀπορία（困惑，不能移动）是一种同类的恶，所以，它似乎是阻挡运动的其他一切事物。这就清楚了，我们所说的运动是一种受约束的或受阻碍的运动，这种运动使灵魂充满了恶。还有，如果 κακία 是该类事物的名称，ἀρετὴ 就是其对立面。它表示的，首先是无困惑（εὐπορίαν，运动的减缓）；其次，【d】善的灵魂的流动是畅通无阻的；因为 ἀρετὴ 这个名称之所以得名，乃是因为它是不受约束的和不受阻碍的，因此是始终流动的（ἀεὶ ῥέον）。所以，把它叫作 ἀειρείτην 是正确的，经过压缩，它就成了 ἀρετὴ。嗯，你现在可能又要说我在搞发明了，但我认为，如果我刚才有关 κακία 的谈论是正确的，【e】那么我现在有关 ἀρετὴ 的谈论也是正确的。

赫 关于 κακόν（坏）怎么样？这个词和我们前面的探讨有密切关系。【416】它的意思是什么？

苏 神灵在上，这是一个奇怪的词！至少，这是我现在的想法。这个词解释起来很困难。所以，我也要对它使用一下我前面引进的办法。

赫 什么办法？

苏 寻找语词的外来词源。①

赫 你很可能是正确的。所以，假定我们把这些考察都撇开，让我们试着来看一下 καλὸν（美）和 αἰσχρὸν（丑）这两个名称有什么合理性。

苏 αἰσχρὸν 的意思在我看来是清楚的，也和我们前面说过的事情相吻合。【b】它似乎就是名称制定者想要斥责阻碍或约束存在事物流动的一切事物。尤其是，他把 ἀεισχοροῦν 这个名称给了那些始终在阻碍事物流动的东西（ἀεὶ ἴσχοντι τὸν ῥοῦν）。但是到了今天，这个词被压缩和读作 αἰσχρὸν。

赫 你对 καλόν（美、善）这个名称有什么可说？

---

① 参阅本篇 409d。

苏　这个名称就更难理解了。这个词之所以这样发音，仅仅是因为把 οὖ 缩短成了 o 而变得圆润。

赫　怎么会这样呢？

苏　在我看来，这个名称从某种思想（διανοία）派生而来。

赫　你什么意思？

苏　【c】告诉我，使每个事物都有一个名称的原因是什么？这个原因不就是制定名称的原因吗？

赫　确实如此。

苏　这个原因不就是思想吗——无论是神的，还是人的，或者既是神的又是人的？

赫　当然。

苏　最初给它们命名的和现在给他们命名（καλοῦν）的不是同一个，亦即思想吗？

赫　显然如此。

苏　思想和理智实施的所有工作不是值得赞扬吗，不是思想和理智实施的那些工作不是应当受到责备吗？

赫　当然。

苏　【d】既然如此，那么医药的工作不就是医生的工作，木作手艺的工作不就是木匠的工作吗？你同意吗？

赫　我同意。

苏　那么命名事物（καλοῦν）不就是在做美的（καλόν）工作吗？

赫　必然如此。

苏　我们说做这项工作的是思想吗？

赫　当然。

苏　因此，把智慧（φρόνησις）称作美的（καλόν）是对的，因为它进行的我们所说的工作是美的，受欢迎的。

赫　这很清楚。

苏　【e】我们还剩下哪些名称需要解释？

赫　那些与善和美相关的许多名称，比如 συμφέρον（有益的），

λυσιτελοῦν（有利的），ὠφέλιμον（受益的），κερδαλέον（赚钱的），【417】以及它们的对立面。

苏 在前面那些考察的启发下，你现在自己就应当能够解释 συμφέρον（有益的），因为它显然与 ἐπιστήμη（知识）有密切的关系。它表达了这样一个事实，所谓有益无非就是灵魂的运动（φορὰ）与事物的运动相一致。① 这样完成了的事物，作为这种运动的结果，可能被称作 συμφέρα 或者 συμφέροντα，因为它们与事物相和谐而被推动（συμπεριφέρεσθαι）。但是 κερδαλέον（赚钱的）源于 κέρδος（获取）。如果你把这个词中的 δ 替换成 ν，【b】这个名称的意思就清楚地显示出来；它给善物命名，但以其他的方式。因为善渗透一切事物，它有力量去规范（κεράννυται）一切事物，赋予它这个名称的人就是以这种力量命名的。但是他用了 δ，而不是 ν，把它发音为 κέρδος。

赫 λυσιτελοῦν（有利的）这个词怎么样？

苏 赫谟根尼，我不认为他使用 λυσιτελοῦν 这个词的意思是放（ἀπολύῃ）一笔债收取利息，这是那些小商贩用这个词的意思。名称制定者用这个词来称呼善物，【c】乃是因为它是存在的事物中最快捷的，它不允许事物静止不动，或者允许它们的运动停顿、停滞或结束。与之相反，它始终放弃（λύει）任何终止运动的企图，使运动成为不朽的、永不停止的。在我看来，由于这个原因，善物被说成是 λυσιτελοῦν，因为它放弃（λύει）对运动的任何目的（τέλος）。ὠφέλιμον（受益的）是一个非阿提卡的名称。荷马经常以 ὀφέλλειν 的形式使用它，这个词源于 αὔξειν（增加）和 ποιεῖν（创造、制作）。

赫 【d】这些词的对立面我们该怎么说？

苏 这些词的对立面就是对这些词的否定，在我看来不需要讨论。

赫 有哪些否定词？

苏 Ἀσύμφορον（不利的）、ἀνωφελὲς（无益的）、ἀλυσιτελὲς（无利的）、ἀκερδές（无收益的）。

---

① 参阅本篇 412a 以下。

赫　对，这些词不用讨论。

苏　但是 βλαβερον（有害的）和 ζημιῶδες（有损的）需要讨论。

赫　是的。

苏　βλαβερον 这个词的意思就是那个伤害（βλάπτόν）流动（ῥοῦν）的东西。【e】接下去，βλαβερον 表示寻求把握（βολόμενον ἅπτειν）。但是把握和捆绑是一样的，名称给予者在挑剔。所以，想要捆绑流动（τὸ βολόμενον ἅπτειν ῥοῦν）可以最正确地被叫作 βουλαπτεροῦν，但是这个词在我看来被美化了，叫作 βλαβερον。

赫　你提到的这些名称真是太复杂了，苏格拉底！当你刚才说出 βουλαπτεροῦν 这个词的时候，【418】你就好像是在用笛子向雅典娜吹奏一首颂歌的序曲。

苏　对此我不需要负责任，赫谟根尼——要负责任的是名称提供者。

赫　没错。但是你说得很对，ζημιῶδες（有损的）这个词怎么样？它是什么意思？

苏　ζημιῶδες 这个词是什么意思？你来看我说得有多么正确，赫谟根尼，通过插入和去掉字母，人们使语词的意思发生了巨大变化，甚至非常细微的置换有时候也会产生完全相反的意思。【b】δέον（义务）是我刚想到一个例子，它提醒了我要对你说的有关 ζημιῶδες 的话。我们优美的现代语言已经歪曲、伪装和完全改变了它们的本来含义，而在古语中它们的意思表达得很清楚。

赫　你这是什么意思？

苏　我会告诉你的。你知道我们的祖先大量使用 ι 和 δ，尤其是妇女，她们是古代语言的最佳保存者。【c】但是今天的人们把 ι 改成 ε 或 η，据说这样做是为了增添声音的雄浑。

赫　他们是这样做的吗？

苏　是的。举例来说，人们现在把日子叫作 ἱμέραν，而古时候人们叫它 ἑμέραν 或 ἡμέραν。

赫　没错。

苏 那么你知道只有古代名称清楚地表达了名称制定者的意思吗？人们欢迎黑暗之后到来的光明，【d】并且期待（ἱμείρουσιν）它，这就是他们把它叫作 ἡμέραν 的原因。

赫 显然如此。

苏 但是现在这个名称被打扮过了，无人能够理解它是什么意思。尽管有些人认为日子被叫作 ἡμέραν 是因为它使事物变得温和（ἥμερα）。

赫 好像是这样的。

苏 你也知道古人把轭叫作 δυογὸν，而不叫作 ζυγὸν 吗？

赫 当然知道。

苏 现在 ζυγὸν 这个名称是什么意思不清楚，而 δυογὸν 这个名称相当正确，可以用来表示把两匹牲口绑在一起，让它们能够拉犁或拉车（δυοῖν ἀγωγὴν）。不管怎么说，它今天已经变成 ζυγὸν。其他的例子还有很多。

赫 显然如此。

苏 同理，δέον（义务），当以这种方式发音的时候，最初似乎是指与善物的其他所有名称相反的意思。毕竟，哪怕 δέον（义务）是一种善，δέον 显然表示 δεσμὸς（锁链）或运动的障碍，所以它与 βλαβερον（有害的）这个词有密切的关系。

赫 是的，苏格拉底，它清楚地显示了这种意思。

苏 但是，若你不用这个古代的名称，它就不能清楚地表示了，这个古代名称比现代名称要正确得多。【419】如果你用 ι 来代替 ε，就像在这个古代名称中一样，它就与较早的表示善物的名称一致了——因为是 διϊὸν（穿越），而不是 δέον，表示"好"，是个褒义词。所以名称制定者并没有自相矛盾，δέον（义务）显然与 ὠφέλιμον（受益的）、λυσιτελοῦν（有利的）、κερδαλέον（赚钱的）、συμφέρον（有益的）、ἀγαθὸν（好、善）、εὔπορον（无困惑的）这些名称相同，它们是用来表示秩序和运动的不同的名称。这些名称始终受到赞扬，【b】而表示约束和阻碍的名称总是受到挑剔。同理，在 ζημιῶδες（有损的）这个例子中，如果你用 δ 代替 ζ，就如在古语中那样，那么你就很清楚地看到这个名称用来表示束缚运动的东西（δοῦν τὸ ἰόν），因为 δημιῶδες 就是这样派生出来的。

赫　有关 ἡδονὴ（快乐）、λύπη（痛苦）、ἐπιθυμία（欲望），以及其他相似的词，苏格拉底，你会怎么说？

苏　我不认为这些名称难度很大，赫谟根尼。ἡδονὴ（快乐）这个名称之所以得名，似乎由于它是一种旨在谋取快乐（ἥὄνησις）的行动，但是插入了一个 δ，我们就叫它 ἡδονὴ，而不是叫它 ἡονῆς。【c】λύπη（痛苦）似乎派生于肉体承受痛苦时的虚弱（διαλύσις）。ἀνία（伤心）表示阻碍（ἤιέναι）运动的东西。ἀλγηδὼν（困顿）在我看来似乎是个外来词，源于 ἀλγεινος（困顿）。ὀδύνη（伤心）这个名称似乎是由于表示进入（ἐνδύσις）痛苦而得名。每个人都可以清楚地看到，ἀχθηδὼν（恼火）这个词的发音就像是给运动一负重担（ἄχθος）来携带。χαρὰ（欢乐）之所以这样得名是由于它是灵魂的外溢（διαχύσις）或灵魂之流（ῥοῆς）的良好运动。τέρψις（兴奋）来自 τερπνὸν（高兴的），【d】而这个词又来自灵魂像气息（πνοή）一样滑过（ἕρψεσις）。按理说，它应当被叫作 ἕρπνουν，但后来随着时间的推移而变成 τερπνὸν。εὐφροσύνην（欢乐）不需要解释，因为每个人都清楚地看到，它之所以有这个名称是因为灵魂与事物一道和谐地运动（εὖ συμφέρεσθαι）。按理说它应当被叫作 εὐφεροσύνην，但我们叫它 εὐφροσύνην。ἐπιθυμία（欲望）也没有任何困难，很清楚这个名称来自与灵魂的激情部分相对的那种力量（ἐπὶ τὸν θυμὸν ἰοῦσα），【e】而 θυμὸς（激情、愤怒）这个名称来自灵魂的冲动（θύσεως）和沸腾。ἵμερός（欲望）这个名称派生于最能推动灵魂流动的东西。它急剧地流动（ἱέμενος ῥεῖ），【420】推动事物（ἐφιμένος），就这样，由于急剧流动而牵扯着灵魂。就这样，由于它拥有这种力量，它被称作 ἵμερός。另一方面，πόθος（期待）表示的不是一种欲望或流动，而是现存的东西，这种东西存在于别处（που）或者没有。ἔρως（性爱）这个名称之所以得名是因为从外面流入，也就是说，这种流动不属于拥有这种流动的人，【b】而是通过他的眼睛进入他。由于这个原因，它在古时候曾被叫作 ἔσρος（注入），当时他们使用 ο 代替 ω，而现在则用 ω 取代了 ο，被叫作 ἔρως。所以，你认为还有什么名称剩下来要我们考察的？

赫 你认为 δόξα（意见）和与其相似的一些名称怎么样？

苏 Δόξα 要么源于 διώξει（追求），灵魂追求事物如何存在的知识，要么源于弓（τόξου）的发射。后一种解释更加可能。【c】不管怎么说，οἴησις（思考）这个词与它是和谐一致的。它似乎表达了这样一个事实，思考就是灵魂朝着每一事物的运动（οἶσις），朝着每一事物是否真的存在。以同样的方式，βουλή（计划）必定与试图朝着某些靶子发射（βολήν）相关，而 βούλεσθαι（希望）和 βουλεύεσθαι（商议）表示旨在某事物（ἐφίεσθαι）。所有这些名称似乎都与 δόξα 一致，因为它们全都像 βολή，像是试图对着某个靶子发射。同理，计划的对立面 ἀβουλία（缺乏计划），似乎表示错误地得到某事物（ἀτυχία），就像某人错误地发射或者没有得到他要射的、希望的、计划的、欲望的东西。

赫 【d】你的考察正在加速前进，苏格拉底！

苏 那是因为我正在接近终点！但我仍旧想要考察 ἀνάγκην（强迫）和 ἑκούσιον（自愿），因为它们紧接着前面那些名称。ἑκούσιον（自愿）这个名称表达这样一个事实，它指的是屈服和不抵抗，但是，如我刚才所说，屈服就是放弃运动（εἶκον τῷ ἰόντι）——其产生与我们的意愿相一致的这种运动。另一方面，ἀναγκαῖον（强迫的）和 ἀντιτυπον（抵抗）这两个名称，由于表示与我们的意愿相反的运动，就与"错误"和"无知"联系在一起。确实，说 ἀναγκαῖον 就像是试图穿越沟壑（ἄγκη），因为沟壑阻碍运动，因为它们是崎岖不平、荆棘丛生、难以逾越的。【e】可能就是由于这个原因，我们以这种方式使用 ἀναγκαῖον 这个词——因为这样说就像是要试图穿越沟壑。好吧，在我还剩一口气的时候，让我们不要停止使用这个词。你不会停下来吧，继续提问。

赫　【421】好吧，让我问一些最美妙、最重要的名称，ἀλήθεια（真、真理）、ψεῦδος（伪、谬误）、ὄν（本体），还有——我们当前讨论的主题——ὄνομα（名称），它为什么要叫这个名称。

苏　你知道 μαίεσθαι（探讨）是什么意思吗？

赫　知道，这个词的意思是 ζητεῖν（寻找）。

苏　好吧，ὄνομα（名称）这个词似乎是由"这就是那个有过探讨的存在者"（ὄν οὖ μάσμα ἐστίν）这个陈述压缩而成的。你在 ὀνομαστόν（被命名的事物）这个词中能够更容易看到这一点，因为它清楚地说："这就是那个有过探讨的存在者。"【b】ἀλήθεια（真、真理）这个词也像其他词一样经过压缩，因为存在者的神圣运动被叫作 ἀλήθεία，ἀλήθεια 是 ἀλή θεία（神圣的漫游者）这个短语的压缩形式。ψεῦδος（伪、谬误）是这种运动的对立面，因此，习俗制定者再一次揭示了它的意思，即约束和强迫某事物停滞或不动，就像是使人入睡（καθεύδουσι）——但是这个名称的意思由于添加了 ψ 而隐匿了。ὄν（存在）或 οὐσία（本体）表达的意思和 ἀλήθεια 相同，一旦添加了一个 ι，因为它表示行进（ἰόν）。而接下去，【c】οὐκ ὄν（非存在）就是 οὐκ ἰόν（非行进），确实有某些人用这个名称来表示非存在的意思。

赫　我认为你已经有力地把这些名称锻造成形了，苏格拉底。但若有人问你 ἰόν（行进）、ῥέον（流动）、δοῦν（阻挠）这些名称的正确性……

苏　"我该如何回答他们？"你想要这么说吗？

赫　是的，很对。

苏　我已经建议过一种方式①，可以回答所有类似的问题。

赫　什么方式？

苏　当我们不知道一个词表示什么的时候，就说这个名称有外国的来源。说这些名称中有某些是外来的，这样的回答很可能是正确的，【d】但也很有可能基本的或原初的名称是希腊的，只是由于年代的久远，它们的原初含义已经无法发现了。名称以各种方式发生着曲折变化，确

---

①　参阅本篇 409d,416a。

实，如果古希腊的语词与现代的语词是一样的，那才值得惊讶！

赫　不管怎么说，你以这种方式作回应没有什么不恰当的。

苏　不，可能也有不恰当之处。然而，在我看来，"弓在弦上，不得不发"，① 我们必须努力推进我们的考察。不过，我们应当记住，如果有人就那些与构成一个名称有关的术语发问，【e】然后就一些与构成这些术语有关的术语再发问，不断地这样做，无穷无尽，那么回答问题的人最后肯定要放弃了。不是吗？

赫　你说得很对。

苏　【422】那么他会在哪一点上停下来？当他进到那些其构成要素来自其他名称和陈述的名称，他不是肯定会停下来吗？因为，如果这些名称和陈述确实是其构成要素，假定它们是用其他名称构成的，那么它们就不一定会是正确的。比如，考虑一下 $\dot{\alpha}\gamma\alpha\theta\dot{o}\nu$（好、善）；我们说过它是由 $\dot{\alpha}\gamma\alpha\sigma\tau\tilde{\omega}$（可尊敬的）和 $\theta oo\tilde{\upsilon}$（快捷）组合而成。② $\theta oo\tilde{\upsilon}$（快捷）可能是由其他名称构成的，而构成它的其他名称仍旧有可能出自其他名称。但若我们掌握了一个不是由其他名称构成的名称，【b】我们就可以正确地说我们最终抵达了一个要素，这个要素不能再追溯到其他名称。

赫　至少，在我看来你说得对。

苏　如果你现在问的名称已经是要素了，那么我们难道不应当用一种与我们迄今为止一直在用的不同的方法来考察它们的正确性吗？

赫　可能应该这样做。

苏　当然可能，赫谟根尼。无论如何，我们此前处理过的所有名称都会归结到这些要素上来。所以，如果它们确实是要素，【c】在我看来它们是要素，那你就与我一道对它们进行考察，以确保我在谈论这些原初名称的正确性时不会胡说八道。

赫　你就一个人说吧，我会在可能的情况下协助你的考察。

苏　我想你会同意我的看法，在所有名称中只有一种正确性，无论

----

① 成语性的表达法，参阅《法篇》751d。

② 参阅本篇 412b—c。

是基本名称，还是派生名称，就其是名称而言，它们之间没有区别。

赫　当然。

苏　【d】嗯，我们已经分析过的每一个名称的正确性就在于它是否表达了某个存在的事物的本性。

赫　当然。

苏　如果基本名称和派生名称都是名称，那么就这一点来说，在基本名称那里不会比在派生名称那里更加真实。

赫　确实如此。

苏　但是派生名称似乎能够从基本名称中派生出来。

赫　这很明显。

苏　如果基本名称确实是名称，那么它们必定会尽可能清楚地使我们知道它所指的事物。但若它们的构成以其他名称为基础时，它们怎么能够做到这一点呢？【e】回答我：如果我们不会发出声音或者没有舌头，而相互之间又想交际，那么我们岂不是要用手、头和其他肢体来示意，就像聋子和哑巴那样吗？

赫　我们还会有其他什么选择吗，苏格拉底？

苏　所以，如果我们想要表达某样东西很轻或者在我们上方，【423】我们会摹仿具有这种性质的事物，双手上举。如果我们想要表达某样东西很重或者在我们下方，我们会双手下垂。如果我们想要表示骏马或其他动物的奔驰，你知道我们会用身体尽可能摹仿它们的姿态。

赫　我认为我们必须这样做。

苏　因为用我们的身体来表达事物的唯一方式，【b】就是用我们的身体来摹仿我们想要表达的事物。

赫　是的。

苏　所以，如果我们想要用我们的声音、舌头、嘴巴来表达某个具体事实，只要我们进行摹仿，就能成功地这样做，不是吗？

赫　我认为这样说肯定对。

苏　由此可知名称似乎就是对被摹仿的那个对象的声音摹仿，也就是用声音摹仿某事物的人在给他摹仿的事物命名。

赫　我认为是这样的。

苏　【c】嗯，我倒不这样认为。我一点也不认为这是一个好的说法。

赫　为什么不？

苏　因为这样一来我们不得不承认那些摹仿绵羊、公鸡或其他动物的人在给他们所摹仿的东西命名。

赫　没错，我们要承认。

苏　那么你认为这还是一个好结论吗？

赫　不，我不认为。但什么样的摹仿才是名称，苏格拉底？

苏　首先，如果我们用声音的方式摹仿事物，【d】那么这不是在进行命名，哪怕这种摹仿与声音有关。如果我们用音乐摹仿音乐的事物，这也不是在进行命名。我的意思是：每样东西都有声音和形体，而许多东西有颜色。不是吗？

赫　确实如此。

苏　但是命名的技艺似乎与摹仿这一类性质无关，反而倒是与音乐和绘画有关。这样说不对吗？

赫　对。

苏　【e】下面这一点怎么样？你不认为就如每样东西都有颜色或我们提到的其他性质，它也有存在和本质吗？确实，颜色和声音各自不是有一个存在或本质，就如对每样其他事物我们都说"有"吗？

赫　是的，我认为它们有。

苏　所以，如果有人能够用字母和音节摹仿每一事物拥有的存在或本质，他会不表达每一事物本身是什么吗？

赫　【424】他肯定会。

苏　如果你想识别能够做这件事情的人，就以你刚才首先说乐师、然后说画家的方式，你会说他是什么人呢？

赫　我想他是命名者，苏格拉底，他是我们从一开始就在寻找到的人。

苏　如果这样说是对的，那么我们现在似乎到了可以逐一考察你刚才问的这些名称的地步——ῥοῆς（流动）、ἰέναν（行进）、σχέσεως（停滞）——看命名者如何用字母和音节摹仿事物的存在和本质，来给它们命名，看他是否把握了它们的存在或本质。【b】不是这样吗？

赫　当然是这样。

苏　那么来吧，让我们看一下它们是否仅有的原初名称，或者还有其他许多原初名称？

赫　在我看来，还有其他原初名称。

苏　是的，可能还有其他的。但我们应该如何把摹仿者一开始摹仿的那些名称找出来呢？由于对事物的存在与本质的摹仿要用音节和字母，我们难道不要首先区分名称中的字母或原素吗，【c】就好像那些区分语言节奏的人首先要区分字母或原素的力量和能力，然后区分音节的力量和能力，只有到了这个时候，才对节奏本身进行考察？

赫　是的。

苏　所以，我们不是首先要把元音字母挑出来，然后再把其他种类的字母挑出来吗，也就是说，辅音字母、不发音字母（处理这些事情的专家是这么叫它们的）和半元音字母，它们既不是元音字母，又不是不发音字母？至于元音字母本身，我们不是也要区分它们的种类吗？然后，当我们也已经很好地区分了存在的事物的时候——就是这些事物我们必须给它们命名——如果这些名称能够带回某些东西，【d】就像名称与字母那样，那么就可以用它们在字母中的那种方式，从中看到它们如何派生出来，并在它们中间发现不同的种类——等这些事情都做完以后，我们会知道如何把每个字母运用于与之相似的事物，知道是否要用一个字母来表示一个事物，或者知道要把几个字母结合起来表示一个事物。这就好比画家做的事。当他们想要生产一种相似性的时候，【e】他们有时只用一种紫色，有时候用其他颜色，有时候把许多颜色混在一起——比如，当他们想要画人的血肉或其他相类似的东西时——使用这种特别的颜色，我假定，这是他们的具体对象所要求的。同理，我们要把字母用于事物，把一个字母用于一个事物，当这样做似乎需要的时候，或者用几个字母，构成所谓的音节，【425】或者用几个音节构成名词和动词。接下来，我们再用名词和动词构造重要、美妙、完整的东西。就像画家画一种动物，所以——用命名的技艺，或修辞的技艺，或无论什么技艺——我们将要构造句子。当然了，我的真正意思不是指我们自己——我已经在这场讨论中失去控制能力了。是古人以这种方式把事情结合起来。我们的工作——如果我们要用科学的知识考察所有这些事情——是在他们把事情放在一起的地方进行划分，【b】以便看清这些原初的和派生的名称是否与其本性一致。因为，把名称与事物联系在一起的其他任何方式，赫谟根尼，都是低劣的，不系统的。

赫　天神在上，苏格拉底，可能是这样的。

苏　那么好吧，你认为你能以这种方式划分这些名称吗？我不认为我能这样做。

赫　那我就更不行了。

苏　那么我们该放弃吗？或者说你希望我们能试着做一下，看这些名称像什么？【c】我们现在不就像是处于我们前不久讨论诸神时[①]的相同状况吗？我们在讨论诸神的名称之前就说我们对它们的真相一无所知，我们只是在描述凡人对诸神的信念。所以在我们开始讨论之前，我们难道不应当说：如果有人，无论是我们自己还是其他人，能够恰当地划分这些名称，他会以我们刚才描述过的方式划分它们，然而，考虑到我们当前的处境，我们不是必须追随"尽力而为"这句格言去讨论这些名称吗？你同意不同意？

赫　当然，我完全同意。

苏　【d】以为用字母和音节来摹仿会使事情变得清楚，赫谟根尼，这样做似乎有些荒唐，但这样做是绝对无法避免的。因为我们没有更好的办法来寻找这些原初名称的真相。除非你想要我们像悲剧诗人那样行事，每当他们陷入困境，就请诸神担当解围者。因为我们也可以说这些原初名称是正确的，因为它们是诸神赐予的，以此摆脱我们的困境。然而，这就是我们能够提供的最好解释吗？【e】或者说这样一个解释更好：我们从外国人那里得到这些原初名称，他们比我们更古老？或者是这

---

① 参阅本篇 401a。

样：就好像不可能考察外国的名称，所以也不可能考察原初的名称，因为它们太古老了？【426】这不都是那些不能对原初名称的正确性提供解释的人的遁词吗？然而，无论有什么样的遁词，如果一个人不知道原初名称的正确性，就不能知道派生名称的正确性，而这些派生名称只能用他一无所知的原初名称来解释。所以很清楚，任何声称对派生名称拥有科学理解的人，【b】首先必须对原初名称作非常清晰完整的解释。否则的话，他对其他名称的解释都将是毫无价值的。或者说，你不同意我的看法？

赫　我完全同意，苏格拉底。

苏　好吧，我对原初名称的印象相当怪异和荒唐。然而，如果你愿意，我想与你分享。如果你有什么更好的东西能够提供，我希望你也能拿来与我分享。

赫　别担心，我会尽力的。

苏　【c】首先，字母 ϱ 在我看来是个工具，可以用来表达各种运动（κίνησις）。——我们还没有说过运动为什么有这个名称，但很清楚，它的意思是 ἕσις（向前走），因为古代我们用 ε 而不用 η。它的第一部分源自 κίειν，这是一个非阿提卡的名称，与 ἰέναι（运动）相当。所以，如果你想要发现一个与现在的 κίνησις 相当的古代名称，正确的答案应当是 ἕσις。而到了今天，κίειν 这个非阿提卡的名称，ε 变成了 η，再插入 ν，所以我们就说 κίνησις 了，尽管它应当是 κιείνησις。【d】στάσις（静止）是一个与 ἰέναι（运动）意思相反的名称的美化形式。——如我所说，字母 ϱ 对名称制定者来说就好像是一个摹仿运动的美化工具，出于这个目的，他频繁地使用这个字母。他首先使用这个字母在 ῥεῖν 这个名称和 ῥοή 本身中来摹仿运动。【e】然后在 τρόμος（颤抖）和 τρέχειν（奔跑）这些名称中使用，还有在 κρούειν（打击）、θραύειν（压碎）、ἐρείκειν（碰伤）、θρύπτειν（折断）、κερματίζειν（弄碎）、ῥυμβεῖν（转动）这样的动词中使用，他使用字母 ρ 来摹仿所有这些运动。我假定，他想必注意到这个字母的发音必须最大限度地鼓动舌头，极少有静止的时候，这可能就是他在这些名称中使用这个字母的原因。接下去，他使用 ι 这个字母来摹仿所有细小的、【427】能够轻易穿透一切事物的东西。因此，在 ἰέναι（运动）和 ἵεσθαι（加速）这两个名称中，他用了 ι 来摹仿。同理，他用 φ、ψ、σ、ζ 这些字母来摹仿像 ψυχρὸν（哆嗦）、ζέον（沸腾）、σείεσθαι（震撼）、σεισμόν（震惊）这样的名称，因为所有这些字母的发音都有爆破音。确实，每当名称赐予者想要摹仿刮风或粗重的喘气（φυσῶδες）一类事物时，他似乎总是用这些字母。他好像也想到发 δ 和 τ 这两个字母时舌头的力量要压缩和停止，【b】由此就使 δεσμος（阻挠）和 στάσις（静止）这样的名称有了恰当的摹仿。由于他注意到 λ 这个字母的发音舌头滑动最多，于是他就用这个字母来制造 ὀλισθάνειν（滑动）这个名称本身，以及用在像 λεῖον（柔滑）、λιπαρὸν（油光发亮的）、κολλῶδες（粘的）一类名称中。当他想要摹仿某种倒胃口的、令人厌烦的事物时，他用 γ 这个字母，这个字母沉重的发音阻滞舌头的滑动，用于 γλίσχρον（粘着的）、γλυκὺ（甜的）、γλοιῶδες（粘湿的）这些名称。由于他看到 ν 这个字母的声音是内在地从后腭发出的，【c】所以他就把这个字母用于 ἔνδον（在……之中）和 ἐντὸς（在内），为的是用这些字母摹仿事物。他在 μεγά（大）这个名称中放入字母 α，在 μήκος（长度）这个名称中放入字母 η，因为这两个字母的发音都是长的。他想用 ο 来表示圆，所以他在 γογγύλον（圆）这个词中混入好几个 ο。以同样的方式，为了给每一个存在的事物制定一个标记或名称，规则制定者显然也使用其他字母或原素，然后把它们组合成所有其他名称，摹仿它们所指称的事物。赫谟根尼，这就是我对名称正确性的看法【d】——除非，当然了，克拉底鲁不会同意这种看法。

赫 好吧，苏格拉底，我前面跟你说过，克拉底鲁使我长期感到困惑。他说，有这样一种东西叫作名称的正确性，但他从来没有清楚地解释这种东西是什么。因此我也就绝无可能判定他的解释缺乏清晰性到底是有意的还是无意的。【e】所以，克拉底鲁，现在请你当着苏格拉底的面，告诉我你是否同意苏格拉底关于名称的这些看法，或者说你自己有更好的看法？如果你有，就把你的看法告诉我们，这样的话，要么你可以从苏格拉底那里知道你的错误，要么你来当我们的老师。

克　但是，赫谟根尼，你真的以为有什么主题能那么快地传授或学习吗？更不必说这样的主题了，这个主题似乎可以算作最重要的主题？

赫　【428】不，神灵在上，我不这样认为。但我认为赫西奥德说"哪怕能够增加一丁点，也是值得的。"① 这样说是对的。所以，如果你能增加一丁点知识，请你不要逃避劳动，请你帮助苏格拉底——他配得上你的帮助——同时也帮帮我。

苏　是的，克拉底鲁，请吧。我已经说过的这些事情没有一样是确凿无疑的。我只是说了在我看来似乎正确的东西，作为我和赫谟根尼考察的结果。所以，请你不要犹豫，把你的想法说出来，【b】如果你的观点比我好，我会很乐意地接受。如果你的观点比我的好，我一点儿也不会感到惊讶，因为你自己考察过这些事情，也向其他人学习过。所以，如果你确实有一些比较好的观点能够提供，你可以把我算作你的有关名称正确性这门课程的学生。

克　对，苏格拉底，如你所说，我研究过这些事情，你向我学习是可能的。【c】但我担心更有可能出现相反的结果。确实，我发现自己想要对你说阿喀琉斯② 在那段"祷告词"中对埃阿斯③ 说的话，"埃阿斯，忒拉蒙之子，万民之主宙斯的后裔，你说的这一切合乎我的心意。"④ 苏格拉底，你关心的问题也是我所关心的。你的神谕般的讲话——无论是受到欧绪佛洛的激励，还是有些缪斯早已居住在你心中，而你自己并没有意识到——似乎非常合乎我的心意。

苏　【d】但是，克拉底鲁，我长期以来对我自己的智慧一直感到惊讶——也对它表示怀疑。因此我认为有必要对我说的任何事情再次进行考察，因为没有比自我欺骗更糟糕的事了。确实，这种事情怎么能不可

---

① 赫西奥德：《工作与时日》361。

② 阿喀琉斯（Αχίλλειος），荷马史诗中的英雄。

③ 埃阿斯（Αἴας），荷马史诗中的人物。

④ 荷马：《伊利亚特》9：644。

怕呢？这个骗子就在你家里，一直和你在一起？因此我认为我们必须努力"瞻前顾后"，^①经常回顾我们已经说过的话，对这些话进行考察，这是我们前面提到过的这位诗人说的。【e】我们说过，名称的正确性就在于它是否展示了被它命名的事物的本性。这个陈述令人满意吗？

克　在我看来，苏格拉底，这是一个令人非常满意的陈述。

苏　所以，提供名称是为了告知吗？

克　肯定是。

苏　是否有命名这样一门技艺，这门技艺有匠人在实施它吗？

克　当然有。

苏　他们是谁？

克　【429】如你一开始所说，他们是习俗制定者。^②

苏　这门技艺也和其他技艺一样，用同样的方式对人有所贡献吗？我的意思是：是否有些画家比其他画家好些或差些？

克　当然有。

苏　这些比较好的画家生产比较好的产品，或者画出比较好的画，而其他画家生产比较差的产品吗？建筑工也一样——有些建筑工造的房子好些，有些建筑工造的房子差些吗？

克　是的。

苏　习俗制定者怎么样？有些人的产品好些，【b】有些人的产品差些吗？

克　不对，在这一点上我不同意。

苏　所以你不认为有些规则比较好，有些规则比较差吗？

克　当然不会。

苏　名称似乎也不会有些好有些差。或者你认为有些名称提供得较好，有些名称提供得较差？

克　肯定不会。

---

① 荷马：《伊利亚特》1：343。

② 参阅本篇 388d 以下。

苏　所以，一切名称都是正确地提供的吗？

克　是的，只要它们是名称。

苏　赫谟根尼怎么样，我们在前面提到过他的名字？要么说他根本就没有被给予这个名字，除非他属于赫耳墨斯的家族？【c】要么说他被给予了这个名字，但却是不正确地给予的？

克　我认为他根本就没有被给予这个名字，苏格拉底。有人拿来这个名字给了他，但它实际上是其他人的名字，也就是那个拥有这种本性的人的名字。

苏　但若有人把我们在这里的这位朋友叫作赫谟根尼，那会怎么样？他这样叫是虚假的，或者说他根本就不可能这样叫？如果他不是赫谟根尼，还会有可能说他是赫谟根尼吗？

克　你什么意思？

苏　以任何方式虚假地说都是不可能的，【d】这不就是你想说的意思吗？当然，今天有许多人虚假地说，过去也有许多人虚假地说。

克　但是，苏格拉底，有谁能说他说的东西而不说存在的东西？虚假地说不就是由不说存在的东西组成的吗？

苏　你的论证对我这把年纪的人来说太精细了。不管怎么样，告诉我这一点。你认为可能虚假地说某些事物吗，【e】尽管不可能虚假地说它？

克　在我看来，既不能说虚假的事物，又不能虚假地说任何事物。

苏　虚假地宣布事物或虚假地谈论事物，你怎么看？比如，假定你在外国，有人拉着你的手跟你打招呼说，"你好，赫谟根尼，司米克里翁①之子，雅典来的客人！"他这样宣布或者讲这些话，不是对你说的，而是对赫谟根尼说的吗——或者根本没有对任何人说吗？

克　在我看来，苏格拉底，他没有很好地把这些话关联起来。

苏　好吧，这倒是一个很巧妙的回答。但是他关联的这些话是真的还是假的，【430】或者说半真半假？如果你能告诉我这一点，我会感到

———————

①　司米克里翁（Σμικρίων），人名。

满意。

克　在我看来，我会说他只是在制造噪音，就像是在敲打一把破铜壶。

苏　让我们来看我们之间是否能有结合点，克拉底鲁。你同意，不是吗？有一样东西叫名称，另一样东西是叫这个名称的事物？

克　是的，我同意。

苏　【b】你也会同意名称是对事物的摹仿吗？

克　绝对同意。

苏　绘画是对事物摹仿的另一种不同方式吗？

克　是的。

苏　好吧，你说的也许是对的，我误解了你的意思，但这两种摹仿——绘画和命名——能否指定和运用于本身是摹仿品的事物？

克　它们能。

苏　【c】那么请你考虑一下。我们能把一个很像一个男人的东西指称为这个男人，能把一个很像一个女人的东西指称为这个女人吗？以此类推。

克　当然能。

苏　与此相反的情况怎么样？我们能把很像一个男人的东西指称为一个女人，能把一个很像一个女人的东西指称为一个男人吗？

克　不，我们不能。

苏　这两种指称方式都对，还是只有第一种方式是对的？

克　只有第一种方式对。

苏　也就是说，这种方式把对每一事物适合的或相像的图画或名称指定给每一事物。

克　这至少也是我的看法。

苏　【d】由于你我是朋友，我们不需要装腔作势，所以我把我的想法告诉你。我把第一种指称方式叫作正确的，无论是用图画还是名称，但若它是用名称来指定，我会称之为既正确又真实。我把另外一种指称方式，亦即指定和运用了不相似的摹仿品，叫作不正确的，如果用名称来指定，它同时又是虚假的。

克　但是，苏格拉底，用图画来指称也有可能是不正确的，【e】而用名称来指称不会有错误，名称必定永远正确地指称。

苏　你什么意思？它们之间有什么区别？我就不能走向一个男人，对他说"这是你的画像"，把这幅画与他相同的地方指给他看，或者把这幅画与某个女人相同的地方指给他看吗？我所谓的"指"，就是放在他眼前。

克　你当然可以这样做。

苏　好吧，我就不能第二次走向同一个男人，对他说"这是你的名称"吗？名称也是一种摹仿，就像绘画或肖像。所以，难道我就不能对他说"这是你的名称"，【431】然后用一个正好是摹仿他本人的声音对着他的耳朵说"男人"，或者正好对着一位女性，就用一个正好是摹仿女性的声音对他说"女人"吗？你不认为所有这些事情都是可能的，时有发生吗？

克　我愿意与你一致，苏格拉底，这种事情时有发生。

苏　你这样做很好，克拉底鲁，只要你真的愿意，因为就这件事我们没有必要进一步争论了。【b】所以，如果有某些这样的名称的指称发生，我们可以把第一种叫作真讲，第二种叫作假讲。但即便如此，有时候也有可能不正确地指定名称，把名称不是给了与它们适合的事物，而是给了与它们不适合的事物。对动词来说，这样说也是对的。但若动词和名词能以这样的方式指定，对整个陈述来说必定也是这样，因为我相信，陈述是名词和动词的结合。【c】你怎么看，克拉底鲁？

克　我和你持同样的看法，因为我认为你是对的。

苏　进一步说，原初名称可以与绘画相比较，在绘画中可以呈现各种恰当的颜色和图形，或者根本不呈现它们。有的时候可能没有画，有的时候可能画得太多了，有的时候可能画得太大了。不是这样吗？

克　是这样的。

苏　所以，有人把这些都呈现出来，提供了一幅完善的图画或相似的东西，而有些人添加或消除了某些东西，尽管如此，他还是完成了绘画或提供了相似的东西，但他生产了一幅不好的图画。

克　【d】对。

苏　那些用音节和字母来摹仿事物存在或本质的人怎么样？按照这种解释，如果他呈现了所有恰当的东西，那么这种相似性——亦即名称——会是一个好名称吗？但若他正好添加了一点或忘掉了一点，尽管他仍旧生产了一幅图像，它能是好的吗？由此不是可以推论，有些名称制造得好，有些名称制造得坏吗？

克　大概是这样的。

苏　所以，【e】一个人大概是一个制造名称的好匠人，另一个是制造名称的坏匠人吗？

克　是的。

苏　这个匠人被命名为习俗制定者吗？

克　是的。

苏　那么，神灵在上，有些习俗制定者大概是好的，另外一些习俗制定者大概是坏的，尤其是，如果我们前面同意了的看法是对的，那么他们就像其他匠人一样。

克　没错。不过，你瞧，苏格拉底，当我们使用语法学家的技艺，用 α、β，以及其他字母来命名的时候，如果我们添加、减少、改变字母顺序的时候，我们不只是写错了这个名称，【432】而是根本就没有在写这个名称，因为它马上就会变成另外一个名称，如果有这样的事情发生的话。

苏　这好像不是我们观察这件事情的好方法，克拉底鲁。

克　为什么不是？

苏　你所说的这种情况很适宜数目的正确性，数目必须是某个数，否则它就根本不是这个数。比如，如果你给数目"十"加上点什么或者减少点什么，它马上就变成另外一个数，你选择其他任何数目，情况都是这样。不过，有着可感性质的事物的正确性不属于这种情况，【b】比如一般的图像。确实，它们的情况正好相反——如果它呈现了它所指称的事物的所有细节，它就不再是图像。你看我说得对不对。在下面这种情况下，有两样东西——一个是克拉底鲁，一个是克拉底鲁的画像——是吗？假定某位神没有以画家的方式呈现你的肤色和形象，而是制造出像你一样的内脏，让它们有同样的热度和柔软性，【c】把像你一样的运动、灵魂、智慧放入其中——简言之，摹仿你拥有的一切性质，造就另一个你。在这个时候有两个克拉底鲁，还是有一个克拉底鲁，一个克拉底鲁的形象？

克　在我看来，苏格拉底，好像有两个克拉底鲁。

苏　所以，你难道看不到，我们必须寻找某种其他的图像正确性和我们正在讨论的名称正确性，不要坚持说增加或省略了某些细节，形象就根本不是图像了。【d】或者说，你还没有注意到图像与图像所代表的事物性质相距甚远吗？

克　不，我注意到了。

苏　不管怎么说，克拉底鲁，如果名称与名称所指称的事物在每个方面都是相似的，那么名称会给它们所指称的事物带来荒唐的结果，因为到了那个时候所有名称都是一个复制品，无人能够确定哪一个是事物，哪一个是名称。

克　没错。

苏　那你就鼓足勇气，承认有些名称很好地提供了，【e】有些名称没有很好地提供。不要坚持说名称拥有所有字母，要和用它来命名的事物完全一样，而要允许名称中含有不恰当的字母。但若一个不恰当的字母可以被包括在一个名称中，那么一个不恰当的名称也可以被包括在短语中。如果一个不恰当的名称可以被包括在一个短语中，那么一个不恰当的短语也可应用于一个陈述。当这种事情发生时，事物仍旧得到了命名和描述，只要这些短语包括与它们相关的事物的类型。【433】请记住，这就是赫谟根尼和我在前面讨论要素和名称时提出来的看法。①

克　我记住了。

苏　很好。所以，即使一个名称没有包括所有恰当的字母，它仍旧

---

① 参阅本篇393d—e。

描述了事物，只要它包括了事物的类型——尽管要是它包括了所有恰当的字母，它会很好地描述事物，如果它包括的恰当的字母很少，它会很坏地描述事物。我认为，我们最好接受这个观点，克拉底鲁，否则我们也会像夜晚在伊齐那①街上迷路的人一样受到责备，说你们来得太迟了，你们本来应当早点到的。【b】如果你否认这个观点，你就不能同意名称之所以正确就在于它用字母和音节表达了事物，你就不得不去寻找到有关名称正确性的其他解释，但若你既否认这种观点又接受这种有关正确性的解释，你就自相矛盾了。

克　在我看来你说得有理，苏格拉底，我把你说的当作可以成立的。

苏　那么好吧，既然我们对此达成了一致，让我们考虑下一个要点。如果一个名称很好地提供了，我们不是要说它必定拥有恰当的字母吗？

克　是的。

苏　【c】恰当的字母就是那些与事物相似的字母吗？

克　当然。

苏　因此，这就是很好地提供名称的方式。但若名称没有很好地提供，那么仍有可能它的大部分字母是恰当的，或者与它命名的事物相似的，但它的有些字母是不恰当的，因此使得这个名称不好，或者这个名称没有很好地提供。这是我们的看法吗？或者说我们的看法不是这样的？

克　我不认为这里还有什么事情需要继续争论，苏格拉底，但要说一个没有很好地提供的名称仍旧是一个名称，我对这种说法不满意。

苏　【d】那你对名称就是表达事物的一种方式这个看法满意吗？

克　我满意。

苏　有些名称是从比较原初的名称中构成的，有些名称是原初的，你认为这个看法对吗？

---

① 伊齐那（Αἴγίνη），地名。

克　对，我是这样认为的。

苏　但若原初的名称是清楚表达事物的方式，那么除了尽力使之与它要表达的事物相似，此外还有什么更好的表达方式吗？【e】或者说，你宁可接受赫谟根尼和其他许多人的看法，认为名称是约定俗成的符号，把事物向那些在这些习俗建立之前已经知道这些事物的人表达，所以无论我们接受现存的习俗，还是采用与这一习俗相反的名称，把我们现在称之为"大"的东西叫作"小"，把我们现在称之为"小"的东西叫作"大"，会有什么区别吗？

克　用与事物相似的东西来表达事物，这种名称在各个方面都比随意提供的名称要强得多，【434】苏格拉底。

苏　没错。但若一个名称确实像一个事物，那么构成原初名称的那些字母不是必定也和事物相似吗？我们在前面用过绘画的比喻，让我再回到前面去，用这个比喻来进行解释。如果一幅画不是用那些本性与绘画的技艺所摹仿的事物相似的东西画成的，【b】这幅画能够画得像任何存在的事物吗？这种情况可能吗？

克　不，不可能。

苏　出于同样的理由，除非构成名称的这些东西与被摹仿的名称有某种程度的相似性，否则的话，名称有可能与真实存在的事物相似吗？它们不是由字母或原素构成的吗？

克　是的。

苏　现在请你考虑一下我前面对赫谟根尼说的话。【c】把你的看法告诉我。我说字母 ϱ 像移动、运动和坚硬，我说得对吗？

克　你说得对。

苏　字母 λ 表示圆滑、柔软以及我们提到过的其他东西。

克　是的。

苏　然而你知道，被我们称作 σκληρότης（坚硬）的东西被埃雷特里亚① 人叫作 σκληροτήρ。

---

① 埃雷特里亚（Ἐρετριά），地名。

克　我当然知道。

苏　那么，字母 ϱ 和 ς 与同一事物相似吗，以 ϱ 结尾的名称所表达的事物与以 ς 结尾的名称所表达的事物对我们来说是同一事物吗，或者说它们中间有一个字母没能表达事物？

克　【d】两个字母都表达了事物。

苏　就这两个字母是相似的而言，还是就它们是不同的而言。

克　就它们是相似的而言。

苏　它们在所有方面都相似吗？

克　不管怎么说，它们在可以表示运动这个方面是相似的。

苏　这些名称中的字母 λ 怎么样？它表达与坚硬相反的事物吗？

克　这些名称中包括字母 λ 也许是不正确的，苏格拉底。也许，它就像你在前面谈论增加和减少字母时讲给赫谟根尼听的那个例子。在我看来，你这样做是对的。所以，在当前这个例子中也一样，我们也许应当用 ϱ 取代 λ。

苏　你说得有道理。但若有人说 σκληϱόν（坚硬），用我们现在的方式发音，这个时候会怎么样？【e】我们能理解他的意思吗？你知道我这样说是什么意思吗？

克　我知道，他之所以这样说乃是因为这是一种习惯用法。

苏　你说的习惯用法不就是习俗吗？你所谓的习惯用法无非就是，我说出这个名称，用它来表示坚硬，而你知道我这样说的意思，不是吗？这不就是你想说的意思吗？

克　【435】是的。

苏　如果我说出一个名称，而你知道我的意思，这个名称不就成为我向你表达的一种方式吗？

克　是的。

苏　尽管我说出来的这个名称不像我要指称的事物——由于 λ 这个字母不像坚硬（再回到你的例子上去）。但若这是对的，你肯定与你自己有了一种约定，名称的正确性在你这里成了一种习俗，因为习惯用法和习俗不是既能用相似的字母又能用不相似的字母来表达事物吗？哪

怕习惯用法和习俗完全是两回事，【b】你仍旧得说表达事物不是像不像
的问题，而是习惯用法的问题，因为习惯用法似乎能够既用相似的名称
又能用不相似的名称来指称事物。既然我们同意这些观点，克拉底鲁，
我把你的沉默当作同意，那么在我们讲话的时候，习俗和习惯用法必定
对我们所说的表达有所贡献。考虑一下数字吧，克拉底鲁，因为你想要
诉诸数字。① 如果你不允许这种约定和你的习俗对名称正确性有所控制，
你到哪里去得到这些就像数字一样的名称呢？【c】我本人更喜欢名称应
当尽可能与事物相似这种观点，但我担心为这种观点辩护就像把一条小
船拖上泥泞的斜坡，如赫谟根尼所说的那样，② 我们不得不使用这种没
有价值的东西，亦即习俗，来维持名称的正确性。也许，最好的，最为
可能的讲话方式就是全部（或大部分）使用与名称所指称的事物相似的
名称（亦即对事物来说适宜的名称），而最差的方式就是使用与事物最
不相似的名称。【d】不过，下面我要问你别的问题。名称对我们有什么
作用？名称有什么用？

　　克　名称的用途就是告知，苏格拉底。很简单，知道一个事物的名
称也就知道了这个事物。

　　苏　也许你的意思是这样的，克拉底鲁，当你知道了一个名称像什
么，知道它像它命名的事物的时候，你也就知道了这个事物，因为这个
事物像这个名称，【e】而所有相同的东西都可以归入同一类，对它们使
用相同的技艺。你说知道一个事物的名称也就知道了这个事物，不就是
由于这个原因吗？

　　克　是的，你说得非常对。

　　苏　那就让我们来看一下告知那些存在的事物的方式吧。是否还有
另一种方式，但比这种方式要差，或者这就是唯一的方式？你怎么想？

　　克　我认为这是最好的唯一的方式，【436】没有其他方式了。

　　苏　这也是发现存在的事物的最好方式吗？如果一个人发现了某个

---

① 　参阅本篇 432a。
② 　参阅本篇 414c。

事物的名称，他也就发现了它命名的事物吗？或者说名称只是一种把事物告知人们的方式，考察和发现事物必须要用某些不同的方式？

克　考察和发现的方式必定与把事物告知人们的方式完全相同。

苏　但是你难道看不到，克拉底鲁，【b】以名称为向导去考察事物并分析它们的意义，这样的人处于上当受骗的巨大危险之中吗？

克　以什么方式受骗？

苏　最先提供名称的人显然是按照他自己对那些要加以指称的事物的印象来命名的。难道不是吗？

克　是的。

苏　他以这种印象为命名的基础，但若他的印象不正确，而我们以他为向导，你认为会发生什么样的事情？我们不会因此而上当受骗吗？

克　但是，事情不是这样的，苏格拉底。名称提供者必定知道他在命名的事物。【c】否则的话，如我一直在说的那样，他的名称就根本不是名称。我这里有一个强有力的证据，可以让你知道名称提供者不会错失真理：他的这些名称相互之间是完全一致的。或者说，你难道没有注意到你在讲话时说出来的所有名称都具有共同的假定和相同的目的？

苏　你的证据肯定起不了什么辩护作用，克拉底鲁。名称提供者也许从一开始就犯了错误，然后强迫其他名称都与最初的名称一致。【d】这没什么可奇怪的。在几何证明中，一开始有一点细微而不可见的缺陷，但后续一长串的推论却能完全一致。这就是为什么每个人都应当慎重思考事物的第一原理，彻底地考察它们，看对它们的假设是否正确。如果对它们进行了恰当的考察，后续的步骤也就清楚地从中产生了。【e】然而，要是名称真的能相互一致，我倒要感到惊讶了。所以让我们回顾一下我们前面的讨论。我们说过，名称把事物的存在或本质告诉我们，其前提性的假设是一切事物都处在运动、流变、消亡之中。① 这不就是你认为名称要表达的东西吗？

克　绝对如此。【437】还有，我认为它们的指称是正确的。

_____

① 参阅本篇 411c。

苏　在我们已经讨论过的名称中，让我们再来考虑一下 ἐπιστήμην（知识），看它有多么晦涩。它表示的意思似乎是阻止我们的灵魂朝着（ἐπί）事物运动，而不是灵魂在运动中围绕事物转，所以这个名称的开头像我们现在这样去发音更加正确，而不是插入一个 ε，得到 ἐπεϊστήμην——或者倒不如说，插入一个 ι，来取代 ε。① 下面考虑一下 βέβαιον（稳当的），它是对基础（βάσεώς）或静止（στάσεως）的摹仿，而不是对运动的摹仿。还有，ἱστορία（探讨），这个名称也有点相似，【b】表示 ἵστησι（阻碍）ῥοῦν（流动）。πιστὸν（自信）也一样，它肯定表示停滞（ἱστάν）。下一个，每个人都能看出 μνήμη（记忆）这个名称的意思是灵魂的呆滞（μονή），而不是灵魂的活动。或者说，要是你愿意，考虑一下 ἁμαρτία（谬误）和 συμφορὰ（灾祸）。如果我们把这些名称当作我们的向导，它们所指的东西与 συνέσις（理智）、ἐπιστήμην（知识），以及其他一些优秀事物的名称所指的东西是一样的。还有，ἀμαθία（无知）和 ἀκολασία（放肆）似乎也和它们有缘。因为 ἀμαθία 似乎是指"某人有神陪伴的旅程"（ἄμα θεῷ ἰον），【c】而 ἀκολασία 的意思似乎完全就是"某个东西的指引下的运动"（ἀκολουθία τοῖς πράγμασι）。因此，被我们当作事物的最坏名称和那些最好的名称，其构成原则是一样的。只要不怕麻烦，我想无论谁都能找到许多例子，名称的提供者用它们来表示的不是运动或消亡着的事物，而是它们的对立面，亦即静止的事物。

克　但是你要注意，【d】苏格拉底，在它们中间，大部分名称是表示运动的。

苏　那又如何，克拉底鲁？我们要用投票的方式盘点这些名称，以确定它们的正确性吗？如果表示运动的名称比较多，就能使它们正确吗？

克　不能，这个观点不对。

苏　肯定不对，克拉底鲁。所以，让我们把这个论题搁下，回到把

---

① 参阅本篇 412a。

我们领到这里来的论题上去。【438】如果你还记得，你在前面说过，名称赐予者必须知道他命名的事物。① 你是否仍旧相信这一点？

克 我仍旧相信。

苏 你认为原初名称的提供者也知道他命名的事物吗？

克 是的，他肯定知道这些事物。

苏 他从哪里学到或发现了这些事物的名称？【b】毕竟，原初的名称还没有提供。然而，按照我们的观点，除了从其他人那里学到这些名称，或者自己去发现这些名称，要学到或发现这些事物是不可能的，不是吗？

克 噢，你说的这一点很重要，苏格拉底。

苏 所以，若是只有通过它们的名称才能知道这些事物，我们如何可能说名称提供者或规则制定者在有名称之前就有关于这些名称的知识和知道这些名称？

克 【c】苏格拉底，我认为对这个问题的最正确的解释是，赋予事物原初名称的决不是凡人的力量，所以它们必定是正确的。

苏 那么，按照你的观点，名称提供者自相矛盾了，哪怕他是精灵或者神？或者说，你认为我们刚才是在胡说八道？

克 但是，在我们区分的两类显然对立的名称中，有一类根本不是名称。

苏 哪一类，克拉底鲁？是表示静止的那一类，还是表示运动的那一类？我们刚才说过，这个问题不能用多数票决的方法来解决。

克 不能，【d】这个办法不对，苏格拉底。

苏 但由于名称中间有一场内战，有些名称宣布它们像真理，有些名称声称它们就是真理，我们该如何判定，从什么地方开始判定呢？我们不能从其他名称开始，因为这时候还没有其他名称。不，事情很清楚，我们必须寻找名称以外的东西，这种东西不使用名称就能使我们清楚两类名称中哪一类名称是正确的——【e】亦即表达了存在事物的真

---

① 参阅本篇 435d。

相的名称。

　　克　我也这样认为。

　　苏　但若这样做是对的，克拉底鲁，那么，不依靠名称而知道存在的事物必定也是可能的。

　　克　显然如此。

　　苏　那么你期待用其他什么方法来学习这些名称呢？除了用这种最真实和最自然的方法，亦即通过了解它们之间的相互关系，如果它们有某种亲缘关系，以及了解这些名称本身，还能有其他认识它们的方法吗？因为还有某些不同的事物，这些名称之外的不同事物，这些名称不能指称这些不同的事物，也不能指称名称之外的不同事物。

　　克　你说的在我看来好像是对的。

　　苏　但是，等一下！【439】我们不是三番五次地同意，如果正确地提供了名称，这些名称与用它们命名的事物相似，因此它们与事物相似吗？

　　克　是的。

　　苏　所以，要是人可以通过名称来了解事物，要是人也可以通过事物本身来了解事物，那么哪一种方法是了解事物的较好的、较为清晰的方式？通过了解该事物的相似物来了解，无论它本身是否一个好的相似物，或者是一个与真相相似的东西，是一种较好的方法吗？或者说，了解真相是一个较好的方法，既了解真相本身，【b】又了解恰当地制定出来的与真相相似的东西？

　　克　我认为了解真相肯定是较好的方法。

　　苏　如何学习和发现这些存在的事物，这个论题对你我来说可能太大了。但我们应当承认，通过这些事物本身来考察和学习这些事物比通过它们的名称来这样做要好得多。

　　克　显然如此，苏格拉底。

　　苏　还有，让我们对这个问题作进一步的考察，以免被这样一个事实欺骗，这些名称中有那么多名称似乎朝向同一个方向——【c】在我看来，名称提供者在提供名称时相信一切事物都处于运动和流变之中，然而，事物存在的方式未必如此，而是名称提供者自己掉进了某种旋涡，身不由己地越卷越深，还拉着我们一起往下掉。克拉底鲁，请考虑我经常在梦中想到的一个问题：我们要不要说有一个美本身，一个善本身，对其他每一个存在的事物要不要这样说？

克　我们要这样说，【d】苏格拉底。

苏　那就让我们不要去考察一张具体的脸是不是美的，所有这些事物是不是处于流变之中这样的问题，而是让我们问：我们要说美本身是永远不变的吗？

克　绝对要说。

苏　但若事物本身一直在流逝，我们能正确地说它原来是这个样子的，然后说它是如此这般的吗？或者说，就在我们这样说的一瞬间，它已经不可避免地变成了一个不同的事物，发生了变更，不再是原来的那个它了？

克　无疑如此。

苏　【e】如果事物无法保持同一，它怎么可能是某个事物呢？毕竟，要是它始终保持同一，它显然没有发生变化——至少，在那个时间里没有；但若事物能够保持同一，它始终是同一个事物，决不会离开它自己的型相，那么事物又如何能够一直在变化或运动呢？

克　它们没有办法变化或运动。

苏　那么，它们也不能被任何人所知。因为就在知者接近事物的那一瞬间，他接近的事物变成另外一样事物，【440】具有了不同的性质，所以他还没有知道该事物是哪一类事物，也不知道它像什么——确实，没有哪一种知识是不以任何形式存在的事物的知识。

克　对。

苏　确实，甚至要说有这样一种作为知识的事物也是不合理的，克拉底鲁，如果一切事物都处于流逝之中，无物常住。因为若是知识这样事物本身没有流逝，那么知识就是常住的，就会有这样一种作为知识的事物。另一方面，如果知识的形式真的在流逝，在一瞬间它变成了另外一种不同的形式，【b】而不再是知识，那就不会有知识了。如果它始终在流逝，那就不会有知识。因此，按照这种解释，不会有任何人知道任何事物，也不会有任何事物被知道。但若始终有知者和被知者，始终有美、善和其他各种存在的事物，那么在我看来这些事物不像是在流动或变化，就如我们刚才说的那样。所以，【c】无论我对这些事情的看法是对的，还是真理在赫拉克利特及其赞成者手中，①它都是一个很难考察的问题。当然了，没有一个无理智的人会献身于这种事情，或者用他的灵魂去考察名称，或者相信名称以及名称的提供者到这样的地步，说他知道某些事情——这既是对他本人的谴责，也是对存在的事物的一种谴责，这种说法把它们全都说得极不合理，就像一口漏锅——或者相信存在的事物就像人在流鼻涕，【d】或者说鼻涕滴到一切事物身上，一切事物都感冒了。事物的这种存在方式肯定是可能的，克拉底鲁，但它们也可能是不存在的。所以你必须勇敢、彻底地考察它们，而不要轻易接受任何观点——毕竟，你还很年轻，正处于学习的大好时光。等你考察了它们以后，如果你碰巧发现了真理，你可以拿来与我分享。

克　我会这样做的。但我向你保证，苏格拉底，我已经考察了它们，在这个问题上惹了一大堆麻烦，【e】在我看来，事物还是很像赫拉克利特所说的那样存在着。

苏　另外再找时间开导我吧，克拉底鲁，等你回来。现在你还是启程去那个国家，这是你打算要做的事，而在这里的赫谟根尼会在你的路上看到你。②

克　我会做的，苏格拉底，不过我希望你自己也能继续思考这些事情。

---

① 参阅本篇402a。

② "在你的路上看"（προπέμψει），暗喻，作为赫耳墨斯的好儿子，赫谟根尼像赫耳墨斯一样引导死者的灵魂去地狱。这样，赫谟根尼的名称还是正确的。参阅本篇384c，408b。

斐 德 罗 篇

提　要

　　本篇属于柏拉图中期对话，以谈话人斐德罗的名字命名。公元 1 世纪的塞拉绪罗在编定柏拉图作品篇目时，将本篇列为第三组四联剧的第四篇，称其性质是"伦理性的"，称其主题是"论爱"。① 谈话篇幅较长，译成中文约 4 万 5 千字。对话中的斐德罗年近四十，而苏格拉底此时已是六十多岁的老人。斐德罗在城外散步，偶遇苏格拉底。他们一起散步，边走边谈，想到什么就说什么，愉快地消磨时光。《斐德罗篇》可以和《会饮篇》一起阅读。两篇合在一起提供了柏拉图的"爱的哲学"。

　　对话第一部分（227a—257b），谈论爱。斐德罗首先背诵随身携带的一篇手稿。这篇演说辞的作者是修辞学家吕西亚斯。演讲的主要观点是，男性之间交朋友，尤其是成年男人爱上男孩，无爱（肉欲）者比有爱者要好。斐德罗推崇文章的美妙，苏格拉底则批评它条理不清。（230e—234c）接着斐德罗强迫苏格拉底就同一主题发表演讲。苏格拉底首先阐明爱的定义，然后分析了两种不同的爱，并对此进行论证。（237b—241d）但在作了这篇赞美无爱者的演讲之后，苏格拉底认为斐德罗的演讲和他自己的演讲都是亵渎神明的。苏格拉底又发表了一篇赞美有爱者的、翻案式的演讲。他指出，我们拥有的最美好的事物来自迷狂，是神的恩赐。迷狂有三种：古代预言家的迷狂（244b）；参加涤罪仪式的迷狂（244d）；缪斯附体而带来的迷狂（245a）。迷狂是诸神的馈赠，

————————

① 参阅第欧根尼·拉尔修：《名哲言行录》3∶59。

是上苍给人的最高恩赐。

　　苏格拉底用"自动"来论证灵魂不朽：处于永久运动之中的事物是不朽的，自动者是运动的源泉，不可能被摧毁；每一从外部被推动的有形体的事物没有灵魂，身体的运动来自内部，来自灵魂，这就是灵魂的本性；由此可以推论，灵魂既无生也无死。（245c—e）苏格拉底阐述了灵魂的结构。他把灵魂比作一辆马车，理智是灵魂的驭手，激情和欲望是拉车的两匹马。（246a）苏格拉底认为爱的本质是一种迷狂，灵魂要用理智克服欲望，认识真正的美本身，进入真爱能使人踏上上升之路，使人在完美的真理中得到爱的满足。因此，爱的冲动首先应当朝着哲学前进，在爱恋可见的、肉体之美时要寻求更加高尚的事物。（244a—256e）

　　对话第二部分（257c—279c），谈论修辞术。苏格拉底提出如何判断演说和撰写演讲稿的好坏问题。斐德罗认为演说的人并不需要知道真正的正义，只要能使听众认为是正义就行，他也不需要知道真正的善与美，只要听众认为是善和美就行。苏格拉底认为，没有真理，只有技巧，只能是个骗子。他区别了正确的修辞学和错误的修辞术，后者就是诡辩。（259e—262c）明确这种区分以后，苏格拉底对两篇演讲展开批评。（263a—265c）苏格拉底声称，从这些演讲中可以学到两个原则：（1）将杂多的个别事例统一到一个"型相"之下，给想要说明的事物下精确的定义；（2）要按自然的关节将事物分类，但不能像笨拙的屠夫那样将任何部分弄破。辩证法就是集合与划分的方法，使用这种方法就能分辨事物本性中的一和多，这样的人是辩证法家。（265d—266c）

　　苏格拉底又提出了修辞术与辩证法孰优孰劣的问题，涉及讲话和书写。苏格拉底指出，讲话和书写有三种：一种就是讨论中的讲话，第二种是把讲话写成文字，第三种是通过讲话把有关真善美的知识书写在灵魂中。在谈论书写问题时，苏格拉底讲了一个埃及神灵塞乌斯发明书写的故事。（274c—275b）他借埃及法老萨姆斯之口，指出书面文字所起的作用无非是提醒，帮助人回忆起内心原有的东西。文字给人提供的好像是智慧，但不是真正的智慧。有了文字，会有人依赖写下来的东西，不再去努力练习记忆，还会想象自己懂得很多，要和这些人打交道是困难的，因为他们只是显得有智慧，而不是真正有智慧。苏格拉底说自己讲话的目的是把真善美种植到听众的灵魂中去，使他们成为"爱智者"或"哲学家"。(278d)

正　文

谈话人：斐德罗、苏格拉底

苏　【227】斐德罗①，我的朋友！你从哪里来？要到哪里去？

斐　我跟凯发卢斯②之子吕西亚斯③在一起，苏格拉底，我要去郊外走走，因为我跟他待了很久，整个上午都坐在一起。你瞧，我记得我们共同的朋友阿库美努④的建议，【b】他说沿着乡间小道散步比在城里面转更能使人精力充沛。

苏　他说得很对，我的朋友。所以，我想，吕西亚斯在城里？

斐　对，在厄庇克拉底⑤家里，那所房子曾经归莫里库斯⑥所有，靠近奥林比亚的宙斯神庙。

苏　你们在那里干什么？噢，我知道了，吕西亚斯一定会乘机向你展示他的口才。

斐　如果你有空跟我一道走走，听我讲话，你会听到这些事情的。

---

① 斐德罗 (Φαῖδρος)，本篇及《会饮篇》对话人。

② 凯发卢斯 (Κεφάλους)，在柏拉图《国家篇》出现，《国家篇》的对话场景设在雅典庇莱厄斯港凯发卢斯家中。凯发卢斯和他的儿子吕西亚斯和波勒玛库斯，以及欧绪德谟，均同情民主派。

③ 吕西亚斯 (Λυσίας)，人名。

④ 阿库美努 (Ἀκουμενοῦ)，医生，是在《会饮篇》中讲话的医生厄律克西马库 (Ἐρυξίμαχός) 的亲戚。

⑤ 厄庇克拉底 (Ἐπικράτε)，人名。

⑥ 莫里库斯 (Μορυχυς)，人名，雅典富人，阿里斯托芬的喜剧多处提到他奢侈的生活方式。

苏　什么？你以为我就不会把它看得"比头等大事还要重要"，如品达所说①，听你和吕西亚斯如何消磨时光？

斐　那就请吧。

苏　【c】只要你肯告诉我。

斐　实际上，苏格拉底，我把这篇演讲告诉你算是找对人了，因为绕来绕去，它谈论的都是爱。它的目的是勾引一位美少年，但讲话的人并不爱他——这篇演讲实际上妙就妙在这里，吕西亚斯争辩说，最好把你的偏爱给予不爱你的人，而不是给予爱你的人。

苏　真是妙极了！我希望他还写道，你应当把你的偏爱给予穷人而不是给予富人，【d】给予老头而不是给予青年——也就是说，给像我这样的人，给许多普通人；这样的话，他的文章才是真正睿智的，此外，它们对公善也有贡献！不管怎么说，我急于听到这篇文章，我跟你走，哪怕你一直走到麦加拉②，如希罗狄库③所推荐的那样，碰到那里的城墙，再走回来。

斐　你到底是什么意思，苏格拉底？【228】你难道指望像我这样的业余爱好者能凭记忆高雅地背诵这篇文章吗，吕西亚斯这位我们最有才华的作家耗费了那么多时间和精力才把它写成？绝无可能——尽管我宁可自己拥有这样的能力，而不愿意碰运气！

苏　噢，斐德罗，要是我不认识我的斐德罗，我也肯定忘记我是谁了——反过来说也一样。我非常明白你斐德罗肯定不止一次听吕西亚斯演讲，听了一遍又一遍，而他则非常乐意照办。即便如此，你仍旧不满足。【b】到了最后，你自己拿过手稿，阅读你最喜欢的部分。你就这样坐在那里读了一个上午，直到有了倦意出来散步为止；我敢肯定，你已经熟记了整篇文章，除非它特别长。所以，你现在溜出城来就是为了找个机会练习一下。然后你就和某个急于听到这篇讲演的人碰上了，这时

---

① 品达：《伊斯弥亚颂歌》I.1.。

② 麦加拉（Μέγαρά），地名，城邦名。

③ 希罗狄库（Ἡρόδικος）雅典医生，参阅《国家篇》406a—b。

候你喜出望外，以为有人可以分享你的狂热，【c】因此就要他与你一同散步。但是，当这位爱好者请你复述的时候，你感到有点为难，于是装出不想背诵的样子，尽管你最后还是会这样做的。哪怕碰到一位要求不那么坚决的听众，你也得强迫自己复述。所以，请吧，斐德罗，干脆一点，按我的请求去做。当然，我知道你马上就会做的。①

斐　好吧，我最好还是尽力而为；要是不这样做，我想你是不会放过我的。

苏　你对我的意图把握得很准。

斐　【d】那我就试试看吧。但是，苏格拉底，我的确不能逐字逐句背诵；所以我想这么办，让我来认真总结一下这篇文章的基本意思，按照恰当的次序列举他的观点，说一下有爱者和无爱者有哪些区别。

苏　好的，只要先把你左手拿着藏在衣襟下的东西拿给我看，我的朋友。我猜你肯定得到那篇文章了。如果我没猜错，那么我向你保证，尽管我爱你，但我不想听你在我面前练习讲演，【e】就像吕西亚斯本人在场似的。来吧，拿出来给我瞧瞧。

斐　够了，够了。你粉碎了我把你当作训练伙伴的希望，苏格拉底。好吧，你希望我们坐在哪里读呢？

苏　【229】让我们离开这条小路，沿着伊立苏②河边走，然后我们可以找个安静的地方坐下来。

斐　这样很好，我今天光着脚，而你，当然了，从来不穿鞋。最简单的办法就是直接下到河里行走，反正我们趟水也没什么关系，特别是在这个季节，这个时候，在河里走走更开心。

苏　你在前面带路，找个可以坐下来休息的地方。

斐　你看到那边那棵高大的梧桐树了吗？

苏　当然。

斐　【b】那里有树荫，有风凉，有草地可坐，如果愿意，我们还可

---

① 此段提到斐德罗时原文中均用第三人称，中译文按第二人称译。

② 伊立苏（Ἰλισὸς），小河名。

以躺下。

　　苏　那我们就去那里。

　　斐　告诉我，苏格拉底，人们说波瑞阿斯从河里把俄里蒂亚抓走，^① 是不是就在这一带？

　　苏　他们是这么说的。

　　斐　可不就是这里吗？这里河水清澈，正适合姑娘们嬉水。

　　苏　【c】不，还要往下游走大概三斯塔达^②，穿过阿戈拉^③圣地，附近还有一座波瑞阿斯的祭坛。

　　斐　我没注意过。不过，告诉我，苏格拉底，宙斯在上，你真的相信这个故事吗？

　　苏　说实话，我要不相信这个故事才会显得合乎时宜，就像我们那些有知识的人一样。我能够讲奇妙的故事，我可以说，俄里蒂亚在和法马西娅^④一道玩耍时被波瑞阿斯掀起的狂风吹下山崖，【d】她死了以后，人们就说她被波瑞阿斯掠走了，尽管按另一种说法，这件事发生在战神山^⑤，不是吗？因为也有人说她是从那里被掠走的。斐德罗，在我看来，诸如此类的解释很诱人，但只是某位我一点儿也不妒忌的能人的虚构。他非常机敏，苦思冥想，但只要开了头，他就必须继续合理地解释肯陶洛斯^⑥，然后解释喀迈拉^⑦，【e】更不必提戈耳工、^⑧ 帕伽索斯，^⑨ 以及其他

---

①　波瑞阿斯（Βορέας），希腊神话中的北风神，掠走雅典公主俄里蒂亚（Ωρείθυια）。

②　斯塔达（στάδιον），长度单位，希腊里，1 斯塔达约合 185 公尺。

③　阿戈拉（Ἄγρα），神名，狩猎女神。

④　法马西娅（Φαρμακεία），俄里蒂亚的女伴。

⑤　战神山（Ἀρείουπάγους）位于雅典卫城西北，音译为阿雷奥帕古斯山。

⑥　肯陶洛斯（κενταύρους），希腊神话中的半人半马怪物，又称马人，有许多位。

⑦　喀迈拉（Χιμαίρας），希腊神话中的喷火怪物，前半身像狮子，后半身像蛇，中部像羊。

⑧　戈耳工（Γοργόνων），指海神福耳库斯的三个女儿，她们的头发是毒蛇，嘴里长着野猪的长牙，身上还长着翅膀。

⑨　帕伽索斯（Πηγάσως），生有双翼的飞马，此处是复数。

无数怪物了，它们数量众多，形象荒谬，很快就会把他淹没。任何一位
不相信这些故事、想要机敏地加以解释、使之变得似乎有理的人，都需
要大量时间来处理它们。

我肯定没时间做这种事情，其原因，我的朋友，是这样的。【230】
我还不能做到认识我自己，如德尔斐①神谕所训示的那样，在我还不明
白这条训示之前，就要去研究其他事情，那就太可笑了。这就是我不去
操心这些事情的原因。我接受人们的流行看法，如我刚才所说，我不去
考察这些事情，宁可考察我自己：我是一个比堤丰②更加复杂、更加傲
慢的怪物，还是一个比较单纯、比较温和、有上苍保佑的生灵？不过，
你瞧，我的朋友，走着走着，这不就是我们刚才要找的那棵树吗？

斐　【b】就是这棵。

苏　赫拉③在上，这里确实是个休息的好地方。你瞧这棵高大的梧
桐，枝叶茂盛，下面真荫凉，还有那棵贞椒，花开得正盛，香气扑鼻。
梧桐树下的小溪真可爱，脚踏进去就知道有多么凉爽！你瞧这些神像和
神龛，想必一定是阿刻罗俄斯④和某些女仙⑤的圣地。【c】呵，这里的
空气真新鲜！知了尖鸣，好像正在上演一首仲夏的乐曲。要说最妙的，
还是斜坡上厚厚的绿草，足以让你把头舒舒服服地枕在上面。我亲爱的
斐德罗，你确实是最神奇的向导。

斐　但是你，我杰出的朋友，似乎完全不合时宜了。真的，如你刚
才所说，你一点儿都不像本地人，【d】反倒像陌生人一样需要向导。你
不仅从来不到外国旅行——就我能够判别的范围而言，甚至从来没出
过城。

苏　原谅我，我的朋友。我把时间都花在学习上了，风景和树木不

---

①　德尔斐（Δελφοί），地名，希腊宗教圣地。

②　堤丰（Τυφῶν），希腊神话中的巨人，与半人半蛇女怪生下许多怪物。

③　赫拉（Ἥραν），女神名，宙斯之妻。

④　阿刻罗俄斯（Ἀχελῷς），河神。

⑤　女仙（Νυμφῶν），亦译"宁妇"。

会教我任何东西——只有住在城里的人可以教我。但是你，我认为，发现了一种能吸引我出城的魔法。【e】就像人带领饥饿的牲口，只要在它前面摇晃一下果枝，就能让它跟着走；而你只要用那些文章做诱饵，在我面前挥舞一下，就可以让我跟着你跑遍整个阿提卡或者你喜欢的任何地方。不过，我们现在已经找到地方了，我想躺倒了；所以，你就选一种对你来说最舒服的姿势，开始读给我听吧。

斐 那我开始了，你注意听：

"你知道我的情况；我说过，在我看来，【231】这件事若能做成，对我们双方都会有好处。无论如何，我不认为我会失去我所追求的东西，仅仅由于我对你没有爱①。

"有爱者一旦欲火熄灭，就会反悔以前付出的恩惠，而无爱者绝不会有反悔的时候。这是因为他以前在施予恩惠时不是被迫的，而是自愿的；为了你，他倾其所有，尽力而为，把它当作自己的事情。

"此外，有爱者会计算自己能得到多少好处，付出的代价又有多大，【b】他要花费额外的精力去计算用多长时间才能做到收支平衡；无爱者不会为了爱而忽略自己的事业，他不用计算过去花费的心机，也不会与亲属发生争执。既然这些麻烦都不存在，那么他要做的就是把自己的精力用在能够博取对方欢心的事情上。

"此外，【c】有人争辩说，应当看重有爱者，因为有爱者对所爱的人特别好，会用各种言语和行动来博取爱人的欢心，而这些言行会引起他人的厌恶。如果情况确实如此，那么有爱者显然也会为了明天的爱人而抛弃今天的爱人，如果新爱人有这种要求，他无疑也会伤害过去的爱人。

"不管怎么说，被爱人抛弃而落入可悲的境地，【d】遭此苦难的人甚至不愿为自己辩护，这样的事情又有什么意义呢？有爱者会承认自己不健康，头脑有病。他非常明白自己的想法不对，但就是不能控制他自己。所以，当他能够正常思考的时候，为什么还要恪守他发疯时做的决

---

① 文中谈论的爱是男同性恋之间的爱。

定呢？

　　"另一个要点是：如果要在对你有爱者中间选择最好的人，那么你的选择范围很小；但若你不在意他们是否爱你，而只是挑选最适合的人，你能挑选的范围就很大，【e】更有希望找到最配得上你的友谊的人。

　　"假定你敬畏习俗标准，害怕事情泄露后会受到民众的指责。那么由此可以推论，【232】有爱者——认为其他所有人都崇拜他，就像他崇拜自己——会骄傲地对所有人宣称他的爱情非常成功，他为此付出的辛劳不会白费。而那些不爱你的人能够控制自己，宁可做自己最适宜做的事，不去寻求来自公众的荣耀。

　　"另外，有爱者不可避免地会被发现，许多人都会看到他把自己的生命献给他所钟爱的男孩。结果就是，【b】无论何时看到你和他说话，他们都会认为你们刚刚度过了一段美好的时光，或者认为你们马上就要去满足私欲。但若他们不是有爱者，人们甚至不屑于挑剔他们的毛病，无论他们在一起待多久；人们知道和他人说话是人之常情，是为了友谊或者为了获得其他快乐。

　　"另一个要点：友谊很难长久维持，这种观点有无给你警示？或者说，人们之间的友谊中断，一般说来，这对一方是可怕的，【c】对另一方也是可怕的，但若你已经放弃对你来说是最重要的东西，那么你的损失不是会比他的损失更大吗？如果是这样的话，那么对你来说，害怕有爱者就更无意义了。因为，有爱者很容易恼火，无论发生了什么事，他都会以为是对他的故意伤害。正是由于这个缘故，有爱者会阻止他钟爱的男孩与其他人交往。他生怕有钱的情敌会用钱财把他的恋人夺走，或者担心有文化的情敌在智力上超过他。他会始终对那些比他强的人保持高度戒备！【d】通过劝你不要与这些对手交往，他使你在这个世上一个朋友都没有；换个角度说，如果你追求自己的利益，比你的恋人头脑要清醒，那么你就不得不与他争吵。

　　"但若有男子汉不爱你，他只是凭着他自己的优点去实现对你的要求，那么他不会妒忌其他与你交往的人。正好相反！他厌恶那些不想和你交往的人，他会认为不想和你交往就是看不起你，而想和你交往的人是在对你行善；【e】所以，你应当在这样的交往中期待友谊，而不是期待敌意。

"另一个要点：有爱者，在了解了你的脾气和熟悉了你的品性之前，一般会对你的身体有欲求，由此带来的后果就是，在他们的欲望得到满足之后，他们甚至无法说出他们是否还想和你做朋友。【233】而无爱者，在情事发生之前已经有了友谊，你不用担心情事发生之后友谊会淡漠下来。不，这种事情会一遍又一遍地起到提醒你们的友谊的作用。

"另一个要点：如果你不是被一个有爱者拥有，而是被我拥有，你可以期待成为一名较好的人。有爱者会对你的言行一味进行赞扬，其中部分原因是他担心别人讨厌他，【b】部分原因是他的情欲损害了他的判断。这里说一下这个结论是怎么得出来的：有爱者遭到失败，但没有引起其他人的痛苦，在这个时候爱会使他以为自己受到了诅咒！而当他感到自己非常幸运，但是配不上那一刻的欢愉时，爱情会迫使他大唱赞歌。结论就是，你应当为那些对你有爱者感到遗憾，而不是崇拜他们。

"如果我的论证令你信服，那么，首先，我会给你时间与你交往，而不会想到直接的欢愉；我会为你将来的利益进行打算，【c】因为我是我自己的主人，而不是爱情的牺牲品。小小的过错不会在我心里留下深刻的敌意，巨大的过失我才会慢慢地在心里有一点不悦。你的那些无心的伤害我会加以宽容，也会尽力设法防止你有意犯下过错。所有这些，你瞧，都是我们之间长期友谊的证明。

"你想过没有情爱就不会有坚强的友谊这个问题吗？【d】你必须记住，如果是这样的话，我们就不会去照料我们的子女，或者关心我们的父母。我们就不会拥有任何可靠的朋友，因为这些关系不是来自这种情欲，而是来自其他很不相同的事情。

"此外，假定我们必须偏爱那些对我们要求最急迫、最强烈的人，那么在其他事情上我们应当加以关照的也不是那些境况最好的人，而是那些最贫困的人，因为他们的需求最大，一旦施予恩惠，他们就会对我们抱着最深的感激之情。【e】比如，举行私人宴会时，最应该得到邀请的不是我们的朋友，而是乞丐和没饭吃的人，这样做的话他们会拥戴你，依赖你，他们会蜂拥而至，敲我们的门；他们会对你感激不尽，为你祈福。不，我假定，这样做是恰当的，不是把恩惠赐予那些需求最强烈的人，而是赐予那些最能对我们感恩图报的人——【234】也就是说，不给那些只追求满足情欲的人，而给那些真正配得上的人——不给那些只贪图你的青春美色的人，而给那些在你老的时候仍旧能够与你共享安乐的人；不给那些达到目的就向外界夸耀的人，而给那些顾全体面，守口如瓶的人；不给那些贪图一时欢乐的人，而给那些愿意与你终身为友的人；不给那些情欲满足就恩将仇报的人，【b】而给那些在你年老色衰时仍旧对你忠心耿耿的人。因此，你要记住我的话：朋友会经常批评有爱者的恶行，认为在欲望的诱导下他会对他的利益进行误判，但无人会去接近无爱者。

"现在假定你会问我，为什么我要敦促你把恩惠给予所有那些对你无爱者。不，如我所见，【c】有爱者不会要求你把恩惠赐予所有对你有爱者。在这种情况下，你不会从每位受惠者那里得到同样多的回报，你也不能以同样的方式隐瞒自己的情事。但这种事情不会引起任何伤害，你确实应当为双方的利益而努力。

"好吧，我认为我的讲话已经够长了。如果你还有更多期待，或者认为我忽略了什么，就请你提问吧。"①

你认为这篇讲话怎么样，苏格拉底？你不认为这是一篇非常出色的文章吗，尤其在遣词造句方面？

苏 【d】确实妙极了，我的朋友，我听得神魂颠倒。不过，你的全部所作所为无非就是这样，斐德罗，你在读的时候我看着你，我看到你读得眉飞色舞，所以我相信你对这些事情的理解肯定比我好，在你的引领下，我分享了你的迷狂。

斐 得了吧，苏格拉底，你认为这种事情也好开玩笑吗？

苏 你以为我在开玩笑，我不严肃吗？

斐 【e】你一点儿也不严肃，苏格拉底。对我说真话，以友谊之神

---

① 以上是斐德罗朗读的吕西亚斯的文章。

宙斯的名义起誓，你认为还有其他希腊人能就这一相同的主题讲得更高明、更富丽堂皇吗？

苏　你说什么？我们不是必须依据作者的讲述，赞扬文章切合场景、简洁明晰、首尾一贯、用词精确吗？如果我们必须这样做，那就以你说的为准——【235】这肯定是由于我是那么的无知。我只注意演讲的风格。至于其他方面，我甚至想也不会去想吕西亚斯本人是否对这篇讲话感到满意。在我看来，斐德罗——除非，当然，你不同意我的看法——他就同一件事情翻来覆去地说，甚至讲了三遍，就好像对这个主题没话可说似的，就好像他对这样的题目没什么兴趣似的。它实际上给我留下了这样的印象，为了显示才能，作者对同一件事说了两遍，用词不同，但都一样成功。

斐　【b】你完全搞错了，苏格拉底。你所谓的缺点正是这篇文章的突出优点，它也没有忽略有关这个主题的任何重要方面，其他任何人要想用一篇更充分、更令人满意的演讲来超过他都是不可能的。

苏　你走得太远了，我不同意你的看法。要是出于礼貌而附和你，我会遭到以往已经就这个主题发表过意见、写过文章的男女贤哲的驳斥。

斐　【c】这些人是谁？你在哪里听到过比这更好的言论？

苏　我一下子说不上来，但我肯定有人说过和写过，也许是漂亮的萨福①，也许是聪明的阿那克瑞翁②，或者是某些散文作家。你会问，我这样说有什么根据？事实上，我亲爱的朋友，我的心中现在有一股暖流在奔腾，我感到自己能够发表一篇不同的演讲，甚至比吕西亚斯的演讲还要好。我当然明白，它不是我心中的原创——我知道自己的无知。唯一的可能，我想，【d】我的心充满了意见，就像一个器皿，其他人的讲话通过我的耳朵灌输进来，尽管我如此愚蠢，甚至忘了我是听谁说的，是在什么地方听说的。

斐　噢，我亲爱的朋友，你就不能说点儿好听的吗！你不用再找麻

---

①　萨福（Σαπφοῦς），公元前 7 世纪希腊女诗人。
②　阿那克瑞翁（Ανακρέον），公元前 6 世纪希腊抒情诗人。

烦告诉我你是什么时候、从谁那里听来的，哪怕我问过你——你就按你刚才的许诺，再发表一篇更有意义、更为优秀的演讲，而不重复我刚才读的文章。我向你保证，【e】我会像九位执政官①一样，在德尔斐立真人大小的金像，不仅给我自己铸一个，而且也替你铸一个。

　　苏　你是真正的朋友，斐德罗，像金子那么好，竟然以为我声称吕西亚斯在各个方面都错了，而我可以发表一篇和他完全不同的演讲。我肯定这种事哪怕在最差劲的作家身上也不会发生。比如，在我们这个事例中，你能想象有人会争辩说，无爱者比有爱者更应当得到宠爱，【236】因为无爱者保持着智慧并谴责后者失去了他的智慧——这些观点是那篇讲话中最基本的——对此你还有什么要说的吗？我相信，我们必须允许这些观点成立，也要饶恕演说家对它们的使用。对演说家而言，我们不能赞扬他们标新立异，而只能赞扬他们娴熟的论证；但是，我们可以既赞扬他们演讲的布局，又可赞扬那些非基本观点的新颖，这些观点才是更难想明白的。

　　斐　我同意你的看法，这样说是合理的。【b】现在我想出个题目给你做。我允许你假定无爱者比有爱者神志清醒——如果你能添加一些有价值的东西，使我们手中的这篇演讲完善，那么你的金像将被安放在库普塞利德②在奥林比亚奉献的金像旁边。

　　苏　噢，斐德罗，我在跟你开玩笑，所以才批评你心爱的人，你当真了？你以为我真的会去写一篇更迷人的演讲，与他的智慧的产物争锋吗？

　　斐　好吧，事情到了这个地步，我的朋友，你已经跌进你自己挖的陷阱。你已经没得选择，只能尽力发表一篇演说，【c】否则我们就像喜剧中粗俗的小丑一样，会被反唇相讥，赶下台。别让我说出你会说的

---

① 荷马时代，雅典立法者忒修斯实行改革，废除"国王"，由贵族组成的长老会议掌握大权，从贵族中选出九名执政官（άρχον，音译"阿康"）处理政事。就职时他们宣誓，如果违法，就要出钱立一座金像。

② 库普塞利德（Κυψελιδῶν），公元前 7 世纪科林斯僭主。

这种话来："苏格拉底，如果我不知道我的苏格拉底，我就不知道我自己，"或者"他想说，但他扭扭捏捏不肯说。"你下决心吧，要是不把你隐藏在心里的话说出来，你就别想离开这里。这里很偏僻，只有你和我在场，【d】我比你年轻，也比你强壮。由于这些原因，别忘了我的意思，别逼我动武撬开你的嘴，在你可以自觉自愿说的时候。

　　苏　但是，我亲爱的斐德罗，我会受到嘲笑的——像我这样的业余爱好者，却要像一名行家那样，就这些相同的主题即席创作一篇演讲！

　　斐　你不明白当前的形势吗？别跟我耍花招！我知道说出什么话来能使你就范。

　　苏　千万别说！

　　斐　哼，我偏要说！我想说的是发誓。【e】我向你发誓——以谁的名义发誓呢，我有点糊涂？以这棵梧桐树的名义起誓可以吗？——我立下毒誓，你要是不在这棵树边上发表你的演讲，你就永远别想从我这里听到其他任何演讲——我再也不会跟你谈论演讲辞！

　　苏　至爱吾爱，你真是太可怕了！你真的发现了这种方式，能够强迫一名演讲爱好者按你刚才说的去做！

　　斐　那你干吗还要反复推辞？

　　苏　我不再推辞了，你已经发了毒誓。我又怎么可能放弃这样的待遇呢？

　　斐　【237】那你就说吧。

　　苏　你知道我要干什么吗？

　　斐　什么？

　　苏　我演说的时候要蒙上头。这样的话，当我尽快发表我的演讲时，我就不会因为看到你而感到害羞，由此失去了我的论证线索。

　　斐　你就说吧！随你怎么办都行。

　　苏　声音清澈美妙的缪斯①，求求你们，赶快降临吧，无论你们的

---

① 　缪斯（Μοῦσαι）是希腊的文艺女神，共九姐妹，分管各种艺术，在希腊被通称为Λιγύων（字义为清亮），与利古里亚人（Λίγειαι）这个词形声相近。

名称源于你们歌声的特质，还是来自利古里亚人这个擅长音乐的民族，你们都要帮我把这个故事说出来，这是我的好朋友逼我说的。这样的话，他最终更加崇敬那位作家，【b】而现在他已经把他当作智慧之人。

从前，有个男孩，或者说有个美少年，长得非常漂亮，他有许多情人。其中有个情人很狡猾，他说服这个男孩，使他相信自己并不爱他，尽管他对这个男孩的爱绝不比其他情人少。一旦使这个男孩相信了他的话，他就劝这个男孩，宁可亲近对他无爱的人，不要亲近对他有爱的人。下面就是他说的话：

"如果你想就任何论题作出正确的决定，我的孩子，【c】只能从一条道路开始：你得知道这个决定是什么，否则必会错失目标。普通人不明白自己不知道某个具体主题的真正本性，所以他们就这样开始了，还以为他们自己知道；由于不能与考察的起点相一致，他们的结局你是可以期待的——既相互冲突，又自相矛盾。现在，我们最好不要让这种事情在我们中间发生，因为我们已经批评其他人犯了这种错误。由于你和我将要讨论一个男孩应当与爱他的男人交朋友而不是与不爱他的男人交朋友，【d】我们应当先明确什么是爱，爱的效果是什么，对此取得一致看法。然后我们才可以进行回顾，试着进一步讨论从爱中可以期待益处还是伤害。现在，人人都清楚地知道爱是某种欲望；但我们还知道，哪怕无爱者对美的事物也有欲望。那么，如何区别一个人有无爱呢？我们必须明白，我们每个人都受到两条原则的支配，这些原则是我们必须遵循的：一条原则是我们天生的欲望，旨在追求快乐，另一条原则是我们后天习得的判断，旨在追求至善。【e】这两条原则有时候是一致的，有时候会相互冲突，有时候这条原则占据上风，有时候那条原则占据上风。当判断占据上风，用理性引导我们追求至善时，【238】这样一种自我节制就被称作'处于正确的心灵状态'；当欲望占据上风，不合理地拉着我们趋向快乐时，那么这种控制就被称作'粗暴'。粗暴随着形式的变化有许多名称，粗暴是多种多样的。在具体情况下，粗暴采取哪一种形式，也就把它的名称给了具有这种行为的人——这个名称不值得称道，更不值得获取。如果进食的欲望战胜了人的追求至善的理性，也压倒了他的其他欲望，这就叫作饕餮，【b】这种人则被称为饕餮之徒；如果饮酒的欲望成了僭主，引导人朝着那个方向前进，我们全都明白应当把这样的人叫作什么！① 现在，我们该如何恰当描述被其他欲望控制了的人，事情已经很清楚，就用这种欲望的名称来叫这种人——欲望之间是姐妹——欲望的名称源于欲望，欲望不时地控制人。至于引导我们说了那么多话的这种欲望，我感到已经很明显了，但我假定，人们总是能够更好地理解说过了的事情，而不是没说过的事情：【c】这种欲望战胜了人的深思熟虑，驱使人在美中享受快乐，其力量又进一步被同类的、追求人体之美的欲望所增强——这种欲望征服一切，它的名称来自力量（ῥώμης）这个词，被称作厄洛斯（ἔρως）。"

说到这里，斐德罗，我的朋友，你不会也像我一样，以为我抓住某种神圣的东西了吧？

斐　你确实已经说了一些非比寻常的话，苏格拉底。

苏　那么你就静静地听。这个地方好像真的有神临在，【d】所以要是我讲起话来好像有仙女般的疯狂，请你不要感到惊讶。我的文风已经和酒神颂歌差不多了。

斐　确实如此！

苏　是的，我之所以如此的原因就是你。不过，先听我说吧；这样也许就能防止受到攻击。然而，这一切都取决于神；我们现在要做的就是面对演讲中的那个男孩：

"那么好吧，我勇敢的朋友，我们现在已经有了一个我们要做决定的这个主题的定义，【e】我们也已经说了它到底是什么，所以在整个讨论中我们要记住这一点。有爱者和无爱者会给那个偏爱的男孩带来什么样的好处或伤害？这一点是必然的，一个受欲望支配、成为快乐的奴隶的男人，当然会把他爱恋的男孩转变为最能讨他自己喜欢的那个样子。一个病人会在一切不抗拒他的事物中获取快乐，但是会把和他相等的人或者比他强大的人视为敌人。【239】就是由于这个原因，有爱者不

① 即叫做"酒徒"或"酒鬼"。

愿意找一个与他相当或比他强的人做男朋友，而总是把他爱恋的男孩变得比他自己弱小和低劣。而我们知道，无知者比聪明者低劣，胆怯者比勇敢者低劣，木讷的讲话人比训练有素的演说家低劣，迟钝者比敏捷者低劣。有爱者必定会乐意发现所有这些心灵上的缺陷，无论他所钟爱的男孩生来就有还是后来习得了这些缺点；如果他爱的这个男孩没有这些缺点，那么他会努力使被爱的男孩具有这些缺点，否则他在恋爱中就不能获得快乐。【b】这个必然的结果就是，他会妒忌，让他所爱的男孩远离任何能使之变好的人；这就会给他带来极大的伤害，特别是，要是他不让那个男孩接近能够改善他的心灵的东西——也就是神圣的哲学，有爱者一定不会让被爱者接近哲学，因为他担心自己因此遭到被爱者的蔑视。他必定也还会想出其他办法来，让那个男孩处于完全无知的状态，使那个男孩完全依赖他本人。就这样，【c】那个男孩能够给予爱他的人最大程度的快乐，尽管给他自己带来的伤害也非常严重。所以，就你的理智发展而言，让一名有爱者做你的监护人或伴侣实在是有百害而无一利。

"现在让我们转向你身体的发展。如果一名男子在必然性的驱使下，以善为代价追求快乐，那么他会要你的身体变成什么样？如果他能支配你，他会怎样训练你？你会看到，他想要找的人是柔弱的，而不是强壮的，不是整天在太阳底下训练的，而是苍白无力的——这些人从来不到户外工作，更不知辛勤劳作和汗流浃背的训练是什么滋味。【d】他要找的男孩过着女人般的生活，涂脂抹粉，取媚于人，完全没有天然的肤色。继续描述下去已经没有必要，这种人还会有什么样的行为一目了然。我们在进行下一个话题之前可以用一句话来小结：人要是具有情人想要的这种身体，要是参加战争或者处于其他危急关头，会让他的敌人信心百倍，也会给他的朋友带来伤害，甚至伤害爱他的人。这个话题就讲到这里，其中的观点非常明显。

【e】"我们的下一个论题是，有爱者的关心和陪伴会给你带来好处还是伤害。这个答案众所周知，尤其是有爱者：他首先希望他所钟爱的男孩失去他的所有亲人和财产——他的母亲、他的父亲、他的其他亲戚。他很乐意看到这个男孩失去亲人和财产，【240】因为这样一来就没有什么能够阻碍他与这个男孩的交往，他在陪伴男孩时能获得甜蜜的快乐，也没有人会严厉地批评他这样做。更有甚者，有爱者会认为这个男孩拥有金钱和财富只会使他变得更不容易到手，到了手也难以驾驭。因此，男朋友拥有财富必定会使爱他的人妒忌，男朋友要是破产了，他才会高兴。进一步说，他希望这个男孩永远独身，一辈子没有妻儿和家庭，这样他才能长久自私地摘取甜蜜的果实。

　　"当然了，生活中还有其他麻烦，但是大部分麻烦还都掺有一些短暂的快乐，带有某种神性。【b】比如，奉承献媚的清客可以是可怕的野兽和讨厌的东西，但是自然会给奉承者掺进一些文化，让奉承的话语给人带来一些快乐。情妇也是这样——我们谴责情妇带来的所有伤害——其他许多具有这种特点的生灵以及它们的叫唤声也是这样，至少，在它们的陪伴下可以度过快乐的一天。但是有爱者就不一样了，除了给他的男朋友带来伤害，【c】要和这样的人一起过日子真是件令人厌恶的事情。'年轻人喜欢年轻人'，如古谚所说——我假定，这是因为友谊在相同者中间成长，同样年纪的男孩追求相同的快乐。但是，和你年纪相当的人太多了。此外，如他们所说，任何人在必然性的逼迫下要做的事情是可悲的——这话用来说一名男孩和他的情人是最真实的（更不必说他们的年龄差异了）。年纪大的与那年纪小的长相厮守，他不甘忍受寂寞，不愿离开；【d】在必然性的驱使下，他观看、聆听、触摸那个男孩，用各种方式在男孩身上寻求快乐，所以，他像奴仆一样围着那个男孩转，使自己的快乐得到满足。

　　"然而，那个男孩，在他们长相厮守的时候，这个老情人又能给他提供什么安慰和快乐呢？老是看那张饱经风霜、失去美貌的脸，不是一件十分恶心的事情吗？跟这张老脸有关的一切事情——嗯，甚至听他们提起都是可悲的，【e】更不必说要实际去做，如你被迫不断去做的一样！被那个老家伙观看和猜疑，生活在他的监视之下！听那些不合适的、过分的赞美！还有，受到错误的指责——那个老家伙清醒时说的话都很难忍受，一旦喝醉了便口无遮拦，把那些秘事到处宣扬，那就更叫人难堪了。

"当这个老家伙还心存爱意时，他是有害的、令人厌恶的；当爱情消逝的时候，他就会成为背信弃义之人，尽管他以前发过许多誓，对你作过许多美好的承诺，【241】这些花言巧语都是为了使你跟他保持这种麻烦不断的关系，希望将来能得到好处。然后，到了该还债的日子，他心中有了新的主宰，理性和节制取代了疯狂的爱情。而那个男孩甚至不明白他的情人已经变成了一个完全不同的人。他仍旧会为了他以往付出的爱向他索取回报，要他兑现过去许下的诺言，提醒他过去说过些什么，还以为自己仍旧在向过去的那个老情人说话！这时候，那个恢复了理性和节制的老家伙只会感到羞耻，而不会鼓足勇气承认自己的过错，【b】宣布自己已经改邪归正，更不知道自己如何能够弥补过去在愚蠢的控制下作出的庄严承诺。由于担心继续纠缠下去自己会故态复萌，恢复过去那个自我，于是乎，他就溜之大吉，背弃过去的诺言，非做一个负心人不可了。这个时候，追逐者变成了逃跑者，银币朝着另一面跌落，而那个男孩一定会追着他讨债，还会向老天爷叹苦经，埋怨那个负心人。尽管从头到尾他都完全不明白，宁可接受一个有理性但没有爱的人，【c】也不能接受一个没有理性只有爱的人。他的必然后果就是向一个无信无义的、乖戾的、妒忌的、伤人的家伙屈服，向一个将会毁灭他的家产、伤害他的身体、尤其是毁灭他的灵性发展的人屈服，而这种灵性发展在诸神和凡人眼中肯定并永远具有最高的价值。

"这些要点你应当牢记在心，我的孩子。你要明白，有爱者对你的友谊肯定不怀好意。不，它就像食物，它起的作用只是平息饥饿。【d】'有爱的人爱娈童，就像恶狼爱羔羊。'"

就这些了，斐德罗。别指望再从我这里听到些什么，你必须把这些话当作演讲的结尾来接受。

斐　但是，我认为你只说对了一半——我以为你还会用相同的篇幅，说一说无爱者，列举他的优点，证明把恩宠给他比较好。所以，你为什么停下来呢，苏格拉底？

苏　【e】你难道没有看到，我的朋友，尽管我批评了有爱者，但我的文风已经从酒神颂转变为史诗？如果我开始赞颂他的对立面，你认为我会发生什么转变？你难道看不出你能干地向我介绍的仙女将会依附在我身上吗？所以我只说一句话，受到我们批评的有爱者的每一项缺点都有与之相反的优点，而无爱者也拥有这些缺点。我干吗还要浪费唾沫再去说无爱者呢？我已经讲过的意思对两种人都适用。【242】正因如此，我的演讲已经结束，我要过河回家了，省得你让我做更倒霉的事。

斐　别这样，苏格拉底，等这阵子热劲过去再说。你没看到已经响午了吗，如人们所说，"烈日当空"？让我们再坐一会儿，谈谈演讲，等天凉下来再走。

苏　说起演讲，你真是个超人，斐德罗，真令人惊讶。我肯定，你这一生会比其他任何人带来更多的演讲辞，【b】要么是你自己写的，要么是你用各种手段强迫别人写的；只有底比斯①的西米亚斯②是个例外，你在这方面显然处于领先地位。就在我们说话的时候，我在想，你好像又要把我的另一篇演讲给勾出来了。

斐　噢，好极了！不过，你什么意思？什么演讲？

苏　我的朋友，我刚才想要回家的时候，【c】我熟悉的灵异出现了，每当它出现的时候，它就阻止我做某件想要做的事。我好像听到一个声音，禁止我离开，直到我赎回对众神的冒犯。你瞧，我实际上就像一个预言家，尽管不那么特别擅长——就像那些只能读和写的人——但就我实现自己的目的而言，我已经够好了。现在我已经清楚地认识到我的冒犯。实际上，我的朋友，灵魂本身也是一名预言家，就是由于这个原因，从演讲开始，我就心存惶恐，【d】如伊彼库斯所说，"假借冒犯众神在凡人中赢得荣耀"。③而我现在非常清楚我的罪过是什么了。

斐　告诉我，你有什么罪过？

苏　斐德罗，你带来的这篇演讲词是可怕的，就像你刚才强迫我发

---

①　底比斯（Θῆβαι），地名。

②　西米亚斯（Σιμμίας），人名，《斐多篇》对话人。

③　伊彼库斯（Ἴβυκος），公元前6世纪希腊抒情诗人。

表的演讲一样。

斐 怎么会呢?

苏 这样做是愚蠢的,也接近于亵渎神灵。还能有什么事比亵渎神灵更可怕?

斐 没有了,当然,如果你说得对。

苏 好吧,那我们该怎么办呢?你难道不相信小爱神① 是阿佛洛狄忒② 之子吗?他不是众神之一吗?

斐 这肯定是人们的说法。

苏 嗯,吕西亚斯肯定不会这么说,你带来的文章也不会这么说,我就是被这篇文章诱惑,最后发表了我自己的演讲。【e】但若"爱"也是一位神,或者是某种神圣的东西——它确实是——那么它就不可能在任何方面是邪恶的;然而我们刚才的演讲说起它来,都把他说成是恶的。这两篇演讲冒犯了爱神,把一大堆极为愚蠢、荒唐的废话当作正儿八经的东西来叙说,【243】以此欺骗少数可悲的民众,博取他们的掌声。

因此,我的朋友,我必须洗涤我的罪过。古时候有一种涤罪仪,给那些在谈论神圣者时撒谎和讲坏话的人涤罪——荷马不知道这种仪式,而斯特昔科鲁③ 知道。他由于讲了海伦④ 的坏话而眼睛看不见了,但他不像荷马那样,眼睛瞎了还不知道是为什么。正好相反,他是缪斯的真正追随者,他明白了其中的原因,马上就写了这些诗句:"这个故事是假的。你从来不曾上船,【b】也没见过特洛伊的高塔。"⑤ 写下这首被我们称作"翻案"的诗以后,他的眼睛马上就复明了。现在我要试着证明我比荷马和斯特昔科鲁要聪明;在我由于说了爱神的坏话而受到惩罚之

---

① 小爱神 (Ἔρως),音译"厄洛斯",常见形象为手持弓箭在天上飞翔,据说为战神阿瑞斯与美神阿佛洛狄忒所生,另一种说法是生于最初的混沌。

② 阿佛洛狄忒 (Ἀφροδίτη),希腊爱与美之神。

③ 斯特昔科鲁 (Στησίχορος),公元前 7 世纪的希腊抒情诗人。

④ 海伦 (Ἑλέν),传说中的希腊美女,爱上特洛伊王子帕里斯,与他私奔,希腊人引以为耻,发动了特洛伊战争。

⑤ 斯特昔科鲁:《残篇》18。

前，我要向他献上我的翻案文章——这一次我不会因为害羞而蒙头，我要露出脸来讲话。

斐　对我的耳朵来说，没有更甜蜜的话了，苏格拉底。

苏　【c】你瞧，我亲爱的斐德罗，你明白这些演讲有多么无耻，我自己的演讲以及你带来的那篇演讲。假定有一位高尚的男子爱或曾经爱过一名与他性格相同的男孩，听到我们说有爱者由于琐碎的原因挑起严重的争论，妒忌他所爱的人，给他带来伤害——你难道不认为，那名男子会认为我们对爱的看法实在是太庸俗、【d】对自由民中间的爱一无所知吗？他难道不会拒绝承认我们所说的爱的那些缺陷吗？

斐　他很有可能会这样做，苏格拉底。

苏　好吧，他让我感到羞耻，也出于对爱神本身的敬畏，我想再发表一篇比较有味道的演说，以洗刷我们已经听到过的演说的苦涩。我也要给吕西亚斯提一条建议，尽快再写一篇演讲，敦促人们把恩宠给有爱者，而不是给无爱者。

斐　你放心，他会写的。【e】一旦你发表了赞颂有爱者的演讲，我肯定有办法让吕西亚斯写一篇论题相同的文章。

苏　这我相信，只要你能继续是你自己。

斐　那么，你说吧，充满自信。

苏　我刚才对他说话的那个男孩在哪里？让他也听一听这篇颂词。否则他会匆忙地偏爱那个无爱者。

斐　他就在这里，跟你挨得很近，只要你需要，他就会出现。

苏　【244】美丽的少年，你必须明白最前面那篇演讲是斐德罗的，他是皮索克勒斯①之子，来自密利努②；而我现在要发表的演讲是斯特昔科鲁的，他是欧斐姆斯③之子，来自希墨腊④。这篇演讲是这样的：

————————

①　皮索克勒斯（Πυθοκλέους），人名。

②　密利努（Μυρρίνους），地名，雅典的一个区。

③　欧斐姆斯（Εὐφήμους），人名。

④　希墨腊（Ἱμερα），地名。

"'这个说法不对'——在选择情人时，你应当偏爱对你无爱者，而不应偏爱对你有爱者，因为无爱者能控制自己，而有爱者会失去理智。如果迷狂是坏的、纯粹的、简单的，那么这样说说也就罢了，然而事实上，我们拥有的最美好的事物来自迷狂，是神的恩赐。

【b】"德尔斐的女预言家和多多那① 圣地的女祭司在迷狂中为希腊国家和个人获取福泽，但若她们处于清醒状态，她们所获甚少，或者一无所获。我们就不用提西彼尔② 以及其他神灵附体的人了，他们经常在神灵的感召下正确预见未来，给许多人以正确指导——这些事情显而易见，我就不多费口舌了。但是有某些证据，值得添加到我们的事例中：那些为事物命名的古人从来不把迷狂（μανία）视为羞耻和应当受谴责的事，否则他们就不会用'预言'（μαντικ）这个词来称呼这些最优秀的行家【c】——预知未来的这些人——由此把迷狂与预言联系在一起。他们认为迷狂是神的恩赐，是非常神奇的，由于这个原因他们把这个名称给了预言术；但是今人不知就里，给这个词添加了字母 τ，变成了预言术（μαντικ）。同样，头脑清醒地研究未来，使用鸟和其他征兆，这门技艺最初叫作 οἰονοϊστικ，因为它使用理性，把理智（νοῦς）和学习（ἱστορία）带进了人的思想；【d】于是现在的演说家就把这门技艺叫作 οἰωνιστικ（鸟占术），并把其中 ο 这个元音拉长，变成长元音 ω，使之发音更加响亮。所以，依据古代语言创立者提供的证言，在此范围内，迷狂中的预言比按征兆作出的预测更完善，更值得敬佩，就名称和成就而言，源自神的迷狂远胜于人为的清醒理智。

"其次，由于前辈犯下的罪孽，有些家庭会有人发疯，【e】遭到灾祸疾疫之类的天谴，为了找到禳除的方法，他们就向神灵祷告，并举行赎罪除灾的仪式，结果那些参加仪式的受害者进入迷狂状态，从此永久脱离各种苦孽。因此，这种迷狂对受害者来说是神灵的凭附和获得拯救。

---

① 多多那（Δωδώνα），地名。
② 西彼尔（Σίβυλ），希腊罗马神话传说中的女预言家，有好多位。

【245】"第三，缪斯附体而带来的迷狂。缪斯凭附于温柔、贞洁的灵魂，激励它上升到眉飞色舞的境界，尤其流露在各种抒情诗中，赞颂无数古代的丰功伟绩，为后世垂训。若是没有这种缪斯的迷狂，无论谁去敲诗歌的大门，追求使他能够成为好诗人的技艺，都是不可能的。与那些迷狂的诗人和诗歌相比，他和他在神志清醒时的作品都黯然无光。

【b】"说到这里，你已经知道有一些很好的成就——我还能告诉你更多——可以归功于神恩赐的这种疯狂。依据这些解释，我们不要害怕迷狂，不要被那种论证吓倒，以为神志清醒就一定比充满激情好。这种论证要想说服我们，就还得证明另一点，这就是爱并不是上苍为了爱者和被爱者双方的利益而恩赐的。我们要证明的正好相反，这种迷狂是诸神的馈赠，是上苍给人的最高恩赐。我们的证明一定会在聪明人中流行，【c】尽管不一定能说服那些博学者。

"现在，我们首先必须理解灵魂本性的真相，这里说的灵魂包括神的灵魂和人的灵魂，通过考察它的活动以及其他事物对它的作用。下面我就开始论证：

"一切灵魂都是不朽的。这是因为，处于永久运动之中的事物是不朽的，而那些处于运动，或由其他事物来推动的事物，则在停止运动时停止生命。所以，只有运动本身决不会丧失运动，因为它绝不会离开它本身。事实上，这个自动者是其他一切被推动的事物的源泉，【d】这个源泉没有起点。这是因为，一切有开端的事物来自某个源泉，但是源泉本身没有源泉，以其他事物为源泉的源泉就不再是源泉了。由于源泉不会有开端，因此它必定不能被摧毁。这是因为，如果源泉会被摧毁，它就不能从其他事物再次开始，其他事物也不能从它再次开始——也就是说，如果一切事物皆从一个源泉开始的话。所以，由于这个原因，自动者是运动的源泉。自动者不可能被摧毁，【e】也不可能重新开始；否则的话，诸天与一切有开端的事物都会坍塌，走向停滞，绝无可能再次运动。但是，由于我们已经发现自动者是不朽的，我们应当毫不犹豫地宣布，这就是灵魂的本质和原则，因为每一从外部被推动的有形体的事物没有灵魂，而身体的运动来自内部，来自它本身，它有灵魂，这就是灵魂的本性；如果事情是这样的话——任何能够自动的事物本质上就是灵魂——那么由此必定可以推论，灵魂既无生也无死。

【246】"关于灵魂不朽我们已经说够了。下面我们必须说一说它的结构。描述灵魂实际上需要很长时间，是神能够完成的任务，但要说一说它像什么，还是凡人可以做到的，用的时间也比较少。所以，我们在演讲中只说个大概。让我们把灵魂的运动比作一股合力，就好像一同拉车的一队飞马和它们的驭手。诸神的飞马和驭手都是好的，【b】血统高贵，但对其他生灵来说就并非完全如此。至于我们凡人用的马车，我们首先说有两匹马拉车，有一位驭手驾车，但我们还得说有一匹马是良种骏马，而另一匹正好相反，是杂种劣马。因此我们的驭手要完成任务就非常困难，经常会遇到麻烦。

"现在我应当试着告诉你，为什么生灵既包括可朽的生灵，也包括不朽的生灵。一切灵魂照看一切无灵魂的物体，在诸天巡游的时候，它们在不同的时间有不同的形状。【c】灵魂一旦生长完善，羽翼丰满，就在高天飞行，整个宇宙都是它的辖区；但若灵魂失去羽翼，就会向下坠落，直到碰上坚硬的地面，然后它就会在那里安身，有了属土的肉体，由于灵魂的力量在起作用，被灵魂依附的肉体看上去就是自动的。灵魂和肉体的整个组合就叫作'生灵'，或者叫作动物，它也被叫作'有死的'。这样的组合不可能不朽，这一点不需要做任何解释。神是不朽的生灵，有灵魂和身体，出于本性，它们永远结合在一起，这样的观点是一种纯粹的虚构，【d】既无观察，又无恰当的推论——当然了，只要能使众神喜悦，我们就随它便，就这么说吧。

"现在让我们转向思考灵魂的羽翼脱落的原因，明白这些羽翼为什么会脱落。这个原因大体如下：羽翼凭着它们的本性能够带着沉重的东西向上飞升，使之抵达诸神居住的区域，所以，与身体的其他部分相比，羽翼拥有更多的神性，【e】它们是美丽的、聪明的、善良的，拥有诸如此类的品质。这些品质滋养着灵魂的羽翼，使羽翼得到充分生长；但若碰上愚蠢和丑恶，这些羽翼就会脱落和消失。

"现在，宙斯这位天穹的伟大统帅，驾着他的有羽翼的飞车在天上

巡游，照看万物，使一切有序。【247】跟随他的是众神和精灵，排成
十一队。赫斯提①留守神宫，其余位列十二尊神的诸位神灵尽皆出行，
依序各领一队。在各重天界内，有许多赏心悦目的景色和供众神往来的
路径，幸福的天神在徜徉遨游，各尽职守，凡有能力又有愿心的灵魂都
可以追随他们，因为众神的队伍中没有妒忌。在前去赴宴的时候，可以
看到他们沿着陡直的道路向上攀升，直抵诸天绝顶。【b】神乘坐的马车
要上升很容易，因为众神的驭手保持着马车的平衡，神马也很听使唤。
但对其他马车来说则很困难，因为他们的马是顽劣的，若驭手不能很好
地驾驭，这些劣马就会拉着马车坠落地面，这个时候灵魂就面临极度的
辛劳和搏斗。那些被我们称作不朽者的灵魂抵达高天之巅，它们还将攀
上天穹绝顶，【c】让天穹载着它们运行，它们待在那里凝视天外的景象。

　　"天外之境——我们尘世的诗人还没有一个曾经加以歌颂，或者有过
足够的颂扬！还有，这条道是这样的——你瞧，它是危险的，我必须尝
试着说真话，尤其是，这个真相是我演讲的主题。这个地方的事物是没
有颜色的，没有形状的，不可触摸的，它们是真正的存在者，是一切真
正知识的主题，只有理智才能看见它们，【d】而理智是灵魂的舵手。甚
至连神的心灵也要靠理智和知识来滋养，其他灵魂也一样，每个灵魂都
要注意获得恰当的食物。因此，当灵魂终于看到真正的存在者时，它怡
然自得，而对真理的沉思也就成为灵魂的营养，使灵魂昌盛，直到天穹
运行满了一周，再把它带回原处。在天上运行时，灵魂看到了正义本身，
看到了节制本身，看到了知识本身——这种知识不是与变易为友的知识，
【e】它和我们在这里以为是真的知识是不同的。不，它是真正的关于真
正存在者的知识。见到一切事物的存在真相以后，灵魂又返回天穹之内
回家。它们到达以后，驭手把马牵回马厩，拿出琼浆仙露来给它们吃。

　　【248】"这就是诸神的生活。至于其他灵魂，那些个最能紧随神的
灵魂，也最能使它自己像神，它让它的驭手昂首天外，与其他灵魂一道
在天上巡游。尽管受到顽劣之马的拖累，它很难见到真正存在的事物。

————————

① 赫斯提（Ἑστία），灶神或家室女神，立誓永远不嫁，保持贞节。

另一个灵魂时升时降，因为它的马匹不听使唤，到处乱跑，它看到了一些真正的事物，但错过了其他真正的事物。其他那些灵魂渴望追随众神攀高登顶，但它们有此心愿而无能力，天穹对它们来说可望而不可即。于是它们困顿于下界扰攘中，彼此争前，时而互相践踏，时而互相碰撞，【b】结果闹得纷纷乱闯，汗流浃背。由于驭手的无能，许多灵魂受了伤，羽翼受损。既然费尽辛劳也看不见整个存在的景象，于是它们就侧身远退，离开之后，它们只好依赖它们以为是营养的东西——亦即它们自己的意见。

　　"灵魂费尽心力要看到真理的原野，其原因就在于那里生长着灵魂最优秀的部分所需要的食粮，【c】要把灵魂提升到那里去获取营养，就是灵魂羽翼的本性。下面是一条命运的法则：凡是紧随神而见到某些真理的灵魂，都不会受到伤害，直到下一次出巡；如果它每次都能这样做，它就始终是安全的。另一方面，如果它不能紧跟神，没能看见什么真理，而只是遇到不幸，受健忘和罪恶的拖累，那么它就会由于重负而折损羽翼，坠落地面。【d】到那个时候，按照这条法则，灵魂在它第一次再生时不会投生于任何兽类；而那些看见了大多数实在的灵魂会进入人的种子中，这些人出生以后成为智慧或美的爱好者①，或者浸淫于艺术，有性爱的倾向。第二类灵魂投生为人后成为合法的国王，或者成为好战的统帅；第三类灵魂投生为政治家、商人或生意人；第四类投生为喜欢运动的体育教练，或者成为医治身体的医生；【e】第五类过一种预言家或秘仪祭司的生活。对第六类灵魂来说，过一种诗人的生活，或者成为其他摹仿性的艺术家；对第七类灵魂来说，过一种体力劳动的生活，或者成为农人；对第八类灵魂来说，成为智者或蛊惑民众的政客；对第九类来说，成为僭主。

　　"凡此种种，依照正义生活的灵魂，其命运会变得较好，不依照正义生活的灵魂，其命运会变得较差。事实上，每个灵魂都要用一万年才能回到它原来的出发点，【249】因为它的羽翼不可能在短时间内恢复如

----

① 亦即成为哲学家。

初，除非它真诚地实践哲学，或者哲学地爱男孩。在第三个一千年以后，如果我最后提到的这种灵魂连续三次选择这样的生活，那么它们的羽翼会得到恢复，在三千年结束之际，它们可以高飞而去。至于其他灵魂，它们的第一次生活一旦结束，就要接受审判；一旦经受审判，有些灵魂就要下到地狱，为它们不正义的行为接受完全的惩罚，【b】而另一些灵魂则被正义之神带到他们生活的天界，过一种足以酬报其在世功德的生活。一千年终了以后，两批灵魂都要回来选择下一辈子的生活，每个灵魂的选择都是自愿的，也就是在这一时刻，本来是人的灵魂有些转为过一种兽类的生活，也有的本来是人，由人转为兽，现在又转回到人。但是从未见过真理的灵魂不能投生为人，因为人必须懂得一般型相的语言，【c】能把杂多的观念整合为一个合理的整体。这个过程就是对我们的灵魂在与神巡游时看到的那些事物的回忆，它无视我们现在称之为真的那些事物，抬头凝视那真正的存在。

"正是由于这个原因，说只有哲学家的心灵可以长出羽翼是对的，因为哲学家的心灵经常专注于回忆这些实在，而众神之所以是神圣的，也是由于接近这些光辉的景象。正确使用这些提醒物的人始终处于最高、最完善的入会仪式，是唯一能够尽可能完善的人。【d】这样的人既然漠视凡人所注重的事情，全神贯注地接近神明，也就不可避免地要受公众的谴责，被当作疯子，因为公众并不知道他被神灵附体。这就使我要进一步讨论第四种迷狂——有些人指出，这样的人一见到尘世的美，就回忆起上界真正的美，他的羽翼就开始生长，急于高飞远举；可是这个时候，他还是心有余而力不足，无法展翅高飞，于是只能像鸟儿一样，昂首向高处凝望，把下界的一切置之度外，因此被人指为疯狂。【e】这是神灵附体的各种形式中最优秀、最高尚的形式，无论从其性质还是从其来源来说，无论就迷狂者本人还是他的知交来说，这都是最好的形式。爱美之人一沾上这种迷狂，人们就把他称作有爱者。如我所说，本性要求每个人的灵魂关注实在，【250】否则灵魂绝无可能进入这一类生灵。但要通过观看尘世间的事物来引发对上界事物的回忆，这对灵魂来说却不是一件易事。有些灵魂曾经关注过上界的事物，但只是片刻拥有这些事物的景象；有些灵魂落到地面以后还沾染了尘世的罪恶，忘掉了上界的辉煌景象。剩下的只有少数人还能保持回忆的本领。每逢见到上界事物在人界的摹本，这些人就惊喜若狂而不能自制，但也知其然，不知其所以然，【b】因为他们的知觉模糊不清。

"正义和自我节制无法透过它们在尘世的摹本闪光，灵魂所珍视的其他东西也不能这样做；感官如此迟钝，只有极少数人能够借助感官十分困难地通过他们在尘世间遇到的摹本看到原本的真相。然而，美是放射性的，灵魂能够看到当时跟随众神巡游的极乐景象（我们① 跟在宙斯的队伍里，而其他灵魂追随其他灵魂），然后被引入我们可以正确地称之为最有福分的秘仪。【c】参加庆典的我们是全善的，没有被未来的麻烦所玷污，而在那隆重的入教仪式最后显现给我们看的景象是完善的，不变的，赐福的。这就是终极的景象，我们沐浴在最纯洁的光辉之中，而我们自身也同样一尘不染，我们还没有葬身于这个被我们叫作肉身的坟墓里，就像河蚌困在蚌壳里一样。

"好吧，热爱回忆以往使我把话拉得很长。【d】如我所说，美当时在其他事物中绽放；现在我们下到尘世，通过我们最敏锐的感官看到美的闪烁。当然了，视觉是我们身体的感官中最敏锐的，尽管它看不见智慧。如果智慧的形象可以被我们清晰所见，就像美一样，它一定会激起我们对它的无比热爱，其他事物也能激发我们对它的热爱，【e】不过现在只有美才有这种特权，能被我们最清晰地看见，成为我们的至爱。当然了，很早加入秘仪的人，或者那些受了污染的人，不能瞬间脱离尘世的景象而马上看到美本身，因为他观看的是被我们称作美在尘世的事物；所以，他不是抱着敬畏之心凝视美本身，而是向快乐投降，像四脚的畜生一样放纵情欲，渴望生育后代；他邪恶地放纵自己，既无任何忌惮，【251】又全然不顾羞耻，追求违反本性的快乐。然而，在天上看到许多景象、新近才参加秘仪的人却不然——首先，看到神一样的面孔或形体时，他也领略到了美本身，他开始打寒战，仿佛从前在上界挣扎时的惶

---

① 指哲学家，参阅 252e。

恐又来侵袭他；然后，他凝视着美丽的形象，心中产生虔诚感，敬美如敬神，如果不怕别人说他疯狂到了极点，他会向爱人馨香祝祷，如同面对神灵一般。【b】寒战过后，他会奇怪地发高烧，浑身冒汗，因为美放射出来的东西穿过他的眼睛在他体内产生热量，他的灵魂的羽翼也因此得到滋养。受热以后，久经闭塞的羽翼开始生长。羽管涨大起来，从根部向外生长，最后布满灵魂的胸腔。（你瞧，灵魂原本就是遍体长毛的）【c】此时，灵魂周身沸腾跳动，正如婴儿出齿时牙根又痒又疼，灵魂初生羽翼时也是这样。当灵魂凝视那男孩的美貌时，它就接收到从那个美男孩放射出来的暖流——亦即人们所说的‘情欲之波’——灵魂由此得到温暖和滋养，【d】苦痛全消，感到非常快乐。然而，当它与男孩分开时，它的毛根干枯，向外生发的幼毛被滞塞，无法生长。幼毛和情欲之波交汇在一起，像脉搏一样跳动，每根幼毛都刺向阻塞它的口子，因此灵魂遍体受伤，疼得发狂；然而在这种时候，只要灵魂回忆起爱人的美，它就可以转悲为喜。痛苦与欢乐这两种感觉的混合使灵魂处于奇异的状态，【e】它感到不知所措，又深恨无法解脱，于是陷入迷狂，夜不能寐，日不能坐，带着焦急的神情在美人的住处周围徘徊，渴望能见到美人。如果碰巧看到，它就从美人那里吸取情欲之波，原先幽闭在灵魂中的情欲得以释放，于是它又暂时摆脱了原先的疼痛，回到极为甜美的乐境，享受无可比拟的快乐。正因如此，灵魂决不肯放弃。【252】它把美貌的男孩看得高于一切，连父母亲友都忘了。它也不在乎因疏忽而财产受损。从前引以为自豪的那些生活中的礼节、规矩、风度全都被唾弃。它甘心为奴，只要能紧挨着心爱的人儿躺下，它什么都不在乎，因为它不仅把那美人当作美的拥有者来崇拜，【b】而且把他当作除病消灾的医生。

　　“这就是被我们凡人称作‘爱’的经验，你这美丽的男孩（我指的是听我演讲的那个人①）。你那么年轻，众神对爱的称呼在你看来可能就像是在开玩笑。我相信，荷马的某位后继者有两句不那么出名的诗，其中第二句不太高明，音节也不顺。这两句诗以这样一种方式赞美爱：

① 参阅本篇237b，238d，243e。

'对，凡人叫它强大的、长羽翼的厄洛斯；但由于它需要凭借羽翼，众神叫它普特洛斯①。'【c】这些话信不信由你。但是，严肃地说，我已经说出了爱的原因，讲出了有爱者的真正感受。

"如果被爱俘虏了的人曾经是宙斯的跟班，那么他能够庄严地承受这种羽翼的重负。但若他是阿瑞斯②队伍里的、成为爱的囚徒的人——跟这位神巡游——那么若有一丝怀疑他爱的男孩会伤害自己，他就变得极为凶残，打算与这个男孩同归于尽。

【d】"跟随其他众神也一样：每个人一生崇拜他跟随的神，他曾在这位神的合唱队中跳舞，尽力摹仿这位神，只要他还未受玷污，只要他还是第一次在尘世间生活。这是他在每一关节点上对待其他所有人的方式，而不仅仅是对待他爱的那些人。每个人按照自己的气质从美丽的人中间选择所爱的人，【e】然后对他选择的男孩就像对待他自己的神，他竖起一尊神像，供自己尊敬和崇拜。比如，那些追随宙斯的人会去寻找具有宙斯一般气质的爱人，在寻找时要看对方在本性上是不是热爱智慧，有无做领袖的素质。若是找到了这样的人，他们就爱上他，尽力帮助他强化这些素质。如果被爱者从前没有做过这种事，那就让他们现在就开始学习，向可以赐教的人学习，或者让他们自己钻研。当他们遵循心中神的告诫奋力前进时，【253】这个任务会变得轻省，因为他们必须聚精会神地凝视那位神，直到能够回忆起被神激励的情景，从神那里明了自己生活的道路和性质，尽可能做到与神相似。由于所有这些原因，他们知道要为自己拥有了这个男孩而谢恩，他们会无比珍惜他，如果说他们从宙斯那里得到了激励，那么他们就像酒神女信徒一样，会把所有甘泉都拿来灌注到爱人的灵魂里，【b】帮助他做到尽可能与他们追随的神相似。赫拉的追随者寻找到有国王气象的男孩，一旦找到了，他们也会以同样的方式对待他。阿波罗③的追随者也好，其他神灵的信徒也好，

---

① 普特洛斯（Πτέρως）这个词的意思就是"长翅膀的"。
② 阿瑞斯（Ἄρης），希腊战神。
③ 阿波罗（Ἀπολλον），希腊太阳神和智慧之神。

莫不如此。每个有爱者都希望他的爱人具有他自己的神那样的品性，一旦赢得爱人的芳心，他就会带着爱人跟随自己的神的脚步走，一方面他自己尽力摹仿神，另一方面督促自己所爱的美丽的男孩在各方面与神相似，对他提出各种建议和约束。他对爱人的态度没有妒忌的成分，【c】他的每一行动都是为了使爱人在各方面与自己相似，也与他所崇拜的神相似。所以说，这就是任何真正有爱者心中的欲望：如果他以我描述的方式遵循欲望，这位在爱的驱使下变得疯狂的朋友能够确保爱情的圆满，因为和他交朋友的人是美丽的，有福的，如我所说——当然了，如果他俘获了他。所以，下面我就来说一说这个俘虏是怎么被捕捉的：

"你还记得故事开始的时候① 我们如何把每个灵魂分成三部分吗——【d】两个部分像两匹马，第三部分像一位驭手？让我们继续往下说。两匹马中有一匹是好马，另一匹不是好马；但是我们没有继续具体说明好马好在哪里，坏马又坏在哪里。让我们现在来说明。右边这匹马，或者比较尊贵的这匹马身材挺直，颈项高举，鼻子像鹰钩，白毛黑眼；它爱好荣誉，但又有着谦逊和节制；由于它很懂事，要驾驭它并不需要鞭策，【e】只消一声吆喝就行。另一匹马身躯庞大，颈项短而粗，狮子鼻，皮毛黝黑，灰眼睛，容易冲动，不守规矩而又骄横，耳朵长满乱毛，听不到声音，鞭打脚踢都很难使它听使唤。这位驭手用爱的眼光观看，他的整个灵魂发热，产生又痒又疼的情欲。这时候，那匹服从驭手的好马，【254】由于知道羞耻，不会贸然扑向那个男孩。然而，另一匹马，不理会驭手的鞭策或吆喝，乱蹦乱跳，给它的同伴和驭手惹出许多麻烦，拉着它们一起奔向那个男孩，要与他同享性爱的欢乐。【b】起初，它的同伴和驭手对它怂恿的这种违法失礼的恶行都愤然拒绝，可是后来被它闹个不停，也就随它便，让它拉着走，做它所怂恿的事了。所以它们靠近了那个男孩，看到那个男孩的脸蛋光彩照人，它们就像被雷电击中一般。驭手看到这张脸，回忆起美本身的真正本性，好像看到美本身与节制并肩而立，站在神座上。他不禁肃然起敬，惶恐之中向后倒

---

① 参阅本篇 246b。

下，手中的缰绳随之向后猛拉，【c】拉得两匹马都屁股坐地，一匹很驯
服地坐着不动，另一匹却挣扎个不停。过了一会儿，那匹良马又羞又
惧，浑身汗湿，那匹劣马在跌倒和被口铁碰击之后刚止住疼，喘口气，
就接着破口大骂起来，骂那驭手和良马懦弱。【d】劣马再次催促它们向
前冲，驭手和良马央求劣马推迟一会儿，劣马勉强答应。约定的时候到
了，它们装着忘了这件事，而劣马提醒它们时候到了。它乱蹦乱跳、厮
叫着要走，逼着它们再度靠近那个男孩去求爱。快要接近时，劣马咬紧
口铁，低着头使劲向前拉。【e】但这个时候，驭手又有了上一次那种感
觉，而且更加强烈。就像赛车手跑到终点一样，驭手向后猛拉缰绳，拉
得那匹劣马嘴巴流血，栽倒在地，疼痛不已。这种事重复多次以后，那
匹劣马终于学乖了，丢掉了它的野性，俯首帖耳听从驭手的使唤，一看
到那美丽的男孩就吓得要死。到了这个时候，有爱者的灵魂才带着崇敬
和畏惧去追随它的爱人。

　　【255】"尽管被爱者像神一样得到有爱者的各种伺奉，有爱者并非
虚心假意，而是真心诚意地伺候他爱的人，尽管被爱者也发自内心地对
待真心伺候他的人（哪怕他以前曾经拒绝学友对他的爱，或者听到过其
他人对他的警告，说与有爱者发生暧昧关系是可耻的，并因此要他拒绝
情人），然而时过境迁，【b】等到了成年的时候，他会在命运的作用下
改变态度，乐意与他人交往。你瞧，这是一条命运的法则，恶人决不会
成为恶人的朋友，好人也绝不会不成为好人的朋友。到了这个时候，这
个男孩会允许对他有爱意的人与他交谈，在一起消磨时光，在交往中日
渐亲昵，他会为情人的恩爱所感动，觉得把自己所有朋友和亲属都加在
一起，也比不上这位受到神的激励的朋友。

　　"有爱者花了一些时间这样做，接近他爱的男孩，（甚至在一起运动
的时候以及其他场合抚摸他）这个时候，【c】情欲之波涌现出来，就像
钟情于该尼墨得①的宙斯把情波大量地朝着他的情人倾注。一部分情欲

――――――――
① 该尼墨得（Γανυμήδους），特洛伊国王特洛斯的儿子，为宙斯所喜爱，被掠
　去当侍酒童子。另一说他是美丽的牧羊少年，宙斯化作老鹰把他掠走。

之波被吸入他的身体，等到身体装满以后，又倒溢出来。就像风或声音碰上平滑而坚硬的东西发生反弹，回到原处，那情欲之波也会返回，再次进入那被爱的美少年的眼睛。通过眼睛这条天然渠道，情欲之波流入他的灵魂，【d】给灵魂带来新鲜的活力，滋润它的羽管，使之生发新的羽毛。这样一来，被爱者的灵魂也和有爱者一样充满了爱。所以，他是在爱，但不明白自己在爱什么，也不明白这是怎么一回事，就好像一个人染上眼疾，却不知道是怎么得来的；他也不明白他所爱的人就像一面镜子，从中可以看见他自己的形象。所以，当有爱者陪伴在身旁的时候，那个男孩的痛苦就减轻了，就像有爱者本人，而一旦分开，他就朝思暮想，渴望与情人相见，【e】因为爱他的情人就像镜子一样——'我愿意'——尽管他把这种事当作友谊，而不认为它是爱或把它叫作爱。还有，他的欲望几乎与那爱他的人的欲望是一样的，只是淡薄一点：想与爱他的人见面，接触，接吻，同床；当然了，可想而知，他很快就会依照欲望行事了。

"他们俩同床共眠时，有爱者的劣马会有话对驭手说，想为自己的辛苦索要一点报酬。【256】那被爱者的灵魂中的劣马虽不做声，可是热得发烧，会莫名其妙地伸出脖子去拥抱和亲吻被爱者的劣马，满心感激它的仁慈。当这对马情人睡在一起的时候，它们都想到不要拒绝对方的要求，而要尽量加以满足。但是好马就不一样了，它们会抱着敬畏和谨慎之心与驭手在一起，抗拒劣马的诱惑。对那有爱者来说，如果他们心灵中比较高尚的成分占了上风，引导他们过一种有纪律的、哲学性的生活，【b】那么他们在人世间的日子会幸福和谐，因为他们灵魂中恶的力量已被征服，而善的力量却得到解放，他们已经成了自己的主人，赢得了内心的和平。当尘世生活终结之时，他们卸去了包袱，恢复了羽翼，就好像在奥林匹克竞技的三轮比赛中赢得了第一回胜利，凭借人的智慧或神的迷狂而能获得的奖赏莫过于此。但若他们转向一种比较卑贱的、【c】非哲学的生活方式，渴慕虚荣，那么当灵魂不谨慎或醉酒之时，两颗灵魂中的劣马就很有可能乘其不备把他们带到某个地方，做那些大多数凡人以为是快乐的事来充分满足欲望。做了一回，他们以后就不断地

做，尽管还不是太多，因为他们俩的心灵还没有完全发昏。这样的一对
情人也可以算作朋友，因为他们的亲密程度不如其他情侣。【d】无论是
在爱情旺盛之时还是在爱情衰竭之后他们都可以算是朋友，因为他们深
信彼此已经交换过最有约束力的誓言，如果背弃誓言而反目成仇，那是
一桩罪过。临终的时候，尽管他们渴望能有羽翼，但在离开肉体时他们
确实还没有长羽翼，因此他们爱的迷狂并没有得到什么酬劳，因为按照
天命，凡是在通天大道上迈出过第一步的人就不会再返回地下走阴间漆
黑的小道，而会携手前行，过上一种光明而幸福的生活，【e】由于他们
有爱，因此到了该长羽翼的时候，他们还是会长羽翼的。

"我的美少年，这就是有爱者给你的赐福，伟大而又光荣。而无爱
者所能提供的东西肯定混杂着世俗的智慧和谨慎的盘算，其结果就不免
在被爱者的灵魂中养成被俗人当作美德的庸俗，使之注定要在地面上和
地底下滚来滚去，【257】滚上九千年，而且还不知道这样做是为什么。

"现在，亲爱的爱神，我已经竭尽全力口占了一篇最出色的翻案
书①，为了讨好斐德罗，我特地用了一些诗一般的语言②。请你宽恕我在
前一篇文章中对你的冒犯，求你发发慈悲，不要拿走你赐给我的爱的能
力，也不要因为生气让我的爱的力量枯萎，而要使我能够继续在美少年
面前博得比以前更大的信任。【b】如果斐德罗和我在前面说过什么得罪
你的话，请你把它记在吕西亚斯账上，没有他就不会有那篇文章，请你
医治他，使他不再做这类文章，让他转向哲学，就好像他的哥哥波勒玛
库斯③一样转到哲学方面去。这样的话，他在这里的爱徒就能停止在两
种意见中徘徊，就像他现在这样举棋不定，也会在哲学讨论的帮助下全
心全意地把生命奉献给爱情。"

斐 【c】如果对我们来说这样做是最好的，那么我会和你一起祈祷。
至于你的演讲，我心里早就充满敬佩之意，它比你前面那篇演讲好得

---

① 参阅本篇 243b。

② 参阅本篇 238c。

③ 波勒玛库斯（Πολέμαρχος），人名，《国家篇》对话人。

多。我担心，要是吕西亚斯想跟你比赛，他可能会相形见绌。我的好朋友，事实上就在前不久，我有一位政治家朋友对吕西亚斯恶言谩骂，口口声声叫他"写演讲稿的人"。① 为顾全名誉，他也许不会再写文章了。

苏　啊，你说的是什么样的蠢话，年轻人！【d】你完全误解了你的朋友，他不可能如此轻易就被吓怕了！但也许你认为攻击他的那个政治家是在申斥他？

斐　他好像是在申斥，苏格拉底。不管怎么说，你自己肯定明白，那些最有权力，最出名的政治家都不太愿意写演讲稿，也不愿留下传世之作，生怕后人会把他当作"智者"。

苏　斐德罗，你不懂"愉快的弯曲"（迂回表达）这种说法——【e】它起源于蜿蜒曲折的尼罗河。除了弯曲，你也不明白最有野心的政治家都喜爱写演讲稿，并且渴望他们的作品流芳百世。事实上，他们写文章喜欢得到众人的赞扬，所以要在文章开头写下一长串它的崇拜者的名字。

斐　你这话是什么意思？我不明白。

苏　【258】你不知道政治家在他们的作品中先写下他们那些崇拜者的名字？

斐　是这样吗？

苏　这些作者经常这样开头："经议事会议决"，"经民众议决"，要么写上"经议事会和民众议决"，还有"如某人所说"——这里指的是他自己，写得非常庄重和自豪。然后他再往下写出他想说的话，对他的崇拜者炫耀他的智慧，经常写成一个很长的文件。你认为这种东西和书面演讲稿有什么区别吗？

斐　【b】不，没有区别。

苏　那么好，如果他的文章能够保存在书本中，那么他会十分高兴，他会离开讲台而把讲台留给诗人。但若它遇到挫折，他作为一名演

---

① 政治家瞧不起写作范文，传授演讲术的修辞学家。称某人为"写演讲稿的人"是在给对方起绰号，带有轻视之意。

讲稿的撰写人遭到失败，认为他的书面作品没有任何价值，那么他会和他的朋友一道感到深深的悲哀。

斐　他肯定会这样。

苏　那么很清楚，他们并不轻视演讲稿的写作；正好相反，他们敬重它。

斐　是这样的。

苏　【c】下面也是这种情况。如果一名演说家或者国王获得了足够的能力，可与莱喀古斯①、梭伦②、大流士③相比，在他的城邦中作为一名演讲稿的作家获得不朽的名声，那么他会怎么样？还活在世上的时候，他难道不会把自己当作神吗？后世的民众看到他的作品，不也会产生同样的看法，把他当作神吗？

斐　确实如此。

苏　那么你真的相信这些人中有人——无论他是谁，无论他有多么痛恨吕西亚斯——会由于他是一名作家而谴责他吗？

斐　按照你的说法不像是这么回事，因为谴责吕西亚斯的人可能也得申斥他自己的野心。

苏　【d】那么，事情相当清楚：写演讲稿本身并不可耻。

斐　为什么呢？

苏　良好的演讲或写作不可耻，可耻的或邪恶的演讲和写作才是真正可耻的。

斐　这一点很清楚。

苏　那么好的写作和坏的写作有什么区别呢？我们需要向吕西亚斯，或者向其他任何曾经写过或将要撰写文章的人提出这个问题吗——无论是写公共文书还是写私人文件，无论是韵文还是散文？

斐　【e】你问我们是否需要这样做？我要说，如果不是为了获得做

---

① 莱喀古斯（Λυκούργους），斯巴达立法家。

② 梭伦（Σόλωνος），雅典立法家。

③ 大流士（Δαρεῖος），波斯国王。

这种事情的快乐，人为什么要活着？我说的当然不是这种快乐，你无法感受到这种快乐，除非你首先处于痛苦中，就像大部分肉体的快乐一样，由于这个原因，我们把这种快乐称作奴隶的快乐。

苏　好吧，我们好像还有时间。另外，我在想我们头顶上的那些蝉，它们在炎热的中午相互交谈之后仍在歌唱，也在朝我们看。【259】如果它们看见我们两像普通人一样，到了中午就不说话，懒洋洋地低下头来打瞌睡，被它们的叫声催眠，那么它们有理由嘲笑我们，把我们当作两个偷懒的奴隶，像绵羊一样躲到泉边来睡午觉。但若它们看到我们在专心谈话，我们的航船驶过塞壬①的小岛也不曾被她们清澈的歌声所诱惑，那么它们也许会佩服我们，【b】并把众神允许它们送给凡人的礼物送给我们。

斐　什么礼物？我从来没有听说过。

苏　每一位热爱缪斯的信徒都应当听说过。这个故事是这样的：蝉曾经是人，他们生活在缪斯②诞生之前的那个时代。后来缪斯诞生了，发明了唱歌，那个时代的人欢喜得要命，【c】只管唱歌，忘了吃喝，到死也不明白是为什么。这些人死了以后变成了蝉；它们从缪斯那里得到一个法宝，一出生就无需营养，干着喉咙空着肚皮马上就能唱歌，一直到死，根本不需要吃东西。它们死后就去见缪斯，告诉她们每一位缪斯在人世间享有哪些尊荣，有哪些人崇拜她们。它们把那些用舞蹈来崇拜缪斯的人告诉忒耳西科瑞③，【d】使他们更加得她的宠爱；它们把那些参加爱神祭仪的人告诉埃拉托④，使他们得到这位缪斯的青睐；对其他缪斯也一样，向每一位缪斯报告她主管的那一行中崇拜她的情形。它们把那些以导向哲学生活的特殊音乐为荣的人报告给九位缪斯中最年长的卡利

---

① 塞壬（Σειρῆν），希腊神话中人身鸟足的仙女，居住在海岛上，用美妙的歌声迷惑过往的水手。

② 缪斯（Μοῦσα），希腊神话中九位文艺和科学女神的通称。

③ 忒耳西科瑞（Τερψιχόρα），文艺女神之一，主管舞蹈。

④ 埃拉托（Ἐρατο），文艺女神之一，主管抒情诗。

俄珀①和年纪较轻的乌拉尼亚②，她们主管天文和一切谈话，凡人的和神灵的，用最甜美的声音歌唱。

所以，我们有很多理由继续谈话，不要因为睡午觉而把下午给浪费了。

斐　好吧，我们继续往下说。

苏　【e】那么好，我们现在必须考察我们刚才提出来的论题：什么时候一篇演讲是良好地撰写和发表了的，什么时候不是？

斐　这很清楚。

苏　良好而庄重地发表演讲的人必须在心中知道要谈论的主题的真相，不是吗？

斐　我听到有人说这个问题实际上是这样的，苏格拉底，我的朋友，【260】打算做演说家的人完全没有必要了解什么是真正的正义，而只需知道将对演说作出裁决的听众对正义怎么看就行了。他也不需要知道什么是真正的善和真正的美，只需要知道听众对善和美的看法就可以了。说服从听众那里来，不是来自真理。

苏　聪明人说的任何事情，斐德罗，"都不能轻易抛弃"③，我们必须认为这种看法也许是对的。尤其是，对你刚才说的观点，我们一定不能置之不理。

斐　你说得对。

苏　那么好，让我们换个方式来看问题。

斐　怎么看？

苏　【b】假定我要说服你去买一匹马，用来打仗杀敌，可是我们俩都不知道马是什么，而我正好认识你，知道你斐德罗相信马是一种耳朵最长的，驯服的动物。

斐　你的假定很可笑，苏格拉底。

---

①　卡利俄珀（Καλλιόπη），文艺女神之一，主管史诗。

②　乌拉尼亚（Ούρανία），文艺女神之一，主管天文。

③　荷马：《伊利亚特》2：361。

苏　你别急，我还没完。假定我一本正经地试着说服你创作一篇歌颂驴子的文章，而我把你文中的驴子叫作马，说它具有巨大价值，无论是在家里使用，还是在军事上使用，它是打仗时的好坐骑，【c】还能驮运你的行李，此外它还有许多用处，等等。

斐　嗯，说到这一步那就很荒唐了。

苏　好吧，哪一样事情要好些？是一位荒谬可笑的朋友？还是一个精明的敌人？

斐　是前者。

苏　所以，当一名不分好坏的修辞学家对一个城邦演说，试图说服知道得并不比他更多的城邦，不是把可悲的驴子吹捧为一匹马，而是把恶吹捧为善，掌握了民众相信什么以后，【d】劝说他们做坏事而不是做好事——把这当作修辞学播下的种子，你认为修辞学能收获什么样的果实？

斐　质量很差的果实。

苏　不过，我的朋友，我们这样嘲笑这门讲话技艺是否太粗鲁了？它会回答说：“彻头彻尾的胡说八道！瞧，我没有强迫人不知道真相而去讲话；正好相反，我建议要掌握了真理以后再来向我请教。但我颇为自豪的确实是，哪怕掌握了真理的人，若无我的帮助，也不能在这门系统技艺的基础上产生领人信服的效果。”

斐　【e】嗯，这样的回答公平吗？

苏　是的，公平——也就是说，如果争论进到修辞学，证明它是一门技艺。不过，我好像听到过一些指责和申斥修辞学的争论，说这是一个谎言，它不是一门技艺，而是一种没有技艺成分的练习。①如斯巴达人所说，不掌握真理，就没有真正的讲话的技艺，从来都没有。

斐　【261】我们需要听听这些争论，苏格拉底。来吧，把它们说出来，对它们进行考察：它们的观点是什么？是怎样提出来的？

---

① 批评修辞学不是一门技艺，参阅《高尔吉亚篇》462b—c。

苏　那么，来吧，高贵的生灵①，到这里来；说服斐德罗，他是美本身的后裔②，除非他恰当地追求哲学，否则绝无可能就任何主题发表恰当的谈话。让斐德罗成为回答问题的人。

斐　让它们提问吧。

苏　好吧，从总体上说，修辞的技艺不是一种用讲话来影响灵魂的技艺吗，不仅在法庭和其他公共场所，而且在私人场合？【b】如果能够正确运用，它涉及的主题无论大小，它涉及的问题无论是严肃的还是微不足道的，都仍旧属于同一门技艺，都同样可敬吗？你听到的有关修辞学的看法是这样的吗？

斐　嗯，肯定不像你说的这个样子！有技巧地讲话和撰写讲稿主要可在法庭上见到；也许可在公民大会上见到。我听说的就是这些。

苏　好吧，你只听说过涅斯托耳③和奥德修斯④的修辞学论文——他们在特洛伊城下空闲时撰写的那些论文？你不是也听说过帕拉墨得斯⑤的作品吗？

斐　【c】不，宙斯在上，我没有听说过涅斯托耳的作品——除非你说的涅斯托耳指的是高尔吉亚⑥，你说的奥德修斯指的是塞拉西马柯⑦或者塞奥多洛⑧。

苏　也许是吧。让我们暂且撇下他们。请你自己来回答这些问题：对手们在法庭上做些什么？他们不是站在对立的立场上说话吗？此外我们还能说他们在干什么？

---

① 指"争论"，此处是拟人化的写法。

② 参阅本篇242a—b，《会饮篇》209b—e。

③ 涅斯托耳（Νέστωρ），荷马史诗中的英雄人物，擅长讲话。

④ 奥德修斯（Ὀδσσεύς），荷马史诗中的英雄人物，擅长讲话。

⑤ 帕拉墨得斯（Παλαμήδης），传说中的人物，非常狡猾。

⑥ 高尔吉亚（Γοργίας），著名智者。

⑦ 塞拉西马柯（Θρασύμαχος），智者，修辞学家，《国家篇》第1卷对话人。

⑧ 塞奥多洛（Θεόδωρος），拜占庭的修辞学家，与《泰阿泰德篇》中的塞奥多洛不是同一人。

斐　是的，确实如此。

苏　他们争论什么是公正、什么是不公正吗？

斐　是的。

苏　【d】无论谁有技艺地做这种事，当他愿意的时候，不能使同一事物对同一批人时而显得公正，时而显得不公正吗？

斐　当然能。

苏　当他在公民大会上讲话时，他能使城邦在一个时候批准一项政策，把它当作好政策，而在另一个时候，否定它——同一项政策——好像它是一项相反的政策。

斐　没错。

苏　我们不是也听说过爱利亚人帕拉墨得斯[①]是一个有技艺地说话的人，他的听众会觉得同一事物既相同又相异，既是一又是多，既静止又运动？

斐　他确实能做到这一点。

苏　因此我们可以发现，站在对立的立场上讲话，【e】这种事情不仅发生在法庭上，也发生在公民大会上。倒不如说，似乎有一门技艺——当然了，如果它首先是一门技艺——支配着所有讲话。凭借这门技艺，人们可以把任何不同的事物说成相同的，也可以把任何相同的事物说成不同的，还可以揭露任何人试图隐匿的事实。

斐　你这样说是什么意思？

苏　我想，要是我们换个方式，你就会明白的。误导在什么地方最容易发生——在差别很大的事物之间，还是在差别很小的事物之间？

斐　【262】在差别很小的事物之间。

苏　不管怎么说，当你的立场转到对立面去的时候，如果你开始的时候迈小步，而不是迈大步，那么你不容易被其他人看出破绽。

斐　无疑如此。

苏　因此，如果你要误导其他人而不误导你自己，你必须准确把握

---

① 　指爱利亚学派哲学家芝诺，作者用帕拉墨得斯的名字影射芝诺。

事物之间相同和相异的程度。

斐　对，这是必须的。

苏　嗯，对某个不懂每一事物真的是什么的人来说，他真有可能察觉他不知道的事物和其他事物之间的相同之处吗，无论相同之处是大还是小？

斐　【b】这是不可能的。

苏　因此，民众陷入被误导的状态，拥有与事实相反的信念，其原因显然在于这种相同之处。

斐　误导就是这样发生的。

苏　那么，某个不懂每一事物是什么的人，能够用这种技艺引导其他人通过相似性逐步偏离事实真相，走向事情的反面吗？或者说，他能避免这种事情在他自己身上发生吗？

斐　绝无可能。

苏　【c】因此，我的朋友，这种不知事情真相、追随各种意见的讲话者的技艺，像是一件可笑的东西——而根本不是技艺！

斐　好像是这样的。

苏　那么，我们需要在你带来的吕西亚斯的手稿和其他我们自己的演讲中寻找我们称之为有技艺和无技艺的例子吗？

斐　能这样做真是太好了——因为，我们的讨论过于抽象，而没有足够的例证。

苏　事实上，巧得很，这两篇演讲似乎正好包含一个例子，【d】可以拿来说明某个知道真相的人可以跟他的听众开玩笑，误导他们。而在我看来，斐德罗，我认为此地的神灵要对此事负责——或许在我们头上唱个不停的缪斯的使者①也要负责，它们激励我，让我有了灵感，而我肯定不拥有任何讲话的技艺。

斐　说得好，说得好。但是请你解释一下。

苏　来吧——把吕西亚斯的演讲的开头读给我听。

----

① 指蝉。

斐　【e】"你知道我的情况；我说过，在我看来，这件事若能做成，对我们双方都会有好处。无论如何，我不认为我会失去我所追求的东西，仅仅由于我对你没有爱。"

苏　停。我们的任务是说出他是怎么失败的，有哪些地方写的缺乏技巧。对吗？

斐　【263】对。

苏　嗯，现在这一点不是非常清楚了吗：我们对我们谈话中的有些事情的看法是一致的，对某些事情的看法有分歧？

斐　我想我明白你的意思，但请你说得更加清楚一些。

苏　当有人说出铁或者银这个词的时候，我们不是全都会想到同一样事物吗？

斐　当然。

苏　但是当我们说正义和善的时候，我们会怎么想？我们各自不会朝着不同的方向去想吗？我们之间的看法不是会有差别，甚至自相矛盾吗？

斐　我们确实如此。

苏　【b】因此，我们对前者的看法是一致的，对后者的看法不一致。

斐　对。

苏　在这两种情况下，哪一种情况我们比较容易被误导？修辞术什么时候会起比较大的作用？

斐　这很清楚，在我们左右徘徊的时候。

苏　由此可知，无论谁想要学习修辞学的技艺，首先，他必须对这两类事物作系统的划分，把握两类事物各自的特点，大多数民众对某一类事物会左右徘徊，对另一类事物不会这样。

斐　【c】好极了，苏格拉底，如果他能掌握这种划分，就能很好地理解。

苏　其次，我想，他一定不要误解他的主题；他必须敏锐地察觉他要讨论的事物属于哪一类。

斐　当然。

苏 嗯，现在，关于爱我们要说些什么呢？它属于民众会有争议的一类，还是民众不会有争议的一类？

斐 噢，肯定属于有争议的。否则的话，你刚才怎么可能先把它说成对有爱者和被爱者双方都有害，而后来又把它说成是最大的善呢？

苏 【d】说得好！但是现在请你告诉我——我一点儿也记不住了，因为我完全被众神附体了——我在演讲开头的地方有没有给爱下过定义？

斐 噢，我敢肯定，宙斯在上，你肯定下过定义。

苏 啊，按照你所说的，阿刻罗俄斯和赫耳墨斯之子潘①的女儿、这些仙女们的讲话要比凯发卢斯之子吕西亚斯的演讲更加有技艺，比他强得多！我说错了吗？吕西亚斯那篇论爱的美文也在一开头就强迫我们假定，【e】爱就是他本人想要的这种事情，是吗？然后他通过排列与此相关的事情来完成他的演讲，是吗？你能再读一下文章的开头吗？

斐 只要你喜欢。但是你要找的东西不在哪儿。

苏 念吧，让我听听作者自己是怎么说的。

斐 "你知道我的情况；我说过，在我看来，这件事若能做成，对我们双方都会有好处。无论如何，我不认为我会失去我所追求的东西，【264】仅仅由于我对你没有爱。有爱者一旦欲火熄灭，就会反悔以前付出的恩惠……"

苏 要进到我们想要的地步，他肯定还有很长的路要走。他似乎没有从头开始，而是从尾巴开始，他的演讲就好像是在仰泳，朝着头的方向倒退，在结尾的地方开头。他的开场白就像是有爱者会在演讲结束时对他喜爱的男孩说的话。我说错了吗，亲爱的斐德罗？

斐 【b】好吧，苏格拉底，他的开场白确实应当放到结尾的地方说。

苏 演讲的其他部分怎么样？像不像随意拼凑起来的？第二个观点不是必须放在其次的位置上吗？其他部分不是也要这样做吗？当然了，我知道自己对这样的事情是无知的，但我至少认为这位作家好像是想到

---

① 潘（Πᾶν），希腊山林畜牧神，赫耳墨斯之子。

什么就写什么，尽管有某种高尚的意愿。而你，你在他的文章中能看到任何撰写演讲稿的原则，使他把整篇演讲安排成现在这种样子吗？

斐　你要是认为我能够准确地看出他内心的用意，【c】那么你真是抬举我了。

苏　但你肯定至少会承认：每篇演讲都应该写得像一个活生灵，有它自己的身体；它一定既不能没头，也不能没有腿；它必须有中间和端点，相互之间匹配，并与整体相适合。

斐　它怎么能是别的样子呢？

苏　但是看看你朋友的演讲：一个活生灵，还是别的样子？实际上，你会发现，它和刻在弗里基亚①人弥达斯②的墓碑上的那些话差不多。

斐　【d】什么墓碑？它有什么问题？

苏　那墓碑上写道："我是青铜的女郎，躺在弥达斯墓旁；只要河水在流淌，大树在生长；我守护着这座坟墓，长年泪眼汪汪；我对过路人说，弥达斯长眠于此。"【e】我想你会注意到，这墓志铭的每一行无论摆在什么位置上都没有什么差别。

斐　你在拿我们的演讲开玩笑，苏格拉底。

苏　好吧，要是你不高兴，让我们把这篇演讲搁在一边——尽管我认为它里面有很多非常有用的例子，除非有人不想摹仿它——谈谈其他演讲吧。我认为，对学讲话的学生来说，重要的是注意它们的特点。

斐　【265】你什么意思？

苏　它们以某种方式对立。一篇主张偏爱有爱者，另一篇主张偏爱无爱者。

斐　也还说得很果断。

苏　我以为你会说"很疯狂"，这才是真相，也正好是我寻找到过

---

①　弗里基亚（Φρυγια），地名。

②　弥达斯（Μίδας），传说中的富翁，神赐他点金术，碰上食物也会变成金子，最后饿死。

的东西：我们确实说过，爱是一种迷狂，不是吗？

斐 是。

苏 迷狂有两类，一类由于人的疾病而产生，另一类受到神的激励而产生，通过正常的、可为世人接受的行为来释放，是吗？

斐 【b】当然是。

苏 我们也把神圣的这一类分为四部分，分别与四位神灵相连。预言的迷狂源于阿波罗；秘仪的迷狂源于狄奥尼修斯；诗歌的迷狂源于缪斯；迷狂的第四个部分源于阿佛洛狄忒和爱神，我们说这种爱的迷狂是最高的迷狂。我们还用某种形象刻画了爱的情欲，其中含有一定程度的真理，尽管也有可能把我们引入歧途。在激励出一篇并非完全无理的演讲以后，【c】我们开玩笑地，但还算恰当和得体地对我和你斐德罗的主人唱了一首故事般的颂歌——对爱神，他照管着美丽的男孩。

斐 我极为快乐地听了这首颂歌。

苏 让我们现在就来说另外一个要点：这篇演讲如何可能从批评转为赞美？

斐 你这个要点到底是什么意思？

苏 嗯，在我看来，演讲中的其他东西都确实是说着玩的。但是它的这个部分确实是在幸运女神的指导下提供的，【d】若能用系统的技艺来把握其中两件事情的本性，那会是非常神奇的。

斐 哪两件事物？

苏 第一件事情，把散布于各处的事物集合在一起，成为一类事物，通过定义每一事物，我们可以弄清我们希望提供的指点的主题。就拿我们对爱的讨论来说，无论我们给爱下的定义是正确的还是不正确的，至少，它使得演讲能够正确地开始，能够前后一致。

斐 你谈论的另一件事情是什么，苏格拉底？

苏 【e】这件事情接着第一件事情，就是能够顺应自然的关节，把整体划分为部分，而不要像笨拙的屠夫一样，把任何部分弄破。正是以这种方式，我们刚才两篇演讲把所有精神上的迷狂都归为一个种类。【266】然后，正如每一身体均有成对的、有着同样名称的肢体（比如一个叫作左手，另一个叫作右手），所以演讲也是这样，把心灵的不健全视为我们身体的本性中的一种肢体，开始对它划分——第一篇演讲切去了它的左手部分，然后继续切割，直到在这些部分中发现一种可被叫作"左手"的爱，这种爱是这篇演讲正确地申斥的；接下来，第二篇演讲引导我们进入迷狂的右手部分；发现一种爱与其他爱拥有同样的名称，但实际上却是神圣的；【b】把它摆在我们面前，赞美它是我们最大的善的源泉。

斐 你说得完全正确。

苏 嗯，斐德罗，我本人就是一名划分与集合的热爱者，所以我能够思考，也能够说话；如果我相信其他人能够察觉一个事物，凭其本性能够包涵杂多，那么我会直接"追随他的足迹，就好像他是神。"① 只有神才知道这些能够这样做的人的名称是否正确，【c】但迄今为止，我始终称他们为"辩证法家"。现在请你告诉我，我们已经从吕西亚斯和你那里知道了这些事情，我必须把他们叫作什么。或者说，它只是塞拉西马柯和其他一些人讲话的技艺，这种技艺不仅使他们自己成了演讲的大师，而且还使其他人变得像他们那样——那些人愿意给他们送礼，把他们当作国王一样来奉承？

斐 他们可能会像国王一样行事，但肯定缺乏你说的这种知识。不，在我看来，你把刚才讲过的这类事情叫作辩证法好像是对的；不过，修辞学仍旧在躲避我们。

苏 【d】你在说什么？独立于我提到的这些方法，它还有什么有价值的东西吗，还能被技艺所掌握吗？如果有的话，你和我一定会荣耀它，我们必须说出修辞学的哪个部分被遗漏了。

斐 行，有很多部分，苏格拉底；无论如何，这些东西都写在演讲术的书上。

苏 你提醒得很对。首先，我相信，一篇演讲开头总要有开场白。这是你的意思，不是吗——这门技艺的精华之处？

---

① 荷马：《奥德赛》5：193。

斐 【e】是的。

苏 其次是陈述事实和提供相关的、直接的证据；第三，间接的证据；第四，宣称可能性。我相信，至少那位拜占庭的修辞大师还添加了确认和佐证。

斐 你指的是那位赫赫有名的塞奥多洛①吗？

苏 【267】正是。他还添加了"正驳"和"附驳"，用于起诉和辩护。我们也一定不要忘了那位最卓越的帕罗斯②人厄文努斯③，他最先发明了"暗讽"和"侧褒"，他——有人说——把间接的批评写成韵文，便于记忆。他真是个大师！还有提西亚斯④和高尔吉亚？我们怎么能够遗漏他们，是他们提出相似的东西应当比真实的东西拥有更高的地位；也是他们，运用语言的力量，使微小的东西显得巨大，使巨大的东西显得微小；【b】是他们，给现代的观念穿上古代的服饰，给古代的观念穿上现代的服饰；是他们，发现了如何进行简明论证和就任何话题进行冗长论证的方法？实际上，当我和普罗狄科⑤谈起最后这一点的时候，他笑了，说只有他才发现了恰当演讲的技艺：我们需要的演讲既不能太长，也不能太短，而要长短适中。

斐 干得好，普罗狄科！

苏 希庇亚⑥怎么样？我们怎能把他给省略了？我敢肯定我们这位来自埃利斯的朋友会投票赞成普罗狄科。

斐 可以肯定。

苏 对于波卢斯⑦建立的整个术语库我们该说些什么呢——【c】

① 参阅本篇 261c。
② 帕罗斯 (Πάρος)，地名。
③ 厄文努斯 (Εὔηνος)，公元前 5 世纪末的智者。
④ 提西亚斯 (Τεισίας)，修辞学家，叙拉古人，创立修辞学的西西里学派。
⑤ 普罗狄科 (Πρόδικος)，开奥斯人，著名智者。
⑥ 希庇亚 (Ἱππίας)，爱利斯人，著名智者。
⑦ 波卢斯 (Πωλός)，著名智者高尔吉亚的学生，柏拉图在《高尔吉亚篇》中也提到他。

谈论重复，谈论格言，谈论想象——利库尼乌①送给他的术语帮助他对良好的措词进行解释？

斐　普罗泰戈拉实际上不也使用同样的术语吗？

苏　是的，《论正确措词》，我的孩子，以及其他优秀作品。要是提到用哀婉动人的语言来使穷人和老人落泪，那么没有人在这方面的本领大过那位卡尔凯顿②人了，他在激起民众愤怒方面是个专家，【d】而把民众煽动起来以后，他又能用咒语使民众的情绪平息下去。用他自己的话来说，在进行诽谤和破除诽谤方面无人能胜过他，无论谣言来自何方。

至于演讲的结尾，人们的看法似乎是一致的，尽管有些人称之为总结，有些人叫它其他名称。

斐　你的意思是，在结束的时候进行总结，并提醒听众他们听到了什么吗？

苏　正是。关于这门讲话的技艺，你还有什么要添加吗？

斐　只有一些小小的细节，不值一提。

苏　【268】好吧，那就撇下不提了。让我们抓住我们已经搞得比较清楚的地方，以便准确地看到这些事情产生的这门技艺的力量。

斐　一种非常伟大的力量，苏格拉底，尤其是在公众面前。

苏　说得很对。但是，我的朋友，仔细看一下：像我一样，你也认为它的结构没什么破绽吗？

斐　你能告诉我破绽在哪里吗？

苏　行，你听着。假定有人去拜访你的朋友厄律克西马库③，或者他的父亲阿库美努，并且说："我知道如何给病人治病，比如给他退烧或驱寒；【b】如果我决定了，我也能让他呕吐和拉稀，诸如此类的方法我都会。以这种知识为基础，我宣布自己是一名医生；我也宣布自己能

---

① 利库尼乌（Λικυμνίυς）开俄斯人，诗人和修辞学家。

② 卡尔凯顿（Χαλκηδον），地名。此处卡尔凯顿人指塞拉西马柯。

③ 厄律克西马库（Ἐρυξίμαχός），《会饮篇》对话人。

够使其他人成为医生，通过传授这种知识。"你认为，他们听了这番话
会说些什么？

斐　他们能说些什么？他们会问他是否也知道对什么人进行这些治
疗，什么时候，要治多久。

苏　要是他答道，"我不知道。我宣布的是，无论谁向我学习，都
能做你要求他做的事情"，【c】那该怎么办？

斐　我想他们会说，这个人是个疯子，以为自己读了一本书或者碰
巧知道一些药方，就以为自己是医生了，而实际上他对这门技艺是无
知的。

苏　现在假定有人去见索福克勒斯①和欧里庇得斯，②说自己知道如
何就一件微不足道的小事撰写很长的台词，也能就一件大事写出很短的
台词，【d】还能随意写出令人感到悲惨或恐怖的台词，等等。假定他还
相信，他能把这些创作悲剧的知识教给其他人。

斐　噢，我敢肯定他们也会笑话他，如果有谁认为悲剧无非就是对
这些事情进行恰当的安排：他们必须使这些事情之间相互适应，也和整
体相适应。

苏　但是我敢肯定他们不会很粗暴地对待他。他们的反应更像一位
音乐家碰到一个自以为掌握了和声学的人，【e】因为他能够在他的弦上
弹出最高音和最低音。这位音乐家不会很尖刻地说，"你这个蠢货，你
疯了！"与他的职业相配，他会比较温和地说，"我的朋友，尽管这些事
情对理解和声学也是必要的，但是有些人知道了你说的这些事情，仍旧
对这个和声学这个主题一无所知。你所知道的是学习和声之前必需的，
但不是和声学本身。"

斐　说得对。

苏　【269】所以索福克勒斯也会告诉那个想要对他们炫耀的人，说
他知道的只是悲剧的初步知识，而不是悲剧本身这门技艺。还有，阿库

---

① 索福克勒斯（Σοφοκλεῖς），希腊著名悲剧作家。
② 欧里庇得斯（Εὐριπίδης），希腊著名悲剧作家。

美努① 也会对那个来看他的人说，他知道的是医学的初步知识，而不是医学本身。

斐 绝对会是这样。

苏 但若"甜言蜜语的阿德拉图②"（或者伯里克利③），听了我们刚才谈论的神奇妙诀——简略法、意象法，以及所有我们刚才列举出来、认为有必要清晰地加以考察的那些内容——会怎么样？对那些认为这些东西就是修辞的技艺，并且加以使用和传授的人，【b】他会像我们一样严厉训斥或者粗鲁地对待这些人吗？他难道不会——因为他比我们聪明——也驳斥我们，对我们说，"斐德罗和苏格拉底，你们不应当跟这些人生气——你们应当对他们感到遗憾。他们不能给修辞术下定义的原因是他们不懂辩证法。他们的无知使他们以为自己发现了什么是修辞学，而他们已经掌握的仅仅是一些必要的初步知识。【c】所以，他们传授这些初步知识，想象他们的学生接受了完整的修辞学课程，至于如何有效地使用各种方法，使整篇演讲形成一个整体，他们以为无关宏旨，可以由学生自己去把握"？

斐 真的，苏格拉底，这些人在他们的课程和教科书中所说的修辞学就是你说的这个样子。至少，我个人认为你说得很好。但现在的问题是，【d】从哪里可以获得真正的修辞学家、真有说服力的演说家的技艺？

苏 嗯，斐德罗，要变得足够好、成为一名有造诣的竞争者——也许必定——可能和别的事情是一样的。如果你有修辞学的天赋能力，你会成为著名的修辞学家，只要你用知识和练习来补充你的天赋。但若你缺乏这三项条件中的某一项，你就不会那么完善。但就有一门修辞学的技艺而言，我不相信在吕西亚斯和塞拉西马柯遵循的指导中能够发现正

---

① 阿库美努（Ἀκουμενοῦς），希腊名医。

② 阿德拉图（Ἄδραστος），希腊传说中的阿耳戈斯英雄，擅长辞令。引文出自早期斯巴达诗人堤泰乌斯。堤泰乌斯：《残篇》12.8。

③ 伯里克利（Περικλές），公元前 5 世纪雅典文化极盛时期的大政治家和演说家。

确的方法。

斐　那么，我们在哪里能够发现它呢？

苏　【e】我亲爱的朋友，也许我们现在可以来看一下为什么伯里克利能成为最伟大的修辞学家。

斐　为什么？

苏　【270】所有伟大技艺都需要无穷无尽的谈话和对事物本性进行沉思：这似乎给了他们崇高的观点和普遍的运用。这正是伯里克利掌握了的东西——除了拥有天赋能力。他真是找对了人，在和阿那克萨戈拉①交往时获得了高度思辨的能力，认识了智慧和愚蠢的本性——这正是阿那克萨戈拉说得最多的主题。我认为，他由此明白了修辞学的用途。

斐　你这是什么意思？

苏　【b】嗯，医学的方法和修辞学的方法在某种程度上是相同的吗？

斐　此话怎讲？

苏　在两种情况下，我们都需要确定某些事物的本性——医学要确定身体的本性，修辞学要确定灵魂的本性。否则的话，我们所拥有的全都是经验性的和无技艺的实践。我们也不可能以技艺为基础，使身体凭着医学和节食来保持健康和强壮，或者凭着理性和行为规则给灵魂注入信念和我们想要的美德。

斐　很像是这样的，苏格拉底。

苏　【c】那么你认为，不理解整个世界的本性，有可能真正理解灵魂的本性吗？

斐　嗯，要是我们听从阿司克勒彼亚得②的传人希波克拉底③，不遵从这种方法，我们甚至连身体都理解不了。

---

①　阿那克萨戈拉（Αναξαγόρας），公元前5世纪中叶的雅典多元论自然哲学家。

②　阿司克勒彼亚得（Ασκληπιαδ），传说中的希腊医神。

③　希波克拉底（Ἱπποκράτης），希腊名医，医学家。

苏　他讲得很好，我的朋友。但是，把希波克拉底搁在一边，我们必须考察有无论证支持这个观点。

斐　我同意。

苏　那么，考虑一下，关于本性，希波克拉底和真正的论证是怎么说的。【d】这不就是系统地思考事物本性的方法吗？首先，我们必须考虑，我们打算成为行家并能传授给他人的这些东西的对象是单一的还是复合的。其次，如果对象是单一的，我们必须考察它的力量：什么事物具有天然的力量，作用于其他事物？什么事物具有天然的倾向，被其他事物作用？另一方面，如果这个对象有多种形式，我们必须把它们全都列举出来，就像我们对单一事物进行考察一样，考察它们各自如何天然地能够作用于其他事物，如果具有天然的倾向，被其他事物作用。

斐　好像是这样的，苏格拉底。

苏　【e】若从其他任何方法开始，无异于盲人行路。相反，依据一门技艺研究任何事物的人决不能被比作瞎子和聋子。与此相反，很清楚，把如何讲话当作一门技艺教给别人的人，要准确地证明讲话作用对象的基本性质。无疑，这个对象就是灵魂。

斐　当然。

苏　【271】因此，这就是讲话人竭尽全力要作用的对象，因为他试图在灵魂中产生信念。不是这样吗？

斐　是的。

苏　因此很清楚，塞拉西马柯和其他严肃地传授修辞学的人，首先就要准确地描述灵魂，使我们明白它是什么：它的本性是单一的和均质的，还是有许多形式，就像身体有很多形状，因为，如我们所说，这就是在证明某个事物。

斐　绝对如此。

苏　其次，他要解释，与其本性相关，灵魂如何起作用，如何被某些事物作用。

斐　当然。

苏　【b】第三，他得划分讲话的种类和灵魂的种类，以及它们受影响的方式，解释它们受影响的原因。然后他要协调每一种灵魂以及与之相适应的讲话。他要作出说明，为什么一种灵魂必须由一种讲话来说服，而另一种灵魂必然无法用这种讲话来说服。

斐　我认为，这肯定是最好的方法。

苏　事实上，我的朋友，没有任何演讲是技艺的产物，无论是一篇范文，还是真的发表了的演讲，【c】若它以其他任何方式发表或撰写——就这一主题或其他任何主题。但是现在撰写《修辞术》的那些人——我们刚才讨论过他们——非常狡猾；他们非常清楚地知道灵魂的方方面面，但却把这一事实隐藏起来。那么好吧，到他们开始以我们说的方式演讲和撰写为至，我们一定不要相信他们是以这门技艺为基础进行撰写的。

斐　你说的是什么方式？

苏　要用一些话语来说出这种方式非常困难，至于为了尽可能合乎技艺，人该如何撰写——我想现在就告诉你。

斐　那你就说吧。

苏　【d】由于讲话的本质实际上在于指导灵魂，打算做一名修辞学家的人必须知道灵魂有哪些种类。灵魂种类的数量是如此之多，各不相同，因此，有些人有这样的性格，而另一些人有哪样的性格。确定了这些区别以后，接下来，有那么多种类的讲话，各不相同。有这种性格的人容易被这种讲话所说服，由于某些特殊原因而与这样的问题相联系，有那种性格的人难以被说服，由于这些特殊的原因。

演说家必须很好地学习所有这些事情，然后把他的理论付诸实践，【e】在真实生活的行动中发展清晰地察觉每一种类的能力。否则的话，他就不可能比他仍在学校里听那些讨论时更好。现在，他不仅能说哪一种讲话能说服哪一种人；【272】而且在与某人相遇的时候，能够察觉他是什么样的，能够弄清楚实际站在他面前的这个人正好具有他在学校里学到的这种性格——对这个人他现在必须以这种具体的方式使用某种讲话，以确保他信服相关的问题。学了所有这些以后，他再进一步学会把握讲话的时机，知道什么时候该说话，什么时候该缄默，什么时候该把话拉长，什么时候要尽量简短，什么时候要诉诸怜悯、夸张和激情，什么时候不需要这些技巧，只有到了这个时候，他的技艺才臻于完美的地步骤。【b】如果他的讲话、他的教学、他的写作，缺乏这些要素，但仍旧声称他在有技艺地讲话，那么你不相信他，你算是说对了。

这种谈话人也许会说："那又怎么样，斐德罗和苏格拉底，你们同意吗？我们能够接受以其他任何术语表达的讲话的技艺吗？"

斐　那是不可能的，苏格拉底。还有，它显然是一项重要的事业。

苏　你说得对。正因如此，【c】我们必须把我们的所有讨论转向发现某条通往这种技艺的比较简便易行的道路；在我们能够选择平整的近路时，没有很好的理由，我们不想去走一条漫长、崎岖的道路。

现在，若你已从吕西亚斯或其他人那里听到过什么有益的东西，可以试着把它们回想起来。你说吧。

斐　我不是没试过，但现在一下子想不起来了。

苏　那么好吧，我能告诉你一些我从某些关心这个主题的人那里听来的事情吗？

斐　当然可以。

苏　毕竟，我们说过，斐德罗，哪怕是野狼的故事也可以听一听。

斐　【d】这正是你应当做的事。

苏　嗯，这些人说，这些事情用不着郑重其事，也不需要耗费太大的气力。事实上，如我们在这场讨论开始时所说①，打算做演说家的人不需要知道那些公正的或者善的事物的真相，也不需要知道那些人的天生的本性或者后来养成的品性。你瞧，在法庭上没有人会去理会事情的真相，而只会注意陈述是否能够说服其他人。【e】这就叫作"好像"，这就是一个打算按照技艺讲话的人应当关注的事情。事实上，有的时候，无论你是在控告还是在辩护，你甚至一定不要说出事实真相，如果事情不像要发生——你必须说一些好像要发生的事情。无论你说什么，

---

① 本篇 259e 以下。

你应当追求这种"好像",而根本不用去管什么真相:【273】整个技艺是由它组成的,贯穿在你的整个讲话中。

斐　你很好地再现了那些以演讲专家自命的人,苏格拉底。我记得,我们刚才也简略地提到了这个问题,但这一点是最重要的。

苏　无疑,你相当仔细地啃过提西亚斯的书。所以,也让他来告诉我们:【b】他说的这种"好像",是指公众接受的东西吗?

斐　还能有什么意思?

苏　很像是他发现了这种有效的、有技艺的技巧,他在这时候写道,如果一名长得很瘦小、但很勇敢的人被带上法庭,因为他打了一名长得很强壮、但很胆怯的人,偷了他的衣服和其他东西,他们两在法庭上都不会讲真话。这个懦夫必定会说这个勇敢的人不是一个人来打他,而这个勇敢的人会说除了他们两并没有旁人在场,然后他诉诸反诘的技巧说,【c】"像我这样的人怎么能够攻击像他这样的人呢?"这个强壮的人当然也不会承认自己胆怯,而会杜撰一些新的谎言,而这些谎言又会给他的对手提供反驳的机会。在其他案例中,按照这种技艺去讲话会采取相似的形式。不是这样吗,斐德罗?

斐　当然。

苏　唷!提西亚斯——或者无论什么人,无论他喜欢用什么名字来叫他自己①——似乎发现了一门技艺,他把它伪装得很好。但是,我的朋友,我们该不该对他说……

斐　【d】对他说什么?

苏　对他说:"提西亚斯,前不久,在你还没有到来之前,我们说过,民众之所以得到相像的观念是因为它与真相相似。而我们刚才已经作了解释,在各种情况下,懂得真相的人最能确定与真相相似的事物。所以,如果你对讲话的技艺有什么新的东西要说,我们乐意聆听。如果没有,那么我们就要坚持我们刚才已经信服了的观点:无人能够拥有讲话的技艺,【e】除非有人能够列举听众性格的种类,按种类划分事物,

---

① 苏拉拉底在这里可能指科拉克斯,希腊修辞学的创始人之一。

按照一种类型坚定地把握每一事物。不付出巨大的努力，无人能够获得这些能力——聪明人会付出这种辛劳，但不是为了在凡人中间讲话和行事，而是为了使自己的一言一行都无愧于神明。提西亚斯，比我们更加聪明的人说，有理性的人所要尽力讨好的不是自己的同伴奴隶【274】(尽管这种事也可附带发生)，而是他的主人，他的主人是全善的。所以，这条道路纵然漫长，你也不必感到惊讶：我们必须进行这次旅行，为了极为重要的事情，而不是为了你心里想的这些情。还有，如我们的论证所说，如果这就是你想要的，那么你会得到它，它是我们追求自己目标的一项结果。”

斐　你说得好极了，苏格拉底——要是能够做到！

苏　没错，一个人历经艰险，去实现一个高尚的目标，这个过程本身也是高尚的。

斐　【b】那当然了。

苏　好吧，关于和讲话相连的有技艺、无技艺我们已经说够了。

斐　说得够多了。

苏　那么剩下的还有书写中的恰当与不恰当：什么特点使书写恰当，什么特点使书写不恰当？对吗？

斐　对

苏　嗯，当你使用或一般地讨论语词的时候，你知道如何才能最好地令神喜悦吗？

斐　我一点儿都不知道。你呢？

苏　【c】我能把我听到的一些古代传说告诉你，只有他们知道事情的真相。反过来说，要是我们在我们中间能够发现，我们还会在意其他人怎么想吗？

斐　你这个问题很荒唐！不过还是把你听说的事情告诉我吧。

苏　行，这些就是我听说的。在埃及①的瑙克拉提②的古神中有一

① 埃及（Aïγυπτ），国名。
② 瑙克拉提（Ναύκρατις），地名。

位神，他的徽帜鸟是白鹭①，他的名字是塞乌斯②，【d】是他首先发明了数字和算术、几何与天文，以及跳棋和骰子，尤其重要的是，书写。

当时统治整个埃及的国王是萨姆斯③，他住在上埃及的一个大城市里，希腊人称这个城市为埃及的底比斯，而把萨姆斯称作阿蒙④。塞乌斯来到萨姆斯这里，把各种技艺展示给他，要他再传给所有埃及人。萨姆斯问这些技艺有什么用，【e】当塞乌斯对它们逐一进行解释的时候，萨姆斯就依据自己的喜逐一作出评判。

据说，萨姆斯对每一种技艺都有褒有贬，要都说出来就太冗长了。不过，当他们谈到书写的时候，塞乌斯说："噢，大王，这种技艺一旦掌握，可以使埃及人更加聪明，能够改善他们的记忆力；我的这个发明可以作为一种治疗，使他们博闻强记。"然而，萨姆斯回答说："多才多艺的塞乌斯，能发明技艺的是一个人，能权衡使用这种技艺有什么利弊的是另一个人。现在你是书写之父，【275】由于溺爱儿子的缘故，你把它的功用完全弄反了！如果有人学了这种技艺，就会在他们的灵魂中播下遗忘，因为他们这样一来就会依赖写下来的东西，不再去努力练习记忆，因为他们相信书写，借助外在的符号来回想，要知道这些符号是属于其他人的，而记忆才是从内心来的，完全属于他们自己。所以你没有发明记忆的药方，而是发明了提醒的药方；你给你的学生们提供的东西好像是智慧，但不是真正的智慧。你的发明使他们能够无师自通地知道许多事情，【b】他们会想象自己懂得很多，而在大部分情况下，他们实际上一无所知。再要和这些人打交道是困难的，因为他们只是显得有智慧，而不是真正有智慧。"

斐　苏格拉底，你真会编故事，埃及也好，其他国家也好，你脱口而出！

---

① 白鹭是古埃及的圣鸟。

② 塞乌斯（Θεύθ），埃及神灵。

③ 萨姆斯（Θαμοῦς），埃及国王。

④ 阿蒙（Ἄμμων），埃及神灵。

苏　噢！但是，我的朋友，多多那①地方的宙斯神庙里的祭司说，最初的预言是从一棵橡树里发出来的。当时的人没有你们现在的年轻人那么聪明，他们的心灵是单纯的，【c】满足于聆听橡树或石头讲话，只要它们讲的是真理，而你显然不一样，斐德罗，你在这里讲话，而又来自不同的地方。所以，你为什么不只考虑一下他说的对还是错呢？

斐　我应该这样做，苏格拉底。我同意，这位底比斯的国王对书写的解释是正确的。

苏　所以，那些自以为留下了成文的作品便可以不朽的人，或那些接受了这些文字作品便以为它们确凿可靠的人，他们的头脑实在是太简单了，没有真正听懂阿蒙讲的意思：否则的话，他们怎么会认为书写下来的语词，除了对那些已经知道写的是什么的人起一种提醒作用外，还能起更多的作用？

斐　【d】你说得很对。

苏　你知道，斐德罗，书写还和图画有一个共有的特点。画家的作品放在你面前就好像活的一样，但若有人向它们提问，它们会板着庄严的脸孔，一言不发。书面文字也一样。你可以认为它们会说话，好像也有理智，但若你向它们提问，想要学习更多的东西，要它们把文中的意思说得更明白一些，那么它们只能用老一套来回答你。【e】一件事情一旦被文字写下来，无论写成什么样，就到处流传，传到能看懂它的人手里，也传到看不懂它的人手里，还传到与它无关的人手里。它不知该如何对好人说话，也不知该如何对坏人说话。如果受到曲解和虐待，它总是要它的作者来救援，自己却无力为自己辩护，也无力保卫自己。

斐　你这番话说得也很对。

苏　【276】现在请你告诉我，我们是否还能察觉有另外一种谈话，它是这种谈话的合法兄弟？我们能够说出它是怎么来的，它为什么比较好，比较有效吗？

斐　你指的是哪一种谈话？依你看，它是怎么来的？

---

① 多多那（Δωδώνα），地名。

苏　这种谈话是书写下来的，用知识写在听众的灵魂上；它能为自己辩护，知道自己应该对什么人说话，应该对什么人保持沉默。

斐　你指的是有知觉的人的活生生的谈话，与之相比，书面的谈话可以叫作影像。

苏　【b】你说的对极了。现在要你来告诉我了。假如有一位聪明的农夫得到一些种子，想要让它们结出果实来，他会在夏天把它们认真的种在阿多尼斯①的花园里，乐意在七天之内就看到它生长茂盛，结出果实来吗？或者说，他这样做只是为了在假日里消磨时间呢？他难道不会使用他的农业知识，把这些种子在恰当的时候播下去，然后满足于到第七个月再去看它是否结果呢？

斐　【c】这是他会如何处理那些他认真去做的事情，苏格拉底，与其他人相当不同，如你所说。

苏　那些知道什么是公正、什么是高尚、什么是善良的人怎么样？我们要说在对待他们的种子方面，他还不如那个农夫聪明吗？

斐　我们当然不会这样看。

苏　所以，他不会看重那些用墨水写下来的东西，也不会认真的用笔去播种，写下那些既不能为自己辩护，又不能恰当地教导真理的话语。

斐　确实不太会。

苏　【d】肯定不会。在写作的时候，他更像是要在文字的花园里播种，为了自己消遣，为他自己储存提醒物，"当年老健忘的时候"使用，也备后来同路人借鉴，他会恰然自得地看着自己播下的种子抽枝发芽。当其他人在别的消遣中寻找乐趣的时候，比如聚会狂饮之类，他宁愿守着我刚才提到的这些事情来娱乐自己。

斐　【e】苏格拉底，你对两种娱乐作了对照，一种是粗俗的，一种

————————

① 阿多尼斯（Αδώνις）是希腊神话中的美少年，爱神阿佛洛狄忒的情人，后来被野猪咬死。爱神求主神宙斯让他复活，获准每年复活六个月。在他复活的时候，大地回春，草木欣欣向荣。

是最高尚的——用这种娱乐人可以消磨时光，谈论正义以及你提到的其他事情。

　　苏　它确实高尚，斐德罗。但要是能运用辩证法来严肃地讨论这些事情，那就更高尚了。辩证法家会选择一个恰当的灵魂，在它那里播种，用知识与它谈话——这种谈话既能帮助灵魂自己，也能帮助播种者，【277】它们不是华而不实的，而是可以开花结果的，可以在别的灵魂中生出许多新的谈话来，生生不息，直至永远，也能使拥有这些谈话的人享受到凡人所能享受的最高幸福。

　　斐　你讲的这种谈话确实更加高尚。

　　苏　我们现在已经对此达成了一致意见，斐德罗，我们终于可以对整个问题做决定了。

　　斐　什么问题？

　　苏　把我们的讨论带到这一步的问题：我们想要考察对吕西亚斯撰写演讲稿的攻击对不对，【b】然后问哪些演讲是有技艺地撰写的，哪些演讲的撰写无技艺。现在我想我们已经相当清楚地回答了这个问题。

　　斐　好像是这样的，不过还得请你再提醒我一下我们是怎么做的。

　　苏　首先，你必须知道和你正在谈论或写作有关的一切事情的真相；你必须学习如何定义每一事物本身；在对它界定之后，你必须懂得如何对它进行划分，归为类，直到无法再分为止。其次，你必须按照同样的方式，懂得灵魂的本性；你必须确定，哪一种讲话适合哪一种灵魂，【c】近按此准备和安排你的讲话，对复杂的灵魂提供综合的和精致的讲话，对单纯的灵魂提供简洁的讲话。再次，只有到这个时候，你才能够有技艺地使用语言，在灵魂的本性允许你使用的范围内使用，为的是教导，或者是为了劝说。这是我们此前论证的要点。

　　斐　没错。在我们看来，这个问题确实是这样的。

　　苏　【d】现在，讲话或写演讲稿是高尚的还是可耻的——什么时候对它提出批评是公平的，什么时候是不公平的？我们刚才说的不是已经搞清楚了吗……

　　斐　我们说了什么？

苏　要是吕西亚斯，或者其他什么人——无论是私下里，还是在公共场合，在提出立法建议的过程中——撰写一个政治文件，而他相信这个文件包含极为重要的清晰的知识，那么这个作者应当受到批评，无论是否有人提出过这种批评。因为，要是不明白梦幻与现实的差别，【e】不明白什么是公平和不公平，什么是善良和邪恶，哪怕得到民众的齐声赞扬，仍旧应当受到这种批评。

斐　确实要批评。

苏　另一方面，有人认为，一篇任何主题的书面讲话只是一种娱乐，无论写成散文还是韵文，没有一篇讲话值得认真关注，以吟诵者的方式写下的讲话在公共场合流传，而没有任何提问或阐述，【278】提供这些讲话的目的只是为了产生信念。他相信，这些东西对那些知道真理的人来说，充其量只起一种提醒的作用。他还认为，只有那些为了理智和学习、真正地写在灵魂上的、关于什么是正义、什么是高尚、什么是善良的讲话，才值得认真关注。这样的讲话应当被称作他自己的合法子女，首先，他可以发现这种讲话已经在他心中了，【b】然后，这种讲话的子女和兄弟也会在其他灵魂中生长，只要灵魂是高尚的；而对其他灵魂，他会掉转身去。这样的人，斐德罗，正是你我都想要成为的那种人。

斐　你说的正合我意，但愿我能成为这样的人！

苏　那么好吧，我们有关"讲话"的娱乐就结束了。你现在可以去告诉吕西亚斯，我们俩沿着河边一直走到仙女们的圣地，她们指派我们传个话，【c】传给吕西亚斯和其他所有撰写演讲稿的人，传给荷马和所有那些写诗歌的人，无论诗歌是用来朗诵还是歌唱，也传给梭伦和其他撰写政治文件的人：如果你们中有谁写了这些东西是带着真理的知识撰写的，如果你在受到指责时能为你的作品辩护，如果你自己能够证明你的作品有什么价值，那么必须用这样一个名称来称呼你，这个名称不是不自这些作品，而是来自你在认真的追求的东西。

斐　【d】那么，你会给这样的人什么名称？

苏　称他智慧者好像有点过，斐德罗，这个名称只有神才当得起。

称他爱智者——哲学家——或其他相似的名称更加适合他，更像这么回事。

斐 这个名称很般配。

苏 另一方面，若是一个人别无所长，只会创作或书写，天天绞尽脑汁，改了又改，【e】补了又补——你会正确地称他为诗人、演讲稿的撰写人、法律条文的撰写者吗？

斐 当然。

苏 这些话就是要你带给你的朋友的。

斐 那你呢？你做什么？不要忘了，你也有个朋友？

苏 你说的是谁？

斐 漂亮的伊索克拉底。① 你有什么话要带给他？我们称他为什么？

苏 伊索克拉底还很年轻，斐德罗。【279】但我不在乎把我的预见告诉你。

斐 什么预见？

苏 依我看，他的天赋之高，使他能远远超过吕西亚斯在演讲中的成就；就个人品性来说，他也很高尚。所以，若他能够坚持不懈地继续当前正在进行的写作，要是他今后令他所有前辈都落在后面，望尘莫及，那么也没有什么可以惊讶的。更有甚者，若是他对这样的写作仍旧不满意，在他内心有一种从事更加伟大事业的神圣的冲动，那么他会去做更为重要的事情。我的朋友，本性已经把对智慧的热爱安放在他的心灵中。

【b】这就是此地的神灵要我带给我亲爱的伊索克拉底的消息；你也有消息要带给你的吕西亚斯。

斐 就这样吧。我们可以走了，现在已经不那么热了。

苏 在离开之前，我们难道不应该对此地的神灵祈祷一番吗？

---

① 伊索克拉底（Ἰσοκράτης），公元前436—前338年，希腊著名修辞学家，他办的学校在当时比柏拉图学园还要出名。

斐　当然要。

苏　噢，亲爱的大神潘，还有此地的其他众神，请赐予我内在的美。【c】让我拥有的所有外在事物与我的内心和谐。让我相信有智慧的人是富足的。至于黄金，让我拥有一个有节制的人可以承受和携带的也就可以了。

我们还需要祈祷什么吗，斐德罗？我相信我的祈祷对我已经足够了。

斐　请你也替我祈求同样的东西。朋友间共有一切。

苏　我们走吧。

会饮篇

提　要

本篇属于柏拉图的中期作品。公元 1 世纪的塞拉绪罗在编定柏拉图作品篇目时，将本篇列为第三组四联剧的第三篇，称其性质是"伦理性的"，称其主题是"论善"。① 希腊社会流行会饮的习俗，遇有喜事就举行宴会进行庆祝。会饮是私人性质的聚会，宴饮前有一些祭神仪式，仪式过后饮酒聊天，常有艺妓助兴。但这篇对话中记载的宴饮以哲学讨论代替娱乐节目。宴饮的主人阿伽松写的剧本获了奖，前来赴宴的客人中有六人轮流发言，礼赞爱神。整篇对话采用转述的形式，由阿波罗多洛讲述。本篇艺术性很强，形式上也很美。它在形式和内容上都是《斐德罗篇》的姐妹篇。谈话篇幅较长，译成中文约 4 万 4 千字。

六篇演讲构成了整篇对话的主体：

第一位即席演讲的是斐德罗（178a—180b）。他认为，爱神是最古老的神之一。爱神赐给人们最大的善物，最有力量帮助凡人获得美德和幸福。爱情具有伟大的力量。有爱情的人愿意为他的爱人做任何事情，甚至为他的爱人去死。一座城邦或一支军队，如果全部由有爱情的人和他们所爱的人组成，它有可能会是最优秀的社会组织。爱的勇敢行为能赢得来自众神的最高荣耀。

第二位讲话的是鲍萨尼亚（180c—185c）。他认为，爱神有两位，年纪较大的一位是属天的阿佛洛狄忒，年纪较轻的一位是普通的阿佛洛

---

① 参阅第欧根尼·拉尔修：《名哲言行录》3：58。

狄忒；由此推论，爱有两种，一种是属天的爱，另一种是普通人的爱。爱本身没有高尚与可耻之分，爱是否值得赞美取决于爱神在人身上产生的情感是否高尚。爱的性质完全取决于它产生的行为。以一种邪恶的方式献身于一个恶人，确实是一种可耻的行为；与之相反，光荣地献身于正义的人，则是完全高尚的。为了自身美德的改善而产生的爱情是永远高尚的。

第三位发言的是医生厄律克西马库（185d—188e）。他指出，鲍萨尼亚区分的两种爱确实很有用，但是爱并非仅仅发生在人的灵魂中，爱是一种非常广泛的现象，指引着一切事物的生成。爱的力量非常巨大，幸福与好运，人类社会的团结，天上众神的和睦，都是爱的馈赠。他的观点代表了当时自然哲学家对爱的看法，强调爱神是将对立的因素结合在一起的强大的力量。

第四位致辞的是诗人阿里斯托芬（189a—193e）。他以丰富的想象力讲述了一个神话故事，描述了原初人类的状况——球形的身体和雌雄同体——指出人原先是一个完善的整体，由于有罪而被分裂，失去自己的另一半；所以每个人都渴望寻求自己的另一半，希望自己重新完善。爱是使人恢复自我完善的力量，爱就是人类追求整体性的名称。

第五位致颂辞的是阿伽松（194a—198a）。他认为颂扬爱神首先要说明他是什么，然后再说明他赐给我们什么。他说爱神年轻，娇嫩、柔韧，美貌，是诸神中最美的，爱神又是正义、自制、勇敢、智慧，是诸神中最善的。

苏格拉底最后发言（198a—212c）。他声称要对颂扬的对象讲真话，然后转述他自己与女先知狄奥提玛的讨论。狄奥提玛指出：爱本身既不美又不善，而是某种居间的东西；爱不是神也不是人，而是介于众神和凡人之间的精灵；爱神是被爱者，而不是爱者。爱就是对幸福的欲求，爱就是在身体或灵魂中孕育美，在美之中生育和繁殖。爱的本性就是追求不朽。爱的历程从爱形体之美到爱体制之美，再到爱知识之美，再到爱美本身。在爱的历程中，人会在心中哺育完善的美德，成为像神一样的人，成为不朽者。

青年政治家阿尔基比亚德闯入在阿伽松家里进行的这场宴会。他没有礼赞爱神，而是对苏格拉底进行了一番评价，细致入微地描述了苏格拉底的形象和事迹。（212d—223d）他说唯有苏格拉底使他对自己贫乏、微不足道的生活感到可耻，在伟大和善良方面，苏格拉底是在场所有人中最杰出的。

正　文

谈话人：阿波罗多洛①、友人

阿　【172】实际上，你的问题对我来说并非毫无准备。就在前天，我从我在法勒伦②的家里进城去，有个我认识的人从后面看见我，就远远地喊道："法勒伦来的先生！"他扯着嗓门大喊，试图幽默一把。"喂，阿波罗多洛，等一下！"

于是，我停了下来，等他。

【b】"阿波罗多洛，我正在找你！"他说。"你知道阿伽松③家里举行的那场晚宴，苏格拉底、阿尔基比亚德④，以及他们的朋友，都参加了；我想问你他们发表的有关爱的演讲。这些演讲是什么？我听人说过一个版本，是从菲力浦⑤之子福尼克斯⑥那里听来的，但他说得过于简单，断章取义，还说欲知详情可以来问你。所以，请吧，你能把全部详情告诉我吗？当然了，苏格拉底是你的朋友——他比你更有权利述说他的谈话吗？""不过，在你开始之前，"他又说，"告诉我，你当时在那里吗？"

【c】"噢，你的朋友肯定没有讲清楚，"我答道，"如果你认为这件事是最近才发生的，连我都能参加。"

---

① 阿波罗多洛（Ἀπολλόδωρος），整篇谈话的转述者，谈话发生时他并不在场。

② 法勒伦（Φαληρεύμ），地名，位于雅典城西南，离城约 16 斯塔达（2960 公尺）。

③ 阿伽松（Ἀγάθων），人名。

④ 阿尔基比亚德（Ἀλκιβιάδης），人名。

⑤ 菲力浦（Φιλίππος），人名。

⑥ 福尼克斯（Φοίνικος），人名。

"我是这么想的。"他说。

"格老孔①，你怎么能这么想？你很清楚，阿伽松不在雅典住已经好多年了，而我陪伴苏格拉底还不到三年，我把准确了解他的日常言行当成我的工作。【173】而在那之前，我在毫无目标地到处游荡。当然了，我曾经认为我做的事情是重要的，但实际上我是这个世上最无价值的人——就像你现在这么坏；我也曾经认为从事哲学是人应当作的最后一件事。"

"停止开玩笑，阿波罗多洛，"他答道。"你就告诉我，这场宴饮是什么时候举行的？

"这场宴饮举行的时候，我们还都是小孩，当时阿伽松的第一部悲剧得了奖。第二天，他和他的歌队举行了胜利庆典。"

"那确实是很久以前的事了，"他说。"那么是谁告诉你这些事的？是苏格拉底本人吗？"

【b】"噢，神灵在上，当然不是！"我答道。"是一个名叫阿里司托得姆②的人，他来自居达塞奈乌姆③，就是把事情告诉福尼克斯的那个人，他个子矮小，老是喜欢光脚。他去了那场宴饮，我想，他是被苏格拉底迷住了——这种事在当时是最糟糕的事情之一。当然，我后来就他讲述的一部分内容问过苏格拉底，苏格拉底对他的讲述表示同意。"

"那就请你告诉我，"他说。"你讲，我听，我们一道进城去。这是个很好的机会。"

【c】所以，这就是我们那天在路上交谈的内容；就是由于这个原因，所以我前面说我并非毫无准备的。嗯，要是我也要对你讲一遍——我会很乐意的。毕竟，我最大的快乐来自哲学谈话，哪怕我现在只是一名听众，无论我是否认为它对我有益。其他那些谈话，尤其像你这样富有的生意人的谈话，令我感到兴味索然，我为你和你的朋友感到遗憾，因为你们认为你们做的事情是重要的，【d】而实际上这些事情微不足道。

---

① 格老孔（Γλαύκων），本篇对话人，阿波罗多洛之友。

② 阿里司托得姆（Αριστόδημος），人名。

③ 居达塞奈乌姆（Κυδαθηναιεύς），地名。

你也许会倒过来这样看我，认为我在生意上是一个失败者；没错，相信我，我认为你说的对。但是提到你们这些人，我不仅仅认为你们是失败者，而且我知道这是一个事实。

　　友　江山易改，本性难移，阿波罗多洛！你老是挑剔个没完，甚至对你自己！我确实相信，你以为世上所有人——首先是你自己——都是完全没有价值的，当然，苏格拉底除外。我不太明白你为什么被叫作"疯子"，但是你说起话来确实像个疯子，总是怨天尤人，包括对你自己——但不对苏格拉底！

　　阿　【e】当然，我亲爱的朋友，我为什么会有所有这些看法，原因很明显，就因为我是个疯子，我正在胡言乱语！

　　友　争论这一点没什么意思，阿波罗多洛。请你还是回答我的问题，把那些演讲告诉我。

　　阿　行，嗯，这些演讲是这样的——【174】我还是从头开始把整件事情告诉你吧，就像阿里司托得姆对我说得那样。

　　嗯，他说，有一天，他正巧碰到苏格拉底，苏格拉底刚洗过澡，还穿上了他那双时髦的拖鞋——这两点对苏格拉底来说都不是寻常事。所以他问苏格拉底要去哪里，为什么打扮得这么漂亮。

　　苏格拉底答道："我要去阿伽松家吃晚饭。我找了个借口没去昨天的庆功宴——我确实不喜欢人多嘈杂——但我答应今天会去赴宴。所以，当然了，我费了老大劲打扮了一下，因为我要去一位相貌英俊的主人家里；我必须穿得整齐一些。""不过，让我来问你"，他又说道，"我知道你没有被邀请，【b】你愿意跟我一起去吗？"

　　阿里司托得姆回答说，"悉听尊便。"

　　"那就跟我走吧"，苏格拉底说，"我们将要证明有句谚语是错的；事实上应该是'逢到好人①举行的宴会，好人会不请自来'。②你想，荷

---

①　阿伽松的名字的意思是"好"。

②　这句谚语是欧波利斯说的。欧波利斯是雅典喜剧诗人，生于公元前 446 年。"坏人举行宴席，好人不请自来。"（Eupolis,fr.289.）

马本人甚至也不太喜欢这句谚语；【c】他不仅藐视它，而且违反它。当然了，阿伽门农①是他的大英雄之一，而他把墨涅拉俄斯②描写为'渺小的操戈者'。然而，阿伽门农献祭以后举行宴会，荷马让这个软弱的墨涅拉俄斯不请自来，坐上了强者的宴会桌。"③

阿里司托得姆答道，"苏格拉底，我想荷马的说法肯定更适合我，而不适合你。我显然比较渺小，不请自来，坐上了一位文人的宴会桌。我想，你最好事先想好带我一起去的理由，因为，这你知道的，【d】我不会承认我不请自来。我会说我是你的客人。"

"我们走吧。"他说。"要找理由，'两个脑袋比一个脑袋强。'④"

他们一边说着这些话，一边出发了。走着走着，苏格拉底开始想一些事，慢慢地落到后面。每当阿里司托得姆停下来等他的时候，苏格拉底总是催他先走。【e】苏格拉底到达阿伽松家里的时候，那里早已开门迎客，这是阿里司托得姆说的，苏格拉底比他到得晚，这就使阿里司托得姆感到非常困窘；他到的时候，马上就有一名家奴出来迎候，直接把他带到宴会厅，而客人们已经靠在躺椅⑤上，晚宴就要开始了。

阿伽松一看到他，就喊道：

"欢迎，阿里司托得姆！你来得正是时候，晚宴就要开始！我希望你来这里没有别的事情——如果有，那就忘了吧。我昨天找到了你一天，想请你来赴宴，但就是找不到你。苏格拉底在哪里？你怎么不带他来呢？"

所以我转过身去（阿里司托得姆说），但是看不到苏格拉底的踪影。于是，我说实际上是苏格拉底带我来的，我是他的客人。

【175】"他这么做我很高兴，"阿伽松答道。"但是他在哪里？"

---

① 阿伽门农（Ἀγαμέμνον），荷马史诗英雄，特洛伊战争中的希腊联军首领。

② 墨涅拉俄斯（Μενέλαος），荷马史诗英雄。

③ 参阅荷马：《伊利亚特》2：408，17：587—588。

④ 暗指荷马：《伊利亚特》10：224。"两个人一起行走，每个人都出主意，对事情会更有利。"

⑤ 古希腊人宴请宾客用躺椅，客人靠在躺椅上吃喝。

"刚才他还在我后面，但我不知道他现在在哪里。"

"去找一下苏格拉底，"阿伽松吩咐一名仆人，"把他带到这里来。""阿里司托得姆，"他又说，"你可以和厄律克西马库①共用这张躺椅。"

一名仆人送来洗手水，阿里司托得姆在躺下之前洗了手。然后，另一名仆人进来说，"苏格拉底到了，但他站在邻居家的门廊下。他站在那里，不肯进来，我喊了他好几遍。"

"太奇怪了，"阿伽松答道。"再去请他，别把他一个人留在那里。"

【b】但是阿里司托得姆阻止了他。"不，不，"他说。"让他去。这是他的习惯：他经常走着走着就一个人站住了，不管在哪里。我肯定他一会儿就会过来，现在不必去打扰他；让他在那儿。"

"好吧，行，就依你，如果你是这么想的。"阿伽松说，然后他转过身去对仆人说，"开始吧，把吃的喝的都摆上来。你们怎么做完全由你们自己决定，就当没人在管你们——就像我以前那样！【c】把我们全都当作你们自己的客人，包括我本人在内。干得好，我们会夸奖你们。"

于是仆人们继续上菜，晚宴开始了，但是苏格拉底仍旧没有到来的迹象。阿伽松几次打算派人去找他，都被阿里司托得姆阻拦。不过，实际上，后来苏格拉底露面了，他总是这样——此时晚饭吃了一小半。阿伽松独自靠在最近的那张躺椅上，看到苏格拉底走了进来，他马上喊道：【d】"苏格拉底，过来，挨着我坐。天知道，要是能够触摸你，我也许能得到一点儿智慧，那样的话，我就会去我邻居的门廊下找你。很清楚，你一定得着了什么启示。要是没有，你会仍旧站在那里。"

苏格拉底在他边上入座，他说："要是这样的话，那就太奇妙了，亲爱的阿伽松，只要触摸一下聪明人，傻瓜就能充满智慧。智慧要是能像水一样就好了，用一根纱线连接两只杯子，水总是从装满水的杯子流入空杯——【e】嗯，然后我会考虑，挨着你躺下是我最大的荣耀。我会马上被你神奇的智慧充满。我自己的智慧不算什么——就像梦中的幻影——而你的智慧却是光芒四射，有着辉煌的未来。噢，你那么年轻，

---

① 厄律克西马库（Ἐρυξίμαχός），本篇主要演讲人之一。

又那么聪明，我可以请三万多希腊人作见证。"

"你扯得太远了，苏格拉底，"阿伽松答道。"好吧，享用你的晚餐。【176】狄奥尼修斯① 很快就会来当裁判，判决一下我们刚才提到的智慧。"

于是苏格拉底入了座，享用晚餐，按照阿里司托得姆的说法。晚餐结束以后，他们举行了奠酒仪式，唱了颂神歌，接着——总之——举行了全部仪式。然后，他们把注意力转到饮酒上来。就在这个时候，鲍萨尼亚② 开始对大家说话：

"各位先生，今天晚上怎么安排，我们可以少喝一点吗？说实话，我昨晚上的酒还没有醒，我真的想停一下。我敢说，你们大多数人的情况也一样，因为你们也是这场庆典的一部分参与者。【b】所以，让我们试试看，千万别喝过头了。"

阿里斯托芬③ 答道："好主意，鲍萨尼亚。我们是得计划一下，今天晚上喝得轻松一些。我昨天晚上烂醉如泥，跟其他人一样。"

这时候，阿库美努之子④ 厄律克西马库插话说："说得好，你们俩。但我还有个问题：你会怎么想，阿伽松？你还能喝一通吗？"

"绝对不行。"阿伽松答道。"我不胜酒力，一点儿都不行了。"

【c】"我们真是太幸运了。"厄律克西马库说，"对我、阿里司托得姆、斐德罗⑤，还有其他人来说——你们这些酒量大的已经筋疲力尽。想象一下我们这些不会喝的人在经历了昨天晚上的狂饮以后是什么感觉！当然了，我不把苏格拉底包括在内：他能不能喝都无所谓，无论我们怎么干，他都会满意的。由于现在我们中间没有人急于放纵一下，【d】我给你们提供一些有关醉酒本性的准确信息不算无的放矢。要说我从医学中

---

① 狄奥尼修斯（Διονυσίως），希腊酒神。

② 鲍萨尼亚（Παυσανίους），本篇主要演讲人之一。

③ 阿里斯托芬（Αριστοφάνης），喜剧诗人，本篇主要演讲人之一。

④ 阿库美努（Ακουμενοῦς），人名。

⑤ 斐德罗（Ἐρυξίμαχός），本篇和《斐德罗篇》对话人，在本篇发表演讲。

学到什么的话，那就是：过量饮酒对任何人都是有害的。因此，我个人总是约束自己，不愿意喝过头；我建议其他人也不要过量——尤其是那些还没从昨天晚上的狂饮中缓过劲来的人。"

"好的。"斐德罗打断了他，"我总是接受你的建议，尤其是你以一名医生的身份讲话。现在，要是其他人知道什么对他们是好的，他们也会按你说的去做。"

【e】这时候，大家一致同意今天晚上不要喝醉；要是有人还想喝一点儿，那就随意。

"那么好，问题解决了。"厄律克西马库说。"我们决定，要是有人不想喝，我们就不要强迫他。我现在想要提出进一步的动议：把那刚才进来的吹笛女也打发出去；让她吹给自己听，或者要是她愿意，吹给这家里的女人听。让我们今天晚上用谈话来消遣。如果你们认为这样做可行，【177】我想出一个题目。"

他们全都表示愿意这样做，催他快点把题目说出来。所以，厄律克西马库说：

"让我先引用欧里庇得斯①《美拉尼珀》② 中的一句台词作开场白，'这故事不是我的。'③ 我下面要说的话实际上属于在座的斐德罗，他对这个问题愤愤不平，经常向我抱怨：

"'厄律克西马库，'他说，'这岂不是太离奇了！我们的诗人为任何一位你能想到的神都创作了颂神诗来赞美它；【b】但就是没有一位诗人有一刻曾想到爱神，尽管爱神既古老又强大？至于我们那些杰出的博学之士，他们写了成卷的书来赞美赫拉克勒斯④，以及其他英雄（如杰出的普罗狄科⑤ 所为）。噢，这也许还不足为奇，但我实际上读过一位有

---

① 欧里庇得斯（Εὐριπίδης），希腊著名悲剧作家。
② 美拉尼珀（Μελανίππην），人名，亦为欧里庇得斯悲剧作品的名称。
③ 欧里庇得斯：《美拉尼珀》，残篇 488 行。
④ 赫拉克勒斯（Ἡρακλῆς），希腊神话大英雄。
⑤ 普罗狄科（Πρόδικος），开奥斯人，著名智者。

造诣的作者写的书，【c】说应当赞美盐的有用性！人们怎么能去关心这些微不足道的事情，却从来不去写一篇恰当的颂歌赞美爱？人们怎么能够无视一位如此伟大的神？'

"嗯，在我看来，斐德罗说得很对。因此，我想代表他向爱神作一点奉献，满足他的愿望。【d】另外，我想这是一个好时候，大家要趁这个大好时光礼赞这位神。如果你们同意，我们可以在讨论中度过一个愉快的夜晚，我建议从左到右，每个人轮流发表一篇演讲，尽力赞美爱神。让我们从斐德罗这里开始，他不仅坐在桌首，而且这个题目实际上是他提出来的。"

"没有人会投票反对这个动议，厄律克西马库，"苏格拉底说。【e】"当我说我懂的唯一事情就是爱的技艺时，我怎么会说'不'呢？阿伽松和鲍萨尼亚会吗？阿里斯托芬会吗，除了狄奥尼修斯和阿佛洛狄忒①，他什么都不想？在这里的人我看不出有谁会反对你的动议。

"尽管这样做对我们中间不得不最后演讲的人不太公平，若是第一篇演讲必须足够好，会穷尽我们的论题，我向你保证我们不会抱怨。所以，从斐德罗开始吧，带着幸运女神的祝福；让我们聆听他对爱神的赞美。"

【178】他们全都同意苏格拉底的意见，催斐德罗开始。当然了，阿里司托得姆无法准确记住每个人说了些什么，我本人也无法记住他告诉我的每句话。但我会把他记得最清楚的话告诉你，把我认为最重要的观点告诉你。

如我所说，他说斐德罗第一个发言，他的开场白大体上是这样的：

　　　爱是一位伟大的神，在许多方面对众神和凡人都显得神奇，其中最奇妙的是他的出生。【b】我们把他当作最古老的神之一来荣耀，他年代久远的证据如下：诗歌或传说中都没有提到过他的父母。按照赫西奥德的说法，最先产生的是卡俄斯②，"然后是胸怀开阔的大地、一切事物永

---

① 阿佛洛狄忒（Αφροδίτη），希腊爱神。

② 卡俄斯（Χάος），浑沌。

远牢靠的根基，和爱。"①

阿库西劳②同意赫西奥德的看法：浑沌之后，大地和爱一道出现。巴门尼德③在谈到这件事的时候则说，"［她］塑造出来的第一位神是爱。"④

【c】那么，举世公认，爱神是最古老的神灵之一。是他，把最大的善物赐予我们。我说不出对一名青年男子来说，还有什么比拥有一位温柔的、爱他的情人更大的善，或者对一名有爱情的人来说，有一位男孩被他所爱。一个人要想幸福，需要有某个向导来指导他的整个生活；没有什么东西能进行这种指导——不是高高在上的王权，【d】不是公共的荣耀，不是财富——没有什么东西能够像爱一样进行这种指导。我指的是什么样的指导呢？我指的是在可耻行事时的羞耻感，在良好行事时的自豪感。没有这些，就无法完成良好或伟大的事情，无论是公共事务还是私人事务。

我说的意思是这样的：如果发现一个处在恋爱中的人在做某些可耻的事情，或者接受了可耻的对待，因为他胆怯，没有保护自己，那么没有什么事情能比被他爱的男孩看见给他带来更多的痛苦——【e】更不要说被他的父亲或他的同伴看见了。我们也在他爱的男孩身上看到同样的事，当他在做某些可耻的事情时被人抓住，他在他的情人面前会感到格外羞耻。要是能兴起一座城邦或建立一支军队，全部由有爱情的人和他们所爱的男孩组成，那就好了！他们的城邦或军队有可能会是最优秀的社会组织，【179】因为他们会摒弃一切可耻的事情，在相互之间的眼睛中寻求荣耀。我要说，他们人数虽少，但会并肩作战，能征服全世界。因为有爱情的人绝不会允许他爱的人，在其他人中，看到自己逃离战场，扔下武器。他宁可死上一千次！至于说把他爱的男孩丢在身后，或者眼见自己的爱人陷入危险而不去营救——嗯，无人如此卑劣，乃至于真正的爱都不能激励他，【b】给他勇气，使他勇敢，就好像他天生就

---

① 赫西奥德：《神谱》116。

② 阿库西劳（Ἀκουσίλεως），公元前5世纪早期希腊作家，写过神谱一类的著作。

③ 巴门尼德（Παρμενίδης），公元前5世纪爱利亚学派哲学家。

④ 巴门尼德残篇，DK28B13。

是英雄。荷马说有一位神把"力量"吹入某些英雄胸中①，这确实是爱神送给每一位有爱的人的礼物。

还有，无人会为你而死，除了你的爱人，有爱的人会这样做，哪怕她是一个女人。对每一位希腊人来说，阿尔刻提斯②是一个明证，【c】表明我说的是真的。只有她愿意替丈夫去死，尽管他的父母当时还活着。由于她的爱，在家庭情感方面她远远超出他的父母，使他们看上去像是外人，就好像他们仅仅在名义上属于他们的儿子。阿尔刻提斯的高尚行为打动了每一个人，甚至打动了众神。事实上，众神也非常高兴，给了她一种奖赏，【d】这种奖赏是他们保留下来赐予少数挑选出来的英雄的——把她的灵魂从冥府送回阳间。由此可见，爱的勇敢行为能赢得来自众神的最高荣耀。

然而，众神对于把奥菲斯③打发回阳间不太满意，只给他看了他要寻找的他的妻子的魂影。他们不愿让他把妻子带走，因为他们认为他是软弱的（毕竟，他本来只是一名弹竖琴的），不敢像阿尔刻提斯那样为了爱的缘故，替爱人去死，而是设法活着下到冥府。所以他们为此责罚他，让他最后死在一帮女人手中。

【e】众神赐予阿喀琉斯④的荣耀是另外一回事。他们把他送往福岛⑤，因为他勇敢地与他心爱的帕特洛克罗⑥并肩战斗，帕特洛克罗战死

---

① 荷马：《伊利亚特》10：482，15：262。

② 阿尔刻提斯（Ἄλκηστις），弗赖国王阿德墨托斯之妻，珀利阿斯之女。因丈夫患不治之症，命运女神允许可以由别人替死，于是她自愿代替丈夫去死。

③ 奥菲斯（Ὀρφεύς），色雷斯诗人和歌手，善弹竖琴。他的妻子欧律狄刻死后，他追到阴间。冥神被他的琴声感动，答应他把妻子带回人间，条件是路上不得回顾。当他快要返回阳间时，回头看妻子是否跟在后面，结果欧律狄刻的灵魂又回到冥府。奥菲斯最后死于酒神狂女之手。

④ 阿喀琉斯（Αχίλλειος），特洛伊战争中的希腊联军勇士，头号大英雄。

⑤ 福岛（μακάρων νῆσοι），希腊神话中亡灵受审后，好人的灵魂被送往福岛居住。

⑥ 帕特洛克罗（Πατρόκλος），特洛伊战争中，希腊联军一方的勇士。

后，他又为之复仇，【180】尽管听他母亲① 说过，他若杀了赫克托耳②，他自己就会死，若不这样选择，他可以平安回家，长命到老。但他选择了为帕特洛克罗去死，更有甚者，他为一个生命已经终结的人这样做了。众神为此十分高兴，当然了，赐给他特殊的荣耀，因为他为他爱的人做了那么多事。埃斯库罗斯③胡说八道，他说阿喀琉斯是被爱的人④；他比帕特洛克罗更漂亮，比所有英雄更漂亮，那时候还没有长胡鬚。另外，他的年纪要轻一些，这是荷马说的。

【b】 实际上，众神把最高的荣耀赐给与爱有关的美德。然而，对一个珍惜他的爱人的人，众神比对一个珍惜他所钟爱的男孩的人更加惊愕、兴奋和仁慈。有爱的人比他爱的男孩更像神，你们瞧，因为他受到了神的激励。这就是众神赐给阿喀琉斯的荣耀比赐给阿尔刻提斯的荣耀更高、把他的灵魂送往福岛的原因。

因此，我说爱是最古老的神，最光荣的神，最有力量帮助凡人获得美德和幸福的神，无论凡人是活着还是已经死去。

【c】 阿里司托得姆说的斐德罗的演讲大体如上。下面还有一些人的讲话阿里司托得姆已经记不清了。所以他略去这些讲话，直接讲述鲍萨尼亚的演讲。

斐德罗（鲍萨尼亚开始说），我不太确定我们的主题是否已经很好地得到限定。我们的任务是单一的——礼赞爱神。如果爱本身是单一的，那么还算说得过去，但实际上爱有两种。有鉴于此，【d】 先搞清我们要赞扬的是哪一种爱，也许更好些。因此，让我们试着把我们的讨论转上正确的轨道，解释哪一种爱必须赞美。然后我再给他应得的赞美，

---

① 阿喀琉斯之母忒提斯（Θέτις），涅柔斯和多里斯之女，珀琉斯之妻。

② 赫克托耳（Ἕκτωρ）、特洛伊战争中，特洛伊战将。

③ 埃斯库罗斯（Αἰσχύλος），公元前5世纪希腊悲剧诗人。

④ 希腊社会盛行男同性恋，一般认为年纪大的一方是主动者，年纪轻的一方被动者。埃斯库罗斯在他的剧本《密耳弥冬》中说阿喀琉斯是被爱的人，所以斐德罗说他胡说八道。荷马史诗中没有说阿喀琉斯和帕特洛克罗有性关系。

因为他就是神。

　　这是一个众所周知的事实，爱和阿佛洛狄忒是不可分割的。因此，如果阿佛洛狄忒是一位女神，那么有可能只有一种爱；但由于实际上有两位叫这个名字的女神，因此有两种爱。关于有两位女神，我不认为你们会表示不同的意见，是吗？一位女神的年纪较长，她是天神乌拉诺斯①的无母的女儿，也被叫作乌拉尼亚②，或者属天的阿佛洛狄忒。另一位女神比较年轻，是宙斯和狄俄涅③的女儿，【e】她的名字叫作普通的阿佛洛狄忒④。由此可以推论，有一种普通的爱，还有一种属天的爱，取决于哪一位女神是爱的陪伴者。当然了，尽管所有神灵都必须赞美，但我们仍旧要努力区分这两位神。

　　这样的做法同样可以用于各种类型的行为：【181】考虑一下行为本身，可以认为行为本身无善恶之分，无高尚可耻之分。拿我们自己来举例。我们已经在喝酒、唱歌、谈话之间做了选择。现在，就其本身而言，这些行为没有哪一种行为比其他行为更好；行为带来的后果完全取决于它如何实施。如果高尚地、恰当地实施这种行为，它的结果就是高尚的；如果行为的实施不恰当，那么它的结果是可耻的。对爱而言，我的观点完全就是这一原则的运用；并非爱本身是高尚的，值得赞美的；爱是否值得赞美取决于爱神在我们身上产生的情感本身是否高尚。

　　普通的阿佛洛狄忒的爱本身确实是普通的。【b】这种爱，只要一有机会就会到处起作用。当然了，这是一种由下等人感受到的爱，这些人受女人的吸引，不亚于受男童的吸引，受肉体的吸引，多于受灵魂的吸引，极少有理智的伴侣，因为他们全都在意性行为的完成。所以他们的行为是高尚的还是卑劣的就没什么要紧了。就是由于这个原因，他们做什么事都随心所欲，有时候是好的，有时候是坏的；具体哪件事情好，哪

---

① 　乌拉诺斯（Οὐρανός），神名。

② 　乌拉尼亚（Οὐρανία），神名。

③ 　狄俄涅（Διώνης），希腊神话中的女巨人。

④ 　普通的阿佛洛狄忒（ἡ Πάνδημου Αφροδίτη）。

件事情坏，都与他们的目的相关。因为推动他们的爱神是一位年轻得多的女神，【c】她，通过她的父母，既分有女性的本性，又分有男性的本性。

与此相对的是属天的阿佛洛狄忒。这位女神，她的后裔是纯男性的（因此这种爱是对男孩的爱），她的年纪比较大，因此没有年轻人的淫荡。这就是那些受到她的爱的激励的人依恋男性的原因；他们在那些依其本性比较强壮和比较理智的人身上寻找快乐。【d】但是，即便在爱慕英俊男孩的这群人中间，有些人并非纯粹受到这位属天的爱神的激励；那些不和小男孩发生恋情的人，偏爱年纪大一些的、快要长出第一撮胡子的男孩——这是这样的男孩开始形成他们自己的心灵的标志。我确信，与这般年纪的年轻人有恋情的人，一般说来打算与他爱的男孩共享一切——实际上，他渴望与之共度余生。他肯定不会故意欺骗他——利用他的年幼无知、缺乏经验而在他的身上获取好处，【e】在嘲弄他一番以后又喜新厌旧。

事实上，应当有一条法律禁止与幼童发生恋情。这样的话，所有时间和精力就不会在白白浪费在这种不确定的追求上了——还有什么能比这更不确定，男孩会不会逐渐养成他自己的一些特点，身体上的或心灵上的？当然了，善良的人愿意为自己制定一条这样的法律，但其他一些有爱情的人，那些平民大众，需要外在的约束。【182】正是由于这个原因，我们设置了各种可能的法律障碍，防止他们诱奸我们自己的妻女。这些民众中的有爱情的人使爱名声扫地，乃至于有人矫枉过正，声称爱上任何男子本身都是可耻的。如果不是认为这些民众中的有爱情的人有多么轻率，因此对待他们爱的人有多么不公正，有谁会这样说？以往任何与我们的习俗不吻合的行为都不曾引发如此公正的否决。

然而，我应当指出，尽管大多数城邦涉及爱情的习俗都是简单的、容易理解，但在雅典（以及在斯巴达），【b】这些习俗极为复杂。在那些民众不善辞令的地方，好比在埃利斯①和波埃提亚②，他们的传统干脆批

---

① 埃利斯（Ἠλεῖος），地名。
② 波埃提亚（Βοιωτία），地名。

准可以在任何情况下拥有一名情人。在那些地方，没有人，无论老少，
会认为这种事情是可耻的。我怀疑，就是由于这个原因，那些不善辞令
的人自己想要省点儿麻烦，不用提供理由和论证来支持他们的追求。

与此相反，在伊奥尼亚[①] 这样的地方和波斯帝国的几乎每个部分，
有情人总被认为是可耻的。【c】波斯帝国绝对如此，这是它谴责爱情以
及哲学和体育的原因。对统治者来说，如果他们统治的民众醉心于高尚
的思想、相互之间缔结坚实的友谊、发展亲密的交往，并非好事。而这
种状况确实是哲学和体育，特别是爱情，产生的结果，这是雅典的僭主
们从他们的直接经验中得出来的教训。不正是阿里司托吉顿[②] 与哈谟狄
乌[③] 的爱情和友谊，【d】使他们的统治告终吗？

所以你们能够看出，对爱情的严厉谴责揭示了统治者的权力欲，也
揭示了被统治者的胆怯，而对爱情的无条件赞同，是对一般的迟钝和愚
蠢的证明。

我们自己的习俗，如我已经说过的那样，比那些习俗要难理解得
多，也要优越得多。回想一下，比如，我们认为公开宣布你的爱情比秘
而不宣要高尚得多，尤其是当你爱的这位青年家庭出身良好，家世显
赫，哪怕他一点儿也不漂亮。再回想一下，有爱情的人以各种可能的
方式受到鼓励；这就意味着人们并不认为他在做丑事。【e】正好相反，
征服被认为是高尚的，失败被认为是可耻的。至于在征服方面的尝试，
我们的习俗赞扬那些完全出格的行为——事实上，这些行为如此出格，
【183】无论他们这么干出于什么目的，都必定遭到最严厉的谴责。好比
说，假如为了获得金钱、职位，或者为了从其他人那里得到实际好处，
有人就愿意为他所爱的人去做有爱情的人所做的事情。你们可以想象一

---

① 伊奥尼亚（Ἰωνία），地区名。

② 阿里司托吉顿（Ἀριστογείτον），人名。

③ 哈谟狄乌（Ἁρμοδίους），人名。公元前 514 年，阿里司托吉顿和哈谟狄乌试
　图推翻僭主希庇亚的统治。尽管他们的尝试失败了，这位僭主三年后才垮台，
　但这对情人被后人当作被僭主杀害的烈士来纪念。

下，为了表达爱意，他可以在公开场合向他爱的人下跪，哀求，发誓，睡门槛，作践自己，他急于服侍他爱的人，做那些甚至连奴仆都会拒绝的事情——嗯，你们可以肯定，每个人的敌人不会比他的朋友少，【b】他们都会反对他的这种方式。他的敌人会斥责他奴颜婢膝，而他的朋友会为他感到羞耻，会用各种办法使他恢复理智。但是让有爱情的人以任何方式去做这件事，每个人都会马上说他真可爱！没有人会谴责他的行为，习俗也会把这种行为当作高尚的来对待。更加令人惊讶的是，至少按照民众的智慧，众神会宽恕有爱情的人，哪怕他违反了他的誓言——【c】有爱情的人的誓言，我们的民众会说，根本不是誓言。按照我们的习俗，众神和凡人给予有爱情的人的自由是巨大的。

　　知道了所有这些情况，你们可以很好地得出结论，在我们的城邦里，我们会考虑有爱情的人的欲望，愿意让它得到满足，把它当作世上最高尚的事情。另一方面，当你回想起那些父亲们一发现他们的儿子已经长到有魅力的地步，就会派仆人跟随他，阻止他与追求他的人接触；当你回想起一名男孩的朋友和玩伴看到这种事情发生，也会责备他，而那些长者既不会制止这种责骂，【d】也不会叫他们停止胡说——考虑到所有这些事情，你必定会得出结论，我们雅典人把这样的行为视为世上最可耻的事情。

　　然而，在我看来，事实真相是这样的。如我早先所说，爱像其他一切事情一样，是复杂的；而爱本身则是相当简单的，它既不是高尚的，也不是可耻的——它的性质完全取决于它产生的行为。以一种邪恶的方式献身于一个恶人，确实是一种可耻的行为；与之相反，光荣地献身于正义的人，则是完全高尚的。你们现在可能想要知道，在这种场景下谁是邪恶的。【e】让我来告诉你们：普通民众中的有爱情的人，他们爱的是肉体而不是灵魂，他们的爱必定不是稳定长久的，因为他爱的东西本身是易变的，不稳定的。他们所爱的肉体一旦年老色衰，"他就远走高飞"，① 背弃从前的许诺和誓言。而那些热爱正确品性的人有多么不同

——————————————

① 荷马：《伊利亚特》2：71。

啊，他们对他们的情人的爱终生不渝，【184】因为他们所爱的东西是持久的。

我们现在可以看出我们习俗的要旨：它们设立起来是为了区分麦粒和秕糠，区分恰当的爱和邪恶的爱。由于这个原因，我们所做的一切都要使有爱情的人尽可能容易地表达他们的追求，而使年轻人难以顺从；它就像一种竞争，就像一种确定每个人属于哪个类型的考验。这就进一步解释了两个事实：第一，为什么我们把爱当作可耻的，很快地加以拒绝；爱本身的时间长短给这些事情提供了很好的考验。【b】第二，为什么我们也把一个人出于金钱或政治上的考虑而接受爱情视为可耻的，或者由于担心受到威胁而委身于人，或者由于担心得到的财富和权力不能持久。这些好处都不是稳定的，持久的，以这些方面的考虑为基础，不可能产生真正的爱情。

所以，我们的习俗只提供了一种找男人做情人的高尚方式。【c】除了承认这种有爱情的人完全自愿服从他钟爱的人的愿望，这种事情既不卑屈，又不应受到谴责，我们允许提出一个——也只有一个——进一步心甘情愿地服从另一个人的理由，这就是为了美德的缘故而服从。如果有人决定愿意接受另一个人的驱使，相信这样做能够增进自己的智慧或其他部分的美德，我们会赞成他的自愿服从；我们认为这种服从，既不卑屈又不可耻。【d】这两条原则——亦即支配爱慕青年男子的恰当态度的原则，和支配热爱智慧以及其他美德的原则——必须结合起来，若是一名青年男子以一种高尚的方式接受爱他的人。当一位年纪较大的有爱情的人与一名青年男子走到一起，各自服从对其适用的原则，这个时候——当这个有爱情的人意识到他对一个偏爱他的人所做的一切都是公正的时候，当这名青年男子懂得他正在服侍的那个对他有爱情的人能够使他变得聪明和有美德的时候——【e】当这个有爱情的人能够帮助这位青年男子变得比较聪明、比较善良的时候，当这个青年男子渴望接受爱他的人的教导和改进的时候——那么，到了这个时候，也只有这个时候，两条原则绝对一致了，青年男子接受一名爱他的人，就永远是高尚的了。

我们应当注意，只有在这种情况下，受骗才绝不是可耻的；【185】

而在其他情况下，它是可耻的，欺骗者可耻，被他欺骗的人也可耻。比如，假定某人以为他的情人是富有的，为了图他的钱财而接受了他；后来他发现自己上当了，他的情人竟然是个穷光蛋，然而他的行为不会变得不那么无耻。因为这个年轻人已经表明他自己是那种为了钱财可以去做任何事情的人——这就远离高尚了。出于同样的道理，再假定某个接受了一位情人、错误地相信这位情人是个好人，能使他自己变好，而实际上这个情人很可怕，【b】完全缺乏美德；即便如此，对他来说受到欺骗也还是高尚的。因为他还是证明了他自己是什么样的人，他愿意为了美德去做任何事情——还能有什么行为比这更高尚？因此可以推论，为了美德的缘故接受一位情人是高尚的，无论结果如何。当然了，这是属天的女神的属天的爱。爱对整个城邦和公民的价值是无法衡量的，【c】因为它驱使着有爱情的人和他爱的人都去关注美德。其他各种形式的爱都属于那位大众的女神。

斐德罗，我担心我只好拿我的这篇急就章来充当我对爱这个主题的贡献了。

鲍萨尼亚最后终于停了下来（我从我们那些能干的修辞学家那里知道有这种人），该轮到阿里斯托芬了，按照阿里司托得姆的安排。但是他正在打嗝——他可能又吃多了，当然了，也可能是由于别的原因引起的——根本不能作长篇发言。【d】所以他转过身去对坐在下一位的医生厄律克西马库说：

"厄律克西马库，现在由你来决定——我没办法。要么治好我的打嗝，要么你先说。"

"事实上，"厄律克西马库答道，"两个忙我都可以帮。我先发言——等你感到好些了再由你来讲——我也会治好你。我讲话的时候，你可以尽力屏住呼吸。【e】这样做就能止住打嗝。如果不行，最好的办法就是在嘴里含一口水。要是还不行，你就找根羽毛来戳鼻孔。打一两个喷嚏，再严重的嗝也能止住。"

"你开始讲吧，越快越好。"阿里斯托芬说。"我会照你说的去做。"

所以，下面就是厄律克西马库的发言：

　　鲍萨尼亚在他的演讲中引入了一项重要的考虑，尽管在我看来他并没有充分展开。因此，让我来试着推进他的论证，乃至于得出合理的结论。【186】我认为，他区分两种"爱"确实很有用。但依据我从医疗科学领域学到的知识，爱并非仅仅发生在人的灵魂中；爱也不只是我们能够感受到的被人的漂亮所吸引，而是一种非常广泛的现象。【b】它肯定在动物王国中发生，甚至也在植物世界中出现。事实上，它出现在宇宙的任何地方。"爱"是一尊最重要的神，他指引着一切事物的生成，不仅在凡人中，而且在众神中。

　　让我从某些与医学有关的评价开始——希望你们能够原谅我把自己从事的职业放在首要位置。我要提出的要点是：我们每个人的身体都显现出两种爱。请你们想一下健康的和有病的身体之间的巨大差异和各自不同的特点，而实际上欲望和爱的这种差异性表明它们自身各不相同。因此，显现在健康中的爱与显现在疾病中的爱有根本区别。现在你们可以回想一下，【c】如鲍萨尼亚所宣称的那样，顺从好人的爱是高尚的，就如屈服于恶人的爱是可耻的。而我的观点是，对人的身体来说也是这样。身体中的每一样健全和健康的事物一定要受到激励和满足；这就是医学的目标。相反，不健康和不健全的事物必须加以阻止和扼制；这就是医学专家要做的事。

　　【d】简言之，医学就是一门关于研究爱对身体的充实和损耗所产生的影响的科学，训练有素的医生的标志就是他有能力区分高尚的爱和丑恶无耻的爱。好医生知道如何影响身体，如何转移身体的欲望；他能够在身体缺乏爱的时候植入恰当的爱的种子，也能消除其他种类的爱，无论它何时发生。医生的任务是，调和最基本的身体元素，在它们中间建立相互之间的爱。这些元素有哪些呢？当然了，它们是两两相对的，比如冷与热、【e】甜与酸、湿与干，等等。事实上，我们的祖先阿斯克勒庇俄斯①最先把医疗当作一门职业，他知道如何在这些对立的事物中产生和谐与爱——这是那些诗人们说的——这一次我赞同他们的看法。

---

① 阿斯克勒庇俄斯（Ἀσκληπιός），希腊医神。

【187】因此，医疗在任何地方都接受爱神的指导，体育和农艺也是这样。进一步说，只要稍微想一下就可以知道，诗学和音乐也完全一样。确实，这可能就是赫拉克利特①当时的想法，尽管他晦涩的表达肯定会留下许多遐想。他说，"事物与其自身既同又不同"，"就像弓和琴形成的和谐"②。当然了，把和谐（或者和音）本身说成是不和谐的，是荒谬的，把它的元素说成相互之间不和谐，也是荒谬的。赫拉克利特的意思可能是说，【b】专业音乐家通过处理原先不和谐的高音和低音来创造和音。当高音和低音仍旧处于冲突状态时，肯定不会有和谐；毕竟，和谐是一种协和，协和是一种一致。对立的元素，只要仍旧处于不和中，就不会有一致，因此不可能产生和谐。比如，【c】有快有慢才能产生节奏，尽管它们原先是对立的，但通过调整，相互之间可以达成某种一致。音乐，就像医学，通过在各种对立面中产生协和与爱，创造出一致。因此，音乐就是爱作用于节奏与和谐的一门科学。

如果你们考虑到节奏与和谐本身的构成，这些效果很容易察觉；在这个领域，爱的两种形式都不会发生。但是当你们接下去一想到节奏与和音对观众的影响——【d】要么通过创作，产生新的短曲和旋律，要么通过音乐教育，教会人们如何正确表演现存的作品——复杂问题马上就产生了，这些问题需要一位良好的音乐家来处理。最后，同样的论证又可以再次运用：善良的人们感受到的爱、可以带来人自身改善的爱，必须受到鼓励和保护。这种爱是高尚的，属天的爱，【e】是由属天的缪斯乌拉尼亚③的旋律产生的。另一种爱是普通的爱，民众的爱，是由主掌众多颂歌的缪斯波吕许尼亚④产生的。这里有一个极为重要的警告：我们享受这种快乐时必须小心谨慎，不至于陷为淫荡——我还要说，我的领域也有这种情况，亦即约束餐桌上的快乐，使我们能够享受美味佳

---

① 赫拉克利特（Ἡράκλειτος），公元前 5 世纪希腊早期哲学家。
② 这句残篇引自别处，与赫拉克利特残篇 DK22B51 略有不同。
③ 乌拉尼亚（Οὐρανία），掌管文艺和科学的九位缪斯女神之一，主管天文。
④ 波吕许尼亚（Πολυμνία），九位缪斯之一，主管颂歌。

肴，而又不至于带来疾病。

因此，在音乐、医学，以及其他所有领域中，在神圣的和世俗的事务中，我们必须尽力关注这两种爱，确实，【188】在任何地方都可以发现这两种爱。甚至在一年的季节中也表现出它们的影响。当我已经提到过的这些元素——热与冷、湿与干——受到相应的爱的激励，它们相互之间就处于和谐状态：它们的混合是明智的，气候也是这样。在这种情况下，可以获得丰收，人畜健康，无灾无病。但若那种粗鲁任性的爱控制了季节，【b】则带来死亡和毁灭。它在植物和动物中散布瘟疫和疾病，还会引发霜雹之类的灾害。所有这些都是放纵混乱的爱对星辰和季节产生的影响，这些对象是由叫作天文学的这门科学来研究的。

【c】再来考虑一下献祭仪式和占卜的技艺所涉及的整个领域，亦即神人交际。在这里，爱也是我们的核心关切：我们的目标是试图保持那种恰当的爱，治疗那种患了疾病的爱。一切不虔敬的起源是什么？我们采取各种行动之前——这些行动与我们的父母相关，无论他们仍旧活着还是已经过世，也与众神相关——应当接受前一种爱的指导，这个时候我们拒绝满足有序的爱，而去顺从另一种爱。占卜的任务就是监视这两种爱，在必要的时候对它们进行治疗。因此，【d】占卜是一种在众神和凡人之间产生爱的情感的实践；它就是一门关于公正和虔敬的爱的效果的科学。

这就是爱的力量——它是非常多样，无比巨大，在各种情况下均可称作绝对的。然而，即便如此，有一种明智和公正的、趋向于善的爱，无论是在天空中，还是在大地上，受到指引的爱的力量要大得多；幸福与好运，人类社会的团结，天上众神的和睦——所有这些都是这种爱的馈赠。

【e】在这篇对爱神的礼赞中，我也许省略了许多内容。如果真是这样的话，我向你们保证，我肯定不是故意的。如果我真的漏掉了某些要点，那么完成这个论证，这是你的任务，阿里斯托芬——除非，当然了，你计划用不同的进路。不管怎么说，请你开始吧，【189】你好像已经不打嗝了。

阿里斯托芬接过了话头（如阿里司托得姆所说），他说："没错，我打嗝已经完全停止了——我用了你说的那些方法，打了喷嚏以后就好了。这使我感到奇怪，身体里的'有序的爱'是否需要引发喷嚏的嘈声和痒痒，因为一打喷嚏，打嗝马上就停止了。"

"说得好，阿里斯托芬，"厄律克西马库答道。"不过你要当心。你一说话就开玩笑，这是在强迫我准备对你进行攻击，让我对你百倍警惕，【b】而你本来可以平和地讲话。"

阿里斯托芬笑了："你说得好，厄律克西马库。所以，就让我'不说我已经说过的话'。但是你别对我提高警惕。我并不急于在我的演讲中说些有趣的事情。其实，这样做是非常有益的，这也属于我的缪斯的领地。我着急的是我可能会说出某些荒唐的事情。"

"阿里斯托芬，你真的以为你能对我射出一箭，然后溜之大吉吗？用用你的脑子吧！请你记住，如你所说，要做解释的是你。【c】尽管，要是我决定这样做，我也许会让你过关的。"

"厄律克西马库，"阿里斯托芬说，"我心里确实有一条不同的演讲进路，与你和鲍萨尼亚相比。你瞧，我认为人们完全忽视了爱神的力量，因为，要是他们认识到爱的力量，他们会为他建起最庄严的庙宇，筑起最美丽的祭坛，举行最隆重的祭仪。然而事实上，人们直到现在都还没有这样做，而这些事情实际上是应当做的。【d】因为爱神热爱人类，超过其他众神，他帮我们解忧排难，替我们治病，为我们开辟通往最高幸福的道路。因此，我试图向你们解释爱神的力量；而你们，请把我的学说传给其他任何人。"

首先，你们必须了解最初的人性以及从那以后它发生的变化，因为很久以前我们的本性并非现在这个样子，而是有很大差别。人有三种——这是我的第一个观点——而不是只有两种，【e】男人和女人。除此之外，还有第三种人，是这两种人的结合；它的名称存留至今，但这种人已经绝迹。你们瞧，"雌雄同体"① 这个词确实有点儿意思：它指的

---

① 雌雄同体（ἀνδρόγυνος）。

是由雄性要素和雌性要素构成的东西，尽管现在只剩下这个词，用起来有蔑视的意味。我的第二个观点是，这种人的形状完全是球形的，有着圆圆的背和身体两侧，有四条胳膊和四条腿，有两张一模一样的脸孔，【190】圆圆的脖子上顶着一个圆圆的头。在他的两张脸之间，朝着不同的方向，是一个头和四只耳朵。他有两套生殖器，身体其他各个组成部分的数目也都加倍，你们可以按照我说的去想象。他们直立行走，像我们现在一样，无论想要朝哪个方向前进。当他们要快跑的时候，他们就把他们有的八条肢体全都用上，快速向前翻滚，就像赛车时的车轮子，径直向前。

现在来说一说为什么有三种人，【b】为什么他们长得像我说的这个样子：男性最初是太阳的产物，女性最初是大地的产物，具有两种性别的阴阳人是月亮的产物，因为月亮分有两种性别。他们是圆形的，他们的运动也是圆形的，因为他们就像他们在天空中的父母。

因此，在体能方面，他们非常可怕，他们有着巨大的野心。他们试图造众神的反，荷马那个关于厄菲亚尔特①和俄图斯②的故事，原本讲的就是他们；讲他们如何想要上达天庭，攻击众神。③【c】后来，宙斯和众神商量应对之策，茫然不知所措。他们不能用从前对付巨人的办法，用霹雳把人类全部打死，因为这样做的话也就没有对众神的崇拜了，也就没有我们凡人给众神献祭了。但另一方面，又不能让他们造反。宙斯绞尽脑汁，最后终于想到了一个主意。

"我想我有办法了，"他说，"既能让凡人存在下去，【d】又能阻止他们的恶行；当他们的力量被削弱的时候，他们就会放弃作恶。所以，我会把他们全都劈成两半。这是一石二鸟的妙计，一方面他们的力量削弱了，另一方面他们的数量增加了，伺奉我们的人也加倍了。他们以后就

---

① 厄菲亚尔特（Ἐφιάλτης），希腊神话中的巨人。

② 俄图斯（Ὦτος），希腊神话中的巨人，厄菲亚尔特的兄弟，强健有力。他们俩把希腊的三座山叠起来作梯子，想登天造反，后被阿波罗所杀。

③ 荷马：《伊利亚特》5：385；《奥德赛》11：305。

用两条腿直立行走。如果以后发现他们还想造反，不安分守己"，他说，
"我就把他们再劈成两半，到那时他们只好用一条腿走路了，跳着走。"

【e】宙斯说到做到，把人全都劈成了两半，就像人们切青果一样，
或者就像人们用头发丝切鸡蛋一样。切完以后，他吩咐阿波罗把人的脸
孔转过来，让他能用切开一半的脖子低下头来看到自己被切开的这面身
子，使他们感到恐惧，不再捣乱。然后，他又让阿波罗把其他伤口都治
好。阿波罗遵命把人的脸孔转了过来，又把切开的皮肤从两边拉到中
间，拉到现在人的肚皮的地方，就像用绳子扎上口袋，最后打结，我们
现在把留下的这个小口子叫作肚脐。【191】至于留下来的那些皱纹，就
像鞋匠把皮子放在鞋模上打平一样，阿波罗全把它们给抹平了，只在肚
脐周围留下一些皱纹，用来提醒我们凡人很久以前受的苦。

现在，由于他们原来的形状被切成两半，每一半都非常想念自己的
另一半，他们奔跑着来到一起，互相用胳膊搂着对方的脖子，不肯分
开。他们什么都不想吃，也什么都不想做，因为他们不愿离开自己的另
一半。时间一长，【b】他们开始死于饥饿和虚脱。如果这一半死了，那
一半还活着，活着的那一半就到处寻找配偶，碰上了就去搂抱，不管碰
上的是半个女人还是半个男人，按我们今天的话来说，是一个女人或一
个男人。人类就这样逐渐灭亡。

然而幸运的是，宙斯起了怜悯心，有了一个新计划：他把他们的生
殖器移到前面！你们瞧，在那之前，他们的生殖器是向外长的，【c】就
像他们的脸孔一样，他们抛撒种子，生育子女，不是相互交媾，而是像
蚱蜢一样把卵下到土里。所以，宙斯重新安放了人的生殖器，在这样做
的时候，他也发明了内部生育，让男女交媾。他的目的是，如果抱着交
媾的是一男一女，那么就会怀孕生子，延续人类；如果抱着交媾的是两
个男人，也可以使他的情欲得到满足，【d】好让他把精力转向人生的日
常工作。所以，这就是我们彼此相爱的欲望的源泉。每个人生来就有
爱，它试图回复到我们原初的完整本性，它试图让那被劈开的两半合为
一体，治愈人的本性的创伤。

所以，我们每个人都只是一个完整的人的"相匹配的一半"，就像

一条比目鱼，一分为二，我们每个人总是在寻找到与自己相合的那一半。由于这个原因，男人，作为切开的阴阳人（这种人曾被称作雌雄合体）的一半，当然就会追求女人。许多好色的男人是从这类人中来的，【e】许多好色的女人也一样，也会追求男人。然而从一个女人切割而来的女人，对男人就没什么兴趣，只眷恋和自己同性的人，女同性恋者就是从这类人中来的。从雄性切割而来的人具有雄性的倾向。当他们还是男孩时，由于他们是"雄性一族"的切片，所以他们爱男人，【192】喜欢跟男人睡在一起，和男人拥抱；这些人是最优秀的男孩和男少年，因为他们最富有男子气质。当然了，有些人称他们为无耻之徒，其实这是错误的。引导他们追求这种快乐的并不是纵欲，而是勇敢、坚强、男子气概，他们珍爱在他们所爱的人身上的这些品德。你们想要我证明这一点吗？你们瞧，只有这样的男孩长大以后才能在政治生活中成为真正的男子汉大丈夫。【b】等他们长大成人，他们是年轻人所爱的人，他们当然对娶妻生子没有什么兴趣，除非地方习俗要求他们这样做。然而，就其本心而言，他们宁可不结婚，只要能和自己所爱的男子长相厮守，他们就相当满足了。所以，这种男人在各个方面都是多情的，他们爱慕男童，依恋同性。

　　正因如此，当一个人碰上了他的另一半，无论他的性倾向是什么，无论他爱男孩或不爱男孩，神奇的事情发生了：【c】他们俩有了爱的情感和欲望，有了相互归属感，对他们来说，哪怕是片刻分离都是无法忍受的。

　　这些人长相厮守，终生住在一起，但仍旧不能说他们想从对方那里要什么。没有人可以认为他们想要的是性的亲密行为——这种纯粹的性快乐是情人们从相互陪伴中获得的巨大快乐。【d】每一位有爱情的人的灵魂显然都在寻求其他东西；他的灵魂说不出这种东西是什么，只能用隐晦的话语表示它要什么，也像喻言，把它的真义隐藏在谜语中。假定两位情人相拥同眠，赫淮斯托斯①拿着他的铁匠工具站在他们面前问，"你们俩到底想从对方那里得到什么呢？"再假定这对情人感到困惑，不

---

①　赫淮斯托斯（Ηφαίστος），希腊冶炼之神。参阅荷马：《奥德赛》8：266 以下。

知如何回答，于是赫淮斯托斯又问他们：“你们想不想紧紧地结合在一起，【e】日夜都不分离，再也不分开呢？如果这是你们的愿望，我可以很容易地把你们放在炉子里熔为一体，这样你们就成了一个人，只要在世一天，你们就像一个人那样生活，到了要死的时候一起死，在冥府里也算是一个人。想想看，你们是否希望我这样做？如果我这样做了，你们会高兴吗？”

当然了，你们能够看到，得到这种提供的人没有一个会加以拒绝。而是相反，每个人都会认为他终于发现了他一直想要的东西，与他爱的人完全合为一体。为什么会这样呢？这是因为，如我所说，我们曾经是一个整体，我们的本性是完整的，现在“爱”就是我们追求这种整体性的名称，【193】因为我们的欲望要得以完成。

很久以前我们是联为一体的；但由于我们对神犯下的过失，神把我们分开了，作为一种惩罚，就好像拉栖代蒙人把阿卡狄亚人分开一样。① 所以有一种危险，如果我们不能在众神面前保持尊卑有别，我们将被劈成两半，从鼻子中央劈开，用半个身子走路，就像墓碑上的侧面浮雕。因此，我们应当告诫我们的朋友，敬畏神明，【b】只有这样我们才可以逃避这种噩运，保持我们的完整性。我们会这样做的，如果爱神是我们的向导和统帅。不要让任何人反对爱神。对众神来说，无论谁反对爱神，都是可恨的，而我们若是成为这位神的朋友，停止与他争吵，那么我们就能找到那些高尚的年轻人，赢得他们的爱，而当今时代只有很少人能这样做。

【c】现在，厄律克西马库，千万别把我的这篇演讲变成一出喜剧。别以为我的讲话针对鲍萨尼亚和阿伽松。很有可能，他们俩在本性上的确属于完全男性的那个群体。我在谈论所有人，包括所有男人和女人，我要说人类要想繁荣昌盛只有一条路：我们必须把我们的爱进行到完善的地步，我们中的每个人都必须赢得他的青年男子的青睐，这样才能恢

---

① 拉栖代蒙人（Λᾱκεδαίμων），即斯巴达人。公元前 417 年，拉栖代蒙人争夺霸权，解散阿卡狄亚同盟。阿卡狄亚位于伯罗奔尼撒半岛东北地区。

复他的原初本性。如果说这是一种理想，那么，当然了，在当前环境下，实现它的捷径就是赢得与我们天然情投意合的青年男子的偏爱。

【d】如果我们要赞美能赐给我们这种幸福的神，那么我们必须赞扬爱神。爱神做了今生能做的最好的事情，引导我们走向原本属于我们的东西。而对来世而言，爱神给我们带来了最大的希望；只要我们敬畏众神，爱神就会恢复我们的原初本性，通过治疗我们，他将使我们得到神佑和幸福。

"这，"他说，"就是我关于爱神的讲话，厄律克西马库。和你的发言很不一样。如我前面所恳求你的那样，别把它弄成一出喜剧。【e】我宁可听听所有其他人说些什么——或者倒不如说，听听他们每个人说些什么，因为只有阿伽松和苏格拉底还没有发言。"

"我发现你的演讲令人愉快，"厄律克西马库说，"所以我会按你说的去做。说实话，我们已经享用了一顿关于爱神的演讲大餐，要是我不知道苏格拉底和阿伽松都是爱情大师的话，我会担心他们已经无话可说了。但我知道他们是行家，所以我不担心会出现这种情况。"

【194】然后，苏格拉底说："那是因为你在这场比赛中表现好，厄律克西马库。如果你现在坐在我这个位置上，或者说等到阿伽松发言以后轮到你，你就会像我一样感到诚惶诚恐了。"

"你在蛊惑我，苏格拉底，"阿伽松说，"让我以为听众期待我有卓越表现，【b】所以我会惶恐不安。"

"阿伽松！"苏格拉底说，"你以为我有多么健忘？我看到过你有多么勇敢和自信，和其他演员一道登上舞台，面对广大观众。你要表演的是你自己的作品，你不会有一丁点儿惊慌。看到那一幕，我怎么会想象你会被我们弄得慌了神，我们只有这么几个人？"

"嗯，苏格拉底，"阿伽松说。"你一定以为我心里装的全都是剧场里的观众！所以你假定我不明白，要是你是聪明的，你找来的几个聪明人会比一大群无理智的人还要可怕得多，是吗？"

【c】"不，"他说，"以任何方式把你想象成粗鲁的，不会把我变得很英俊，阿伽松。我肯定，如果你曾经碰到过你认为聪明的人，你会更

加注意他们，超过你对普通人的关注。但是你不能假定我们是属于那个
阶层的；我们也在剧场里，你要知道，是普通观众的一部分。还有，如
果你碰到过任何聪明人，除你本人以外的其他人，你会想到，要是当着
他们的面做任何丑事，你肯定会感到可耻。这是你的意思吗?"

"对。"阿伽松说。

"另一方面，【d】当着普通民众的面做了丑事，你不会感到可耻。
是这样吗?"

这时候斐德罗插话说："阿伽松，我的朋友，如果你回答苏格拉底
的问题，他就会忘乎所以，不在意我们的演讲进到何处，忘了我们在这
里干什么，只要有人跟他讨论。尤其是，面对长得英俊的人。现在，像
你一样，尽管我很乐意聆听苏格拉底的讨论，但我的职责是看到礼赞
爱神，让在座的每个人发表演讲。你们俩各自向这位神做了奉献以后，
【e】你们可以进行你们的讨论。

"你真是尽忠职守，斐德罗，"阿伽松说。"现在没有什么事情能阻
拦我演讲了。苏格拉底晚些时候会有机会进行讨论。"

首先，我希望说一下我为什么必须发言，为什么只在这个时候发
言。在我看来，你们瞧，此前各位的发言没有多少在谈论这位神本身，
而是在努力庆贺人类从这位神那里得来的善物。然而，把这些馈赠赐予
我们的是谁，【195】他是什么样的——几乎无人谈及。进行各种礼赞，
只有一个办法是正确的，无论是谁在进行赞颂；你必须解释你们的演
讲对象，什么样的性质使他能够赐予我们这些恩惠，而我们就是为了这
些恩惠才颂扬他。所以，现在就爱神而言，我们首先要颂扬他的本质，
然后颂扬他的恩惠。

因此，我要说，众神都是幸福的，而爱神——要是我可以这样说而
不会冒犯他——是他们中间最幸福的，因为他最美丽、最优秀。之所
以说他最美丽，那是因为：第一，斐德罗，他是众神中最年轻的。①【b】

---

① 　与斐德罗的观点相对，参阅 178b。

他本身就证明了我的观点，他拼命逃避老年的到来，而时间本身已经跑得飞快。爱神生来就痛恨老年，从来不会靠近它。爱神总爱和青年厮混，因为他自己就是其中的一员；那些老故事说得好，同者相近。尽管在其他许多观点上我同意斐德罗的看法，但我不同意他说爱神比克洛诺斯①或伊阿珀托斯②还要古老。【c】不，我要说，他才是众神中最年轻的，永远年轻。

至于赫西奥德和巴门尼德谈论众神的那些老故事——这些事情的发生依据必然性，而不是由于爱神，如果他们说得对。如果当时众神中有爱神，那么他们不会相互残杀，不会有囚禁，不会使用暴力。他们会和平和谐地生活在一起，就像今天这样，爱神已经成为众神之王。

所以他是年轻的。他不仅年轻，而且娇嫩。【d】只有荷马这样的诗人才有本事描述他的娇嫩。因为荷马说过阿忒③是一位神，她是轻柔的——嗯，她的双脚是柔软的，永远柔软！他说："她步履轻柔，从不沾地面，只在人们的头上行走。"④【e】我想，这是一个很好的证明，足以表示她有多么娇嫩；她从来不在坚硬的东西上面行走，她只接触柔软的东西。所以我们可以对爱神使用同样的证明，说明他是娇嫩的。因为他不在地面上行走，甚至也不在我们的头上行走，因为我们的头毕竟也不那么柔软，而是在世上最柔软的地方行走，把那里当作他的家。因为他在品性和灵魂中安家，神的灵魂和凡人的灵魂——甚至并非在每个灵魂中安家；当遇到心硬的他就远走高飞，碰上心软的他就住下。既然爱神不但用脚踩在世上最柔软的东西上，而且就住在那里，【196】因此他本身必定也是极为娇嫩的。

---

① 克洛诺斯（Κρόνος），希腊神话中的时间神，天神乌拉诺斯和地神该亚之子，宙斯之父。
② 伊阿珀托斯（Ἰαπετοῦ ς），希腊神话中的提坦巨人之一，天神乌拉诺斯和地神该亚所生。
③ 阿忒（Ἄτη），希腊神话中的恶作剧和复仇女神，宙斯与不和女神厄里斯的女儿。
④ 荷马：《伊利亚特》19：92—93。

所以，他是最年轻的和最娇嫩的；此外，他是最柔韧的。要是他是僵硬的，他怎么能够不知不觉地随意进出灵魂。此外，他优雅的相貌证明他的本性是平衡的、柔韧的。众人皆知，爱神格外美丽，与丑陋水火不容。

他的肤色非常漂亮！这位神与鲜花相伴可以表明这一点。【b】他从来不固定住在任何地方，无论是身体还是灵魂，要是没有鲜花，或是花朵已经凋谢，无论何处他都不肯栖身。而在那鲜花盛开、香气扑鼻的地方，一定会有爱神的踪迹。

关于这位神的美丽我已经说够了，尽管还有很多可讲。讲了他的美丽，我们应当说一下爱神的美德。我的主要观点是，爱神既不是任何非正义行为的起因，也不是任何非正义行为的牺牲品；他不会对众神或凡人作恶，众神和凡人也不会对他作恶。要说有什么事物能对他产生影响，【c】那么绝不会是暴力，因为暴力绝不能触及爱神。他对其他事物所起的作用也不是被迫的，因为我们对爱的侍奉都是自愿的。无论什么人和另一个人情投意合，双方都是自愿的，这就是公正和正义；所以说，"法律是社会之王。"①

除了正义，他还拥有最大份额的明智。② 因为人们公认明智是控制快乐和情欲的力量，而世上没有任何快乐比爱更强大！如果快乐和情欲是弱者，那么它们处在爱的力量之下，而爱拥有力量；由于爱拥有支配快乐和情欲的力量，所以爱神是非常明智的。

【d】至于爱神具有的男子汉的勇敢，"甚至连战神阿瑞斯也无法阻挡"！③ 因为阿瑞斯没有征服爱神，而是爱神征服了阿瑞斯——阿佛洛

---

① 亚里士多德把这句格言归于公元前4世纪的修辞学家阿基达玛，参阅亚里士多德《修辞学》（1406a17—23）。

② 明智（σωφροσύνη），这个词亦译"节制"，柏拉图和亚里士多德一般把"明智"当作与"自制"相对的一种德性，明智的人在各个方面当然都很得体，因此也就不需要控制或约束自己。

③ 索福克勒斯：《堤厄斯忒》，残篇235。

狄忒的爱,故事就是这样说的。① 被征服者比征服者更强大,因为爱神的力量比最勇敢的神更强大,所以爱神是一切神祇中最强大的。

现在我已经说了这位神的正义、明智和勇敢;剩下要说的是他的智慧。这个方面我试图说得完整些,不要漏掉什么。【e】首先——为了像厄律克西马库那样荣耀我们的职业②——这位神是一位技艺娴熟的诗人,可以使其他人成为诗人;一旦坠入爱河,每个人都成为诗人,"无论他以前有没有修养"。③ 我们可以看到,这就证明爱神是一名好诗人,总之,他擅长各类艺术创造。因为你不能把你自己还没有的东西给别人,【197】你也不能把你不懂的事情教给别人。

至于动物的生产——有谁会否认它们全都是通过爱的技艺产生出来的?

至于艺术家和从事各种职业的人——我们难道看不到,凡是在这位神的指引下工作,就能取得光辉的成就,而不受他的影响的人会一事无成,默默无闻?比如阿波罗发明射箭、【b】医药和占卜的技艺,爱和欲望给他指明了道路。因此,哪怕阿波罗也可以算是爱神的学生。其他神灵也是这样,缪斯在音乐领域,赫淮斯托斯在青铜冶炼方面,帕拉斯④在纺织方面,宙斯在"对诸神和凡人的统治"方面。

这也是爱神一旦出现在众神之中,众神间的纷争就会平息的原因——这显然是由于爱美,因为爱不会趋向于丑恶。如我开始时所说,如那些诗人所说,在爱神来到众神中间之前,发生过许多可怕的事情,因为那个时候必然性是统治诸神的王。【c】而一旦这位神诞生,通过对美的爱,一切善物与善行便来到众神和凡人中间。

关于爱神我就是这么想的,斐德罗:首先,他本身是最美丽的,最

---

① 参阅荷马:《奥德赛》8:266—366。阿佛洛狄忒与阿瑞斯通奸,阿佛洛狄忒的丈夫赫淮斯托斯设计捉奸在床。

② 参阅本篇186b。

③ 欧里庇得斯:《塞奈波亚》,残篇666。

④ 帕拉斯(Παλλάς),海神特里同的女儿,被雅典娜杀死,后来雅典娜自称帕拉斯或帕拉斯·雅典娜。

优秀的；在那之后，如果其他人也成为美丽的，优秀的，那是由于爱神。我突然有了一种冲动，想念两行诗来表达我的想法，是他给我们带来了"大地上的和平，海洋上的宁静，狂风暴雨的平息，【d】还有甜蜜的芳香，让我们安然入睡"。也是他，消除了隔阂，促成了友谊，用今天这样友好的聚会把我们联系在一起。在餐桌上、舞蹈中、祭坛旁，他带来礼貌，消除野蛮，激起仁慈，消除仇恨。他既和蔼又可亲，引起聪明人的惊奇和诸神的敬佩。缺少爱就会陷入绝望，有了爱就会拥有幸福。爱的子女是欢乐、文雅、温柔、优美、希望和热情。好人会在各种情况下注意到爱，坏人则不会留意。无论我们在辛勤劳动，还是处在恐惧之中，【e】无论我们是在喝酒，还是在辩论，爱神都是我们的领袖和舵手，是我们的指路人和保护者。他是天地间最美丽的装饰，是最高尚、最可亲的向导，我们大家必须跟着他走。我们要放声高歌，赞美爱神，并让这和美的颂歌飞上云霄，使众神和凡人的心灵皆大欢喜。

斐德罗，这就是我必须提供的演讲。让我把它奉献给爱神，【198】它有一部分是逗趣的，有一部分是极为明智的，为此我已经尽了最大努力。

阿里司托得姆说，阿伽松结束的时候，在座的每个人都报以热烈的掌声，认为他的演讲充满青春气息，给他自己和爱神带来了荣耀。

然后，苏格拉底朝厄律克西马库瞥了一眼，他说，"现在你知道我前面的担心该有多么愚蠢了吧？我在前面不是像一名先知似的说过，阿伽松会发表一篇惊人的演讲，而我会张口结舌？"

"你预言了一件事，我想，"厄律克西马库说，"阿伽松会很好地演讲。【b】至于说你会感到诚惶诚恐，我看未必见得。"

"神保佑你，"苏格拉底说。"我怎么能不诚惶诚恐呢，我或者其他人，在听了一篇如此丰富多彩的演讲以后？他的发言的其他部分也许不那么神奇，但结尾部分确实妙极了！听了如此美妙的讲话，有谁能不张口结舌？不管怎么说，我感到着急，我无法说出他们这样美妙的话来，【c】所以我恨不得赶紧找个机会溜走，要是有地方可去。你们瞧，这篇演讲也使我想起高尔吉亚①，我真的经历过荷马所描述的那种状况：我害怕阿伽松会在结束时会把戈耳工②的头拿给我看，说出可怕的咒语，对我进行讨伐，把我化成顽石，让我哑口无言。【d】所以，我明白了，原先我同意参加你们这种对爱神的赞颂有多么鲁莽，更糟糕的是，我还声称对这个主题拥有专门的知识，而实际上我根本不知道该如何赞颂爱神。由于这种无知，我原来以为一开始就讲些事实，然后就选择最吸引人的要点加以列举，按最有利的方式加以排列。我安慰自己说，我的发言一定会取得成功，因为我知道这些事实。对一名成功的赞颂者来说，最重要的是关注真相，而现在看来正好相反，赞颂者所做的只不过是把所有力量和美德都一股脑儿地堆到被赞颂的对象身上，无论这些东西有没有什么关联，这样一来，【e】赞颂也就成了一堆似是而非的谎言。所以我认为我们所做的不是在赞颂，而是在奉承爱神，由于这个原因，你们这些人想到什么就说什么，把爱说成是最美丽、最优秀的事物，或者是一切最美丽、最优秀的事物的原因。当然了，那些无知的人会为你们富丽堂皇的演讲所倾倒，【199】但那些有知识的人不会轻易接受。所以，你们的赞颂确实是美丽的、可敬的。而我甚至不知道赞美的方法；正是由于无知，我同意参加礼赞。但是，'舌头'答应了，'心灵'没有答应。③让这套把戏见鬼去吧！我不会用这种办法提供另一篇礼赞，【b】我不干——我不可能干——如果你们愿意，我可以用我的方式把真相告诉你们。我想要避免和你们的演讲进行比较，省得让自己变成你们的笑柄。所以，你看，斐德罗，像这样的演讲能满足你们的要求吗？你们将会听到有关爱神的真相，而这些词句会照料它们自己。"

然后，阿里司托得姆说，斐德罗和其他人要苏格拉底说下去，不管

---

① 高尔吉亚（Γοργίας），公元前5世纪的著名智者，修辞学家。

② 戈耳工（Γοργόνων），希腊神话中指福耳库斯和刻托所生的三个女儿。她们的头发都是毒蛇，身上长有翅膀。三人中最小的是墨杜莎，无论什么人看到她的脸，就会变成石头，后被英雄珀耳修斯杀死。

③ 暗指欧里庇得斯：《希波吕特》，第612行。

怎么说都行，只要他喜欢。

"那么好吧，斐德罗，"苏格拉底说，"请允许我先问阿伽松几个小问题，【c】一旦我取得了他的同意，我就以此为基础讲话。"

"我允许你提问，"斐德罗说，"你问吧。"

阿里司托得姆说，在那以后苏格拉底开始了："确实，阿伽松，我的朋友，我认为你的演讲开始时讲得很好，你说应当首先揭示爱神的本质，然后再说明他的那些行为。你的开头令人钦佩。然后，【d】由于你已经很好地以其他方式揭示了他的品质，所以请你也告诉我这一点，是关于爱的。爱是对某个对象的爱，还是没有对象的？我问的不是他是不是父母生的（爱神是母亲的爱还是父亲的爱，这个问题确实很荒唐），而是就好比我在向一位父亲提这样的问题——作为一名父亲来说，他是否必须是某人的父亲，或者说他可以不是任何人的父亲。当然了，如果你想给我一个好回答，你会告诉我，有了儿子或女儿，父亲才成其为父亲。不是吗？"

"当然。"阿伽松说。

"对一位母亲来说，不也是这样吗？"

【e】对此他也表示同意。

"好，那么，"苏格拉底说，"再回答得充分一些，你就会明白我为什么要这样问了。如果我问，'作为一名兄弟，他之所以是兄弟，是由于他是某个对象的兄弟，或者不是？'"

他说他是。

"他有一个兄弟或者姐妹，没有吗？"

他表示同意。

"现在试着来把爱告诉我，"他说。"爱是对某个事物的爱，还是不对任何事物的爱？"

【200】"是对某个事物的爱，当然！"

"那么把这个爱的对象记在心里，记住它是什么。①但是再请告诉

---

① 参阅本篇 197b。

我，爱神对这种是爱的东西有欲求，还是没有欲求？"

"当然有。"他说。

"在他有欲求和爱某个事物时，他在这个时候真的拥有他欲求和爱的那个事物，还是没有？"

"他没有。至少，他好像没有。"他说。

"别说什么好像，"苏格拉底说，"问问你自己事情是否必定如此：【b】事物渴求的东西都是它缺乏的东西，否则它就不会渴望得到它。我无法告诉你，阿伽松，我有多么认为这是确定无疑的。你怎么想？"

"我也这么想。"

"很好。那么现在，一个个子很高的人想要高吗？或者，一个强壮的人想要强壮吗？"

"不可能，以我们刚才达成的一致意见为基础。"

"我们假定，这是因为没有人想要那些他已经拥有了的东西。"

"对。"

"但也许强者还想要强，"苏格拉底说，"或者快者还想要快，健康者还想要健康，【c】在这样的情况下，你会认为人们确实还想要成为他们已经是的那种人，确实想要拥有他们已经拥有的那些性质——我提出这些人，让他们不会欺骗我们。但在这些情况下，阿伽松，如果你不再思考这些人，你会看到，依据一种合理的必然性，这些人就是他们现在这个样子，无论他们想要成为某种人或不想要成为某种人。我可以问，谁会自找麻烦，在任何事情上想要拥有必然的东西？然而，当某人说'我是健康的，但这正是我想要成为的那种状况'，或者'我是富裕的，但这正是我想要成为的那种状况'，【d】或者'我想要我已经拥有的每一样东西'，让我们对他这样说：'你已经拥有了财富、健康和力量，我的先生，你想要的是将来继续拥有它们，因为当前无论你想要还是不想要，你都拥有这些东西。每当你说我想要我已经拥有的东西，问问你自己吧，你的意思是否就是我想要在将来也拥有我现在已经拥有的东西。'他难道会不同意吗？"

按照阿里司托得姆的说法，阿伽松说他会同意的。

所以苏格拉底说，"那么，这就是爱某种尚未到手的事物的意思，有爱情者尚未拥有这种事物，他想要预约这种事物，以便在将来拥有它，【e】这样一来他就可以在将来拥有它了。"

"好像是这样的。"他说。

"所以，这样的人或者其他有某种欲望的人，想要的是现在尚未到手的东西、现在还没有出现的事物、他还不是的那种状况、他现在需要的东西；这就是欲求和爱的对象。"

"当然了。"他说。

"那么好吧，"苏格拉底说。"让我们重复一下我们已经同意的观点。不就是，第一，爱总是对某事物的爱，【201】第二，他爱他现在需要的事物，是吗？"

"是的。"他说。

"现在，除了这些观点以外，记住你在你刚才的演讲中所讲的爱神所爱的事物。要是你愿意，我会提醒你一下。我想你大体上是这样说的：爱美丽的事物平息了众神之间的争斗，因为没有对丑陋的事物的爱。① 你是这样说的吗？"

"我是这样说的。"阿伽松说。

"这样说是合适的，我的朋友。"苏格拉底说。"但是，如果事情是这样的话，那么爱就是对美的欲求，而绝不是对丑的欲求，是吗？"

【b】他表示同意。

"我们也同意他爱的只是他需要的东西和现在不拥有的东西。"

"是的。"他说。

"所以爱需要美，爱现在还不拥有美。"

"必定如此。"

"那么好吧！如果某样事物需要美、还不拥有美，你还会说它是美的吗？"

"肯定不。"

---

① 参阅本篇 197b3—5。

"那么，如果事情是这样的话，你还会同意爱是美的吗？"

【c】然后阿伽松说："事情有点变了，苏格拉底，我不知道自己在那篇演讲中说了些什么。"

"那是一篇美妙的演讲，无论如何，阿伽松"，苏格拉底说。"现在再进一步。你不认为好的事物也总是美的吗？"

"我是这样想的。"

"那么，如果爱需要美的东西，如果所有好事物都是美的，那么他也需要好东西。"

"噢，苏格拉底。"他说，"我挑不出你的毛病来。就算你说得对吧。"

"噢，我亲爱的阿伽松，你挑不出毛病来的是真理，"他说。"而要挑出苏格拉底的毛病来，一点儿也不难。"

【d】我现在让你过关了。我想试着为你们转述一篇关于爱的演说，它是我以前从一位曼提尼亚①妇女狄奥提玛②那里听来的——这个女人对许多问题都有真知灼见，她曾经告诫雅典人祭神避灾，因此把瘟疫推延了十年。她把爱的技艺传授给我，我要尽我所能，把她的想法告诉你们，以阿伽松和我刚才达成的一致意见为基础。

阿伽松，追随你的提示，一个人首先应当描述，谁是爱神，他长得什么样，【e】然后再描述他的工作——我想，对我来说最容易的方法从狄奥提玛的方法开始，把她是怎么向我提问的告诉你们。

你们瞧，我告诉她的事情和阿伽松刚才告诉我的事情几乎完全一样：爱神是一位伟大的神，他属于美好的事物。③她使用了我刚才用来反对阿伽松的几乎完全相同的论证来反对我，针对我的想法，她指出：爱既不美又不善。

---

① 曼提尼亚（Μαντίνια），地名。

② 狄奥提玛（Διοτίμα），人名。

③ "爱神爱美的事物"、"爱是美的事物之一"，这两个命题有含义模糊之处。阿伽松肯定前一个命题（197b5，201a5），这也是狄奥提玛论证的前提。阿伽松也肯定后一个命题（195a7），这是狄奥提玛开始加以驳斥的命题。

所以我说，"你这是什么意思，狄奥提玛？爱是丑的和恶的吗？"

【202】但是她说："注意你的舌头！你真的以为，如果一样事物不是美的，它就一定是丑的吗？"

"我是这么看的。"

"如果一样事物不是聪明的，它是无知的吗？或者说，你没有发现介于聪明和无知之间还有某些东西吗？"

"那是什么？"

"那是对事物的正确判断，但又不能说出理由来。你肯定看到这样的状态与知道不是一回事——知道怎么能是没有理由的呢？但它又不是无知——触及事物的真相怎么会是无知呢？正确的判断，当然了，具有这种特点：它是介于理解和无知之间的东西。"

【b】"对，"我说，"就像你说的那样。"

"那就不要坚持凡是不美的就是丑的、凡是不好的就是坏的。对爱神来说也是一样：当你同意他既不好又不美，你不需要认为他是丑的和恶的；他可以是某种居间的东西。"她说。

"然而，大家都同意他是一位伟大的神。"我说。

"你指的只是那些不知道的人吗？"她说。"这就是你说的'大家'的意思吗？或者说，你把那些知道的人也包括在内？"

"我指的是所有人。"

【c】她笑了："苏格拉底，那些说他根本不是神的人怎么会同意他是一位伟大的神？"

"谁这么说？"我问道。

"你算一个，"她说，"我也算一个。"

"你怎么能这么说？"我喊道。

"这很容易，"她说。"告诉我，你不会说众神全都是美的和幸福的吧？你肯定不会说一位神既不美又不幸福？"

"宙斯在上！我不会。"我说。

"好吧，把某人称作幸福的，你的意思不是指他们拥有好的和美的事物吗？"

【d】"当然如此。"

"那么关于爱神怎么样？你刚才同意他需要好的和美的事物，就是由于这个原因他欲求它们——因为他需要它们。"

"我肯定同意过。"

"那么，如果爱神不分有好的和美的事物，他怎么会是一位神呢？"

"他不可能是神，显然不会。"

"你现在明白了吗？你也不相信爱神是一位神！"

"那么爱神是什么呢？"我问道。"一个凡人？"

"肯定不是。"

"那么，他是什么呢？"

"他像我们刚才提到的那种事物，"她说。"他介于可朽者与不朽者之间。"

"你这样说是什么意思，狄奥提玛？"

【e】"他是一个伟大的精灵，苏格拉底。一切有灵的事物，你瞧，都介于神与人之间。"

"他们的作用是什么？"我问道。

"他们是来往穿梭于二者之间的信使，把凡人的祈祷和献祭传递给众神，把众神的诫命和回报献祭的馈赠传达给凡人。由于介于二者之间，他们沟通整个天地，把乾坤联成一体。【203】他们是预言、祭仪、入会、咒语、占卜、算命的媒介。众神不会与凡人相混杂，只有通过精灵的传递，凡人才能与众神沟通，无论我们是醒还是睡。擅长这些事情的凡人就是有灵性的人，而从事某种职业或从事任何人力工作，仅仅是个匠人。所以，精灵多种多样，爱的精灵就是其中之一。"

【b】"谁是爱的精灵的父母？"我问道。

"尽管说来话长，"她说，"但我会告诉你的。"

"阿佛洛狄忒诞生之时，众神设宴庆祝。墨提斯①之子波罗斯②参与

---

① 墨提斯（Μῆτις），技艺之神，词义"聪明、狡猾"。
② 波罗斯（Πόρος），资源之神，词义"道路、资源"。

其中。晚宴刚毕，佩尼娅①前来行乞，如乞丐所为，凡有宴饮，他就找上门来。波罗斯多饮了几杯琼浆——你知道，当时还没有酒——喝醉了，信步走到宙斯的花园里，便倒头昏沉沉地睡去。然后，【c】佩尼娅想出一个计划，以减缓她的资源贫乏，她要和波罗斯生孩子。所以她走过去睡在他的身旁，怀了孕，有了爱的精灵。由于这个原因，爱的精灵生来就是阿佛洛狄忒的跟班和仆从，因为他是在阿佛洛狄忒诞生之日被怀上的。由于这个原因，他生性爱美，因为阿佛洛狄忒本身格外美丽。

"作为波罗斯和佩尼娅之子，他命中注定要像他们。首先，他总是贫穷，远非文雅和俊美（就像普通人以为的那样），【d】而是相貌丑陋，赤脚，无家可归，经常睡在露天里、道路旁，没有床褥，分有他母亲的本性，始终生活在贫困之中。但是他也分有他父亲的禀赋，追求美和善；他勇敢豪爽、精力充沛、干劲十足，是一名能干的猎人，擅长使用各种计谋，非常聪明，终生热爱智慧，擅长各种巫术，是骗人的能手。

【e】"按其本性，他既非不朽者，又非可朽者。他可以在一天之内有多种变化，一切进展良好时他生气勃勃、如花似锦，但他也可以马上衰亡，因为他得到的东西一直在很快地消失，然后又凭借他父亲的禀赋而获得再生。所以爱决不会赤贫，也不会富裕。

【204】"他也处于无知和智慧之间。事实上，你们瞧，没有哪位神热爱智慧或者想要成为聪明的——因为他们是聪明的——已经是聪明的没有一个会热爱智慧；另一方面，无知的也不会热爱智慧或者想要成为聪明的。之所以落入这种无望的境地，原因在于他们既不拥有美和善，又不拥有理智，他们满足于现有状态。如果你认为你不需要什么东西，你当然不会想要你认为你不需要的东西。"

【b】"在这种情况下，狄奥提玛，谁是热爱智慧的人，如果他们既非聪明亦非无知？"

"这很清楚，"她说。"连一个小孩也能告诉你。那些热爱智慧者介于这两个极端之间。爱的精灵就是其中之一，因为他热爱美的东西，智

---

① 佩尼娅（Πενία），贫穷之神，词义"贫穷"。

慧是格外美丽的。由此可知，爱的精灵必定是智慧的热爱者，因此他介于聪明和无知之间。他的这个方面也和他的出身有关，他的父亲是聪明的，富有资源，而他的母亲是不聪明的，缺乏资源。

【c】"所以，我亲爱的苏格拉底，这就是这个精灵的本性。考虑到你原来对爱的思考，你有这样的看法不足为怪。以你所说的为基础，我得出结论，你认为爱神是被爱者，而不是爱者。我认为，就是由于这个原因，爱神对你显得在各个方面都是美丽的，因为真正优雅和美丽的东西值得被爱，这种爱是完美的，极为有福的；但作为爱者，他采取一种不同的形式，这我刚才已经描述过了。"

所以我说："那么好吧，我的朋友。关于爱神你说得很好，但若你是对的，爱对人类有什么用呢？"

【d】"我会尝试着开导你，苏格拉底，在我把这个要点说完之后。到此为止，我已经解释了爱神的品性和出身。现在，按照你的说法，他就是爱美的事物。但若有人问我们，'苏格拉底和狄奥提玛，爱美的事物是什么意思？'

"这样说会更加清楚一些：'美的事物的热爱者有一种欲望，他欲求什么？'"

"他欲求这些美的事物成为他自己的。"我说。

"但是这个回答会引发另一个问题，也就是'当他想要的这些美的事物成为他自己的以后，这个人将得到什么呢？'"

【e】我说，我没办法给这个问题提供一个现成的答案。

然后她说："假定有人把问题改了，用'善'来代替'美'，然后问你，'苏格拉底，善的事物的热爱者拥有欲望，他欲求的是什么？'"

"使善的事物成为他自己的。"我说。

"当他想要的善的事物已经成为他自己的以后，他将获得什么呢？"

【205】"这一次我很容易回答，"我说。"他将获得幸福。"

"这就是使幸福之人幸福的东西，不是吗——拥有善物。不需要进一步再问，'想要幸福是什么意思呢？'你提供的答案似乎已经是最后的。"

"对。"我说。

"那么，这种对幸福的欲求，这种爱——你认为对全人类来说都是共同的吗，每个人都想要永远拥有善物？你怎么说？"

"是这样的，"我说。"对所有人都是共同的。"

【b】"那么，苏格拉底，我们不是说每个人都在爱，"她问道，"因为每个人都始终爱着相同的东西吗？而不是说我们中间有些人在爱，有些人不在爱；为什么会这样呢？"

"对此我自己也感到疑惑。"我说。

"没什么要疑惑的，"她说。"这是因为我们在爱中划分出一种专门的爱，我们用这个词来指称这个整体——'爱'；而对其他种类的爱，我们使用其他的语词。"

"你这是什么意思？"我问道。

"嗯，你知道，举例来说，'创作'① 这个词的意思很广泛。毕竟，从无中把某个事物创造出来，与之相关的每件事情都是一种创作；【c】所以每一种技艺和职业本身都是一种诗歌，每一位实践某种技艺的人都被称作诗人。"

"对。"

"无论如何，"她说，"你知道的，这些匠人并不被称作诗人。我们用其他名称来叫他们，出于整个诗学，我们把其中的一部分标出来，缪斯掌管的部分给了我们曲调和节奏，我们用这个表示整体的词来指称它。因为只有这个部分被称作'诗歌'，那些实践诗歌的这个部分的人被称作诗人。"

【d】"对。"

"对爱来说也是这样。这方面的主要观点是：对善物或幸福的每一种欲求都是在每个人身上表现出来的'最高的和不可靠的爱'。而那些伴随这种或那种方式追求这一点的人——通过挣钱，通过运动，通过哲

---

① ποίησις 这个词的字义是"制造"、"创作"，可以用于任何生产或创造，"诗歌"也是这个词。但是 ποιητής 这个词的意思是制造者、创作者，主要指诗人。

学——我们不说这些人处于爱中，也不把他们叫作爱者。仅当人们全身心投入一种专门的爱的时候，我们才使用那些真的属于爱的整体的语词：'爱'、'处于爱中'、'爱者'。"

"我开始明白你的意思了。"我说。

【e】"是有某个故事，"她说，"按照这个故事的说法，有爱情的人是那些寻找他们的另一半的人。但是按照我的故事，有爱情的人并不寻找到一半或者整体，除非，我的朋友，事情变成也在求善。我之所以这样说，乃是因为人们甚至愿意砍去他们的手脚，如果他们相信他们的手脚得了病。我不认为某个个人会以属于他个人的事物为乐，除非他的'属于我'的意思就是'善'，他的'属于他人'的意思就是'恶'。【206】这是因为，每个人所爱的东西无非就是善。你不同意吗？"

"宙斯在上，我不会不同意。"我说。

"那么好，"她说。"我们能够只说人是善的热爱者吗？"

"是的。"我说。

"但是我们难道不应当添上，在热爱善的过程中，他们想要善物成为他们自己的？"

"我们应当。"

"不仅如此，"她说。"他们想要善物永远是他们自己的，不是吗？"

"我们也应当添上这句话。"

"那么，总之，爱就是想要永远拥有善物。"

【b】"非常正确。"我说。

"所以，这就是爱的对象，"她说。"现在，有爱情的人会如何追求它？我们会正确地说，当他们处于爱情之中时，他们渴望某些事物，狂热地追求某些事物。但是他们到底在做些什么？你能说一说吗？"

"要是我能说得出来，"我说，"我就不用做你的学生、崇敬你的智慧、试图向你学习这些事情了。"

"好吧，那就由我来告诉你，"她说。"爱就是孕育美，在身体中，或者在灵魂中。"

【c】"我需要占卜才能弄清你的意思。我做不到。"

　　"嗯，我会说得更明白一些，"她说。"我们每个人都有生育能力，苏格拉底，身体上的和灵魂上的，长到一定年纪，我们天然就有生育的欲望。在丑陋的事物中，无人能够生育；只有在美丽的事物中才能够。这是因为，当男人和女人为了生育而走到一起，这是一件神圣的事情。怀孕、生产——这是可朽的动物所做的不朽的事情，它不能在不和谐的事物中发生，【d】而丑陋与这种神圣的事务不能和谐。然而，美与神圣的事务是和谐的。因此，掌管生育的这位女神——她被称作莫依拉①或者爱立苏伊娅②——确实是美丽的。就是因为这个道理，每当有生育力的动物或人接近美的时候，它们就感到欢欣鼓舞、精神焕发，怀孕生子；而在接近丑的时候，它们兴味索然，转身躲避，不愿交媾，因为它们心里已经明白，分娩是痛苦的。就是由于这个原因，【e】美在接近那些已经孕育生命的动物或人的时候，可以使它们顺利分娩，把它们从巨大的痛苦中解放出来。你瞧，苏格拉底，"她说，"爱想要的东西不是美，如你所认为的那样。"

　　"好吧，那么爱是什么呢？"

　　"在美之中生育和繁殖。"

　　"也许是吧。"我说。

　　"肯定是，"她说。"那么，为什么要繁殖呢？这是因为繁殖会永远进行下去；这就是可朽者拥有不朽的地方。如果我们前面已经同意的事情是对的，【207】那么有爱情的人在追求善物的时候必须追求不朽。从我们的论证中可以推论，爱必定企盼不朽。"

　　所有这些就是她对我的教导，她在多个场合谈论爱的技艺。她曾经问我："依你看，引发爱和欲望的原因是什么，苏格拉底？你难道看不到，当野兽想要繁殖时它们处于多么可怕的状况？【b】无论是长脚的，

---

① 莫依拉（Μοῖρα），命运女神，亦为生育女神，参阅荷马：《伊利亚特》23：209。

② 爱立苏伊娅（Εἰλείθυια），生育女神，与莫伊拉等同，参阅品达：《奥林匹亚颂歌》4,42；《尼米亚颂歌》7,1。

还是长翅膀的，全都充满爱的欲望。它们首先相互交配，然后哺育它们的幼崽和幼鸟——为了后代，连最弱小的动物也敢和最强大的动物搏斗，甚至不惜牺牲自己的性命；为了养育后代，它们宁愿忍受饥饿。为了后代，它们甘愿做任何事情。你会认为，要是人类这样做，这是因为他们懂得这样做的理由；【c】但是什么东西使野兽处于这种爱的状态? 你能说得出来吗?"

我再一次说我不知道。

所以她说:"如果你连这个道理都不懂，你怎么能够认为你是爱的技艺的大师?"

"这就是我到你这里来的原因，狄奥提玛，如我刚才所说。我知道自己需要一位老师。所以把这些原因告诉我，把属于爱的技艺的其他事情都告诉我。"

"如果你真的相信，爱依其本性，旨在我们已经有过一致意见的那些事情，【d】那么就不会对这个答案感到惊讶，"她说。"因为动物界的原则和我们的原则是一样的，可朽者的本性都在尽力追求不朽。繁殖是实现这一目的的唯一途径，除此别无他途，因为这才会有新一代不断地接替老一代。甚至连每个有生命的、被说成是活的事物也一样——作为一个人，那么从小到老都是同一个人——但他绝不是由同样的事物组成的，尽管他始终用同一个名字，但他的方方面面都在变化，每一天他都是一个新人，而原来的他已不复存在。【e】我们可以看到他的头发、肌肉、骨头、血液，以及身体的其他所有部分，都在变化。不仅他的身体在变，而且他的灵魂也在变，因为他的性格、气质、思想、欲望、快乐、痛苦、恐惧都不是终生不变的，而是有些在出现，有些在消失。这条原则用于人的知识甚至更加令人惊奇，【208】我们关于事物的知识，有些在增长，有些在遗忘，可见，甚至在知识方面我们也从来不是同一个人，而是每一片知识都有相同的命运。之所以有所谓学习的存在，乃是因为知识正在离我们而去，因为遗忘就是知识的离去，而学习恢复记忆，由此保存知识，使之看起来是相同的。以这种方式，一切可朽的事物得以保存，它们与神圣的事物不同，神圣的事物永远保持同一，而可朽的事物只能留下新生命来填补自己死亡以后留下的空缺。【b】用这种方法，苏格拉底，可朽者分享不朽性，无论是身体还是其他东西，而不朽者有另外的方式。所以，别感到惊奇，如果一切事物天然地珍惜它自己的后代，因为就是为了不朽，一切事物都表现出这种热情，这种热情就是爱。"

听了她的演讲，【c】我还是感到震惊，我说："嗯，最聪明的狄奥提玛，事情真的是这个样子吗？"

以一名睿智大师的口吻，她说，"确实如此，苏格拉底。如果你愿意，可以看一下人类如何追求荣誉。如果你没有把我说的记在心上，如果你不曾考虑过他们所处的可怕的爱的状况，那么你会对他们的表现感到惊讶，他们想要出人头地，他们想要'建立万世不朽的功勋'，为了流芳百世，他们不怕千难万险，不惜倾家荡产，甚至不惜牺牲自己的生命。【d】你真的认为阿尔刻提斯愿意替阿德墨托斯①去死吗，"她说，"或者阿喀琉斯愿意跟随帕特洛克罗去死，或者你们的考德鲁斯②宁愿牺牲自己以保全他的子孙的王位，如果不期待他们的德性——我们至今仍加以荣耀——被人们永世牢记？决不会这样，"她说。"我相信，为了不朽的德性以及后来光荣的名望的缘故，任何人都愿意做任何事情；【e】这些人愈高尚，他们做得就愈多，因为他们全都热爱不朽。

"嗯，有些人的生育表现在身体上，由于这个原因他们更多地转向女人，以这种方式追求爱，通过生儿育女来追求不朽的名声、后代的记忆、永久的幸福，如他们自己所认为的那样；【209】而其他一些人的生育表现在灵魂中——因为肯定有一些人的灵魂比他们的身体更有生育能力，更适宜在灵魂中播种、怀孕和生养。适宜生养的是什么呢？智慧以及其他美德，每个诗人都以生养美德为职司，其他所有被视为创造性的

---

① 阿德墨托斯（Άδμήτος），阿尔刻提斯的丈夫。

② 考德鲁斯（Κόδρος），传说中的雅典最后一位国王。有神谕说，如果雅典人的国王被敌人所杀，雅典人将取得胜利，从入侵的多利亚人那里获得解放。考德鲁斯为了满足这条神谕而献出生命。

技艺都在起这种作用。迄今为止，智慧最伟大、最美好的部分处理的是城邦和家庭的秩序，【b】智慧的这个部分被称作节制和正义。有些人从小就在他的灵魂中孕育这些美德，当他还是个处男的时候，到了恰当的年纪，他想要生育，他肯定会四处寻访，寻找一个美的对象来播种；因为他决不会在任何丑陋的对象那里生育。由于他是有生育力的，因此他更容易被美丽的身体而不是被丑陋的身体所吸引；如果他也幸运地碰上一个灵魂美好、优秀、高尚的人，那么他更容易迷上他；【c】这样的男人使他不断地接触有关德性的思想和论证———一个有美德的男人应当拥有这些品德，并参与符合习俗的活动；所以他试图对他进行教育。在我看来，你瞧，通过与某个俊美的男人的交往，有他的陪伴，他会产下多年孕育的东西。无论他们在一起，还是分离，他会记住那种美。到了他们孕育的东西出世之后，他们会同心协力，共同抚养他们友谊的结晶；因此，这样的人，比那些生儿育女的父母有更多的东西分享，因为他们创造出来的东西比肉体的子女更加美丽，更加不朽。只要想起荷马、赫西奥德，以及其他所有大诗人，【d】有谁会不对他们表示妒忌，每个人都会乐意当这样伟大的父亲，而不仅仅满足于生养肉体的子女——这些作品本身是不朽的，它们的父母也有不朽的光荣，留下了不朽的英名。比如说，”她说，“莱喀古斯留给斯巴达的那种子女①是斯巴达的救星，甚至也是全希腊的救星。在你们的民众中间，【e】荣耀也归于梭伦，因为他创造了你们的法律。还有其他人在其他地方，希腊人或野蛮人，在世人面前表现出高尚的行为，生养了各种高尚的美德。为了荣耀他们不朽的子女，已经有许多庙宇建造起来，而对那些人的后代，这种事情还没有发生。

"甚至你，【210】苏格拉底，也有可能加入这些爱的秘仪。至于这些秘仪的目的，当它们正确实施的时候——这是最终的也是最高的奥秘，我不知道你是否能够明白。我本人会把它告诉你的，”她说，“我不

---

① 莱喀古斯（Λυκούργους），斯巴达的立法者，此处"子女"指他在斯巴达制定的法律和习俗。

会吝惜任何努力。请你务必聆听，如果你能做到。

"一个有爱情的人必须在年轻的时候尽早开始正确经历这种事情，献身于美丽的身体。首先，如果这位引导者①引导正确，他应当爱上一个身体，在那里产生美好的念头；然后他应当明白，【b】任何一个身体之美都是其他身体之美的兄弟，如果他追求形相之美、而不认为所有身体之美都是同一的，那么他非常愚蠢。当他掌握了这一点的时候，他必定成为一切美的身体的热爱者，他必定认识到这只是一个多孔穴的身体，如果只爱这个身体，那真是太渺小了，他会藐视它。

"在此之后，他必定认为人们的灵魂之美比他们的形体之美更有价值，所以若是某人的灵魂是高尚的，【c】纵然他的形体不美，我们的有爱情的人也会爱上他、关心他，期待与这样的灵魂对话，使年轻人变得更好。结果就是，我们爱的人会被迫凝视行动之美和法律之美，会看到各种美之间的联系与贯通，他会得出结论，形体之美并不是最重要的。在习俗之后，他的注意力必定会移向各种知识。【d】结果就是，他能看到各种知识之美，而不再主要观看一个例证之美——奴仆总会偏爱一个男童之美、一个男子之美、一种习俗之美（作为一名奴仆，他的心灵当然是低下的，渺小的）——这时候他会用双眼注视美的汪洋大海，凝神观看，他发现在这样的沉思中能产生最富有成果的心灵的对话，能产生最崇高的思想，能获得哲学上的丰收，【e】到了这个时候他就全然把握了这一类型的知识，它是这样一种关于美的知识……

"你要注意听，"她说，"尽可能跟上我说的意思。你瞧，在爱的事务上接受引导、按既定次序进到这一步的人，看到了所有这些美的事物，接近了爱的目标；突如其来，他看到了神奇的美景；【211】苏格拉底，这就是他先前辛劳的原因：

"首先，它始终如一，既无生成，亦无逝去，不生不灭，不增不减。第二，它不会以这种方式是美的，以那种方式是丑的，不会一个时候是美的，另一个时候是丑的，不会与一个事物相连是美的，与另一个事物

----

① 引导者，指爱。

相连是丑的，不会在这里是美的，在那里是丑的，就好像它会对某些人来说是美的，对另外一些人来说是丑的。这个美者不会伪装成脸的美、手的美，或身体某个部分的美向他显现。它既不是话语，也不是知识。它不存在于其他别的事物中，比如动物、大地、天空之类的事物；它自存自在，是永恒的一，【b】而其他一切美好的事物都是对它的分有。无论其他事物如何分有它的部分，美本身既不会增加，也不会减少，仍旧保持着不可侵犯的完整性。所以，当某人通过这些阶梯上升，通过正确地爱男孩，开始看到这种美的时候，他就几乎把握了他的目标。【c】这就是进入爱神的秘仪的正确道路，或是自己前行，或是被人引导。为了寻求美本身，逐步上升，从美的事物开始，把它们用作阶梯，也就是说，从一个美的形体到两个美的形体，再从两个美的形体到所有美的形体，从形体之美到体制之美，从体制之美到知识之美，最后再从知识之美进到仅以美本身为对象的那种学问，最终明白什么是美。

　　【d】"在那样的生活中，苏格拉底，我的朋友。"这位来自曼提尼亚的妇人说，"如果说一个人要在任何地方过那样的生活，就在于观看美本身。一旦看到美本身，你就不会用黄金、华服、俊男、美童来衡量美——这些人，如果你现在看见他们，会使你和许多像你一样的人朝思暮想，如醉如痴，如果可能的话，你们会终日厮守在心爱的人儿身边，废寝忘食，一刻也不愿分离，追求最大的满足。【e】但是为什么会这样呢？在我看来，"她说，"如果一个人看到那如其本然，精钝不杂的美本身，这个美不是可朽的血肉身躯之美，而是神圣的天然一体之美，如果他能亲眼看到天上的美，能睁开双眼凝视那美的真相，对它进行沉思，直到美的真相永远成为他自己的东西，那么你还会把他的生活称作无法躲避的生活吗？【212】或者说，你不记得了，"她说，"只有在这种生活中，当人们通过使美本身成为可见的而看到美本身的时候，人们才会加速拥有真正的美德，而不是那些虚假的美德，使之加速的是美德本身，而不是与美德相似的东西。当他在心中哺育了这种完善的美德，他将被称作神的朋友，【b】如果说有凡人能够成为不朽的，那么就是他这样的人。"

斐德罗，其他各位先生，这就是狄奥提玛告诉我的事情。我对它心悦诚服。一旦信服，我也想使别人同样信服，要达到这种境界，人的本性无法找到比爱神更好的工作伙伴了。由于这个原因，我说每个人都必须荣耀爱神，我自己就在荣耀爱神的祭仪本身，并且勤勉地实践它们，我也要求别人这样做。迄今为止，我都在尽力赞美爱神的力量和勇敢。【c】所以，考虑一下这篇演讲，斐德罗，如果你愿意，可以把它当作我对爱神的颂辞，如果你不愿意，叫它别的名称也可以，反正随你的便。

苏格拉底的演讲在阵阵掌声中结束。这时候，阿里斯托芬想要压倒众人的欢笑，让别人能听到他说话，他想就苏格拉底在发言中涉及他的那些地方提出质疑。① 然而，突如其来，外面传来一阵更大的喧闹声。一群醉汉抵达庭院门口，他们在那里敲门，还有他们一直带着的吹笛女的笛声。这个时候，【d】阿伽松对他的奴仆说：

"去看看谁来了。如果是我们认识的人，就请他们进来。否则，就说宴会已经结束，酒已经喝光了。"

没过一会儿，前院传来阿尔基比亚德的声音。他喝醉了，大声嚷嚷，问阿伽松在哪里，要仆人马上带他去见阿伽松。那位吹笛女和其他随从搀扶着他来到我们宴饮的大厅门口。他站在那里跟我们说话，【e】头上戴葡萄藤和紫罗兰编织的大花冠，还缠绕着许多丝带。

"晚上好，先生们。我已经喝够了，"他嚷道。"我可以参加你们的宴会吗？我其实只想替阿伽松戴上花冠，说几句话就走。我们来就是为了这件事。昨天我就想来了，但有事不能脱身，所以我现在来了，头上还缠了这么多丝带。我要把这些丝带取下来，系到这个最聪明、最漂亮的人头上，我还要给他戴上花冠。我想你们在笑话我，因为我喝醉了。【213】你们尽管笑，我不在乎。我还没醉到不知道自己在说什么的地步，你们无法否认我说的是真话。好吧，先生们，你们表个态吧，我可以进来吗？你们能不能和我一起喝酒？"

---

① 参阅本篇 205d—e。

他们全都大声喊着，对他表示欢迎，让他入座。阿伽松也请他坐在自己身边。所以，阿尔基比亚德又在他的朋友们的搀扶下，往阿伽松身旁走去。他一边走，一边想从头上解开丝带，想在靠近阿伽松的时候给他加冕。他头上的花冠弄歪了，遮住了他的双眼，所以他没注意到苏格拉底。他在阿伽松和苏格拉底中间坐下，苏格拉底看见他走过来，已经给他挪出空位。【b】阿尔基比亚德一落座，就伸出双臂拥抱阿伽松，亲吻他，往他的头上系丝带。

阿伽松让他的奴仆把阿尔基比亚德的鞋脱了。"这样我们仨可以坐得下我的躺椅。"他说。

"好主意！"阿尔基比亚德答道。"不过，等一下，谁是第三个？"

他一边说一边回过头去，就在这个时候，他看见了苏格拉底。一看到苏格拉底，他就跳起来大声喊道：

"该死的，【c】是你，苏格拉底！你这家伙，还是你那套老把戏，坐在这里一声不吭，然后乘我不备冒出来吓我一跳。好吧，今天是哪阵风把你给吹来的？你干吗要坐在这里，而不去坐在阿里斯托芬或其他喜剧家的边上？你玩了什么鬼花样，能够坐在这位最漂亮的人边上？"

【d】"求求你，阿伽松，"苏格拉底说，"别让这个人伤害我！你无法想象和他有了爱情会是什么样；从我钟情于他那一刻起，他就不允许我跟其他人说一句话——我正在说，我甚至不能看别人一眼，哪怕这个人一点儿吸引力都没有，要是我看了，他就妒性大发。他用最难听的话骂我，他吓唬我，他甚至要扇我耳光！求求你，让他控制一下自己。也许你能使他原谅我？如果你做不到，如果他要动武，你能保护我吗？一想到他那怒气冲天的样子，我就怕得发抖！"

【e】"我绝对不会原谅你！"阿尔基比亚德喊道。"我向你保证，你会为此付出代价的！但是现在，"他转过身去对阿伽松说，"给我几根丝带。我最好也给他扎个花冠——你看这个世上最神奇的脑袋！否则的话，他会大吵大闹。他会牢骚不断，尽管我在你第一次赢得胜利时就给你戴上了花冠，但我没有给他荣耀，尽管他这一辈子从来没有输过一次论证。"

于是，阿尔基比亚德拿过一些丝带，系在苏格拉底的头上，然后靠在躺椅上。然而，刚过一会儿，他又开始说话：

"朋友们，我看你们都很清醒；这样不行！让我们喝酒吧！记住我们的协议？我们需要一个主持人；谁来当这个主持人好呢？……嗯，至少到你们也全都喝醉了为止，我选举……我自己！还能是谁？阿伽松，我想要一只最大的酒杯……不！等一下！你！【214】把那边那个凉酒罐拿给我！"

他看到那个凉酒罐，知道它能装八科图莱①酒。他让佣人把凉酒罐装满，一口气喝干，然而又叫佣人把它斟满，让苏格拉底喝。

"这点儿酒对他来说实在算不了什么，"他告诉其他人。"无论你们在他面前摆多少酒，苏格拉底都能喝下去，没有人看他喝醉过。"

那名仆人给凉酒罐倒满了酒，苏格拉底在喝的时候，厄律克西马库对阿尔基比亚德说：

【b】"这样做极为不妥。我们不能只管把酒倒进喉咙，一句话也不说；我们必须说话，或者至少唱首歌。我们现在这样做已经谈不上有什么文雅了。"

阿尔基比亚德对他这样说：

"噢，厄律克西马库，最有节制的父亲生出来的有可能是最优秀的儿子，你好！"

"你也好，"厄律克西马库答道。"我们现在怎么办，你有什么建议？"

"无论你怎么说，我们都会服从你，因为'一个高明的医生能抵许多人。'②请你开个处方，说说你认为怎么做合适。"

【c】"你听着，"厄律克西马库说。"你没来以前我们已经商量好了，从左到右每人轮流发言，尽力赞颂爱神。我们都已经这样做了。现在你已经喝了酒，但还没有发言，所以你现在可以发言了。等你讲完了，你可以指使苏格拉底，做你想要他做的事，无论什么事都行，然后他也可以对他左边的人提这样的要求，就这样一个个轮下去。"

---

① 科图莱（κοτύλη，复数 κοτύλας），希腊容积单位，约合 0.28 公升。

② 荷马：《伊利亚特》11：514。

"说得好，噢，厄律克西马库，"阿尔基比亚德答道。"但你真的以为让一个喝得半醉的人和一批实际上还很清醒的人进行较量公平吗？另外，我亲爱的同伴，【d】我希望你千万别相信苏格拉底的鬼话；事情正好相反，要是我胆敢当着他的面赞扬其他人——甚至赞扬一位神——那么挨打的肯定是我！"

"管好你的舌头！"苏格拉底说。

"神灵在上，你竟敢否认这一点！"阿尔基比亚德喊道。"我从来不敢——从不——当着你的面赞扬其他人。"

【e】"嗯，要是你想这么做，为什么不呢？"厄律克西马库提议说。"你为什么不当着我们大家的面，把苏格拉底颂扬一番呢？"

"你什么意思？"阿尔基比亚德问道。"你真的这么想吗，厄律克西马库？我应当放开手脚收拾他吗？我要当着你们大家的面惩罚他吗？"

"喂，等一下，"苏格拉底说道。"你心里想的是什么？你要对我进行赞扬，只是为了嘲笑我吗？是这样吗？"

"我只讲事实，这总可以了吧？"

"我当然喜欢听你讲真话。不管怎么样，你说吧。"苏格拉底答道。

"现在没有任何事情能阻拦我了，"阿尔基比亚德说。"这是你现在能做的事情：如果我有一句假话，你可以马上打断我，如果你愿意，你可以纠正我；【215】我的演讲顶多有一些错误，但绝不会是谎言。但是，如果我说的事情顺序不对，你不能说我错了——我想到什么就说什么。你不能指望像我这样的醉汉还能系统、清晰地解释你的古怪行为。"

我试图赞扬苏格拉底，朋友们，但我不得不使用一个比喻。尽管他可能会认为我在跟他开玩笑，但我向你们保证，我用这个比喻不是为了取笑他，【b】而是为了说明真相。你们看看他！他不就像一尊西勒诺斯①雕像吗？你们知道我指的是哪一种雕像，在城里任何小铺子里都能

---

① 西勒诺斯（σιληνύς），希腊森林之神，相貌丑陋，身体粗壮矮小，秃顶，塌鼻。

找到它们。西勒诺斯的坐像，手里拿着长笛或者芦笛，雕像中间是空的。要是从中劈开，里面装满了小神像。现在你们再看看他！他不也像那个羊人玛息阿①吗？

没有人，甚至连你自己，苏格拉底，能够否认你长得很像他们。但这种相像还不仅仅在于外貌，你们马上就会听到苏格拉底和他们像在什么地方。

你相当厚颜无耻、卑鄙下流、肮脏下贱！不是吗？如果你不承认，我会拿出证据来。你也会吹笛子，不是吗？事实上，你比玛息阿还要神奇得多，【c】他需要用乐器来向人们展示他的魅力。现在演奏他的乐曲的人也是这样——甚至连奥林普斯②吹奏的乐曲也是玛息阿的作品，因为奥林普斯向他学习了一切。所以无论是谁，著名笛手也好，普通的吹笛女也好，只要能吹出他的乐曲，就能使人们欢欣鼓舞，做好准备，接受神的凭附，参加神圣的秘仪。之所以如此，乃是因为他的乐曲本身是神圣的。你和玛息阿之间的唯一差别就是你不需要乐器；【d】你做的事情和他一模一样，但你只靠讲话。你们知道，人们很难认真对待讲话的人，哪怕他是最伟大的演说家；不过，让每个人——男人，女人，小孩——都来听你讲话，甚至听别人复述你讲的话，哪怕复述得很糟——我们都会感到欢欣鼓舞，听得如醉如痴。如果我向你们描述他的话语对我有什么持久惊人的功效【e】（甚至连我正在讲话的这一刻我都能感受到），你们真的可以说我已经喝醉了！还有，我向你们发誓，他一开始说话，我就魂不附体，我的心狂跳不止，我热泪盈眶，跟科里班忒③有得一比——嗯，我要告诉你们，像我这样的绝对不止我一个。我听过伯里克利④和其他许多大演说家的演讲，我崇拜他们的讲话。但这样的事

---

① 玛息阿（Μαρσύας），希腊神话中的半人半羊的怪物，长有公羊的角、腿和尾巴，性好欢娱，耽于淫欲，擅长吹笛。

② 奥林普斯（Ὀλύμπους），希腊传说中的著名乐师，为玛息阿所爱。

③ 科里班忒（Κορυβαντες），众神之母库柏勒的祭司，施行秘法时狂歌乱舞，并用长矛碰撞击。

④ 伯里克利（Περικλές），公元前5世纪雅典文化极盛时期的大政治家和演说家。

情在我身上从未发生；他们从来没有使我的灵魂骚动不安，开始反省我自己的生活——我的生命！——并不比最可悲的奴隶好到哪里去。这就是坐在我边上的这位玛息阿使我感受到的，【216】他让我感到我的生命根本不值得活！你无法说这不是真的，苏格拉底。我非常明白，如果我现在给你半点机会，你就会让我有同样的感觉。他总是给我下套，你们瞧，他让我承认我的政治生涯完全是在浪费时间，而这样一些事情是我最疏忽的；我这个人有缺点，需要加以最密切的关注。所以我拒绝听他讲话，我掩耳逃窜，【b】因为，他就像塞壬①，能使我一直待在他身旁，直到老死。

当今世上，苏格拉底是唯一能使我感到羞愧的人——啊，你们不会认为我已经有羞耻感了，是吗？是的，他使我感到羞耻；我非常明白，当他告诉我应当怎么做的时候，我无法证明他是错的；不过，一离开他，我就故态复萌，仍旧去阿谀逢迎。我的整个生活变成不断努力躲避他，但一见他的面，我就会深深地感到羞愧，【c】因为我丝毫也没有改变自己的生活方式，尽管我已经同意他的看法，知道我应当这样做。相信我，有时候我在想，要是他死了，我会快活一些。然而我知道，他若真的不在人世，我会变得更加可悲。我不能与他一道生活，我的生活又不能没有他！所以，我该怎么办呢？

这就是这位羊人的音乐所起的功效——对我和对其他许多人。但这只是很小一部分。他在其他各个方面也和这些生灵相似；他的力量真的格外非凡。让我把这些全都告诉你们，因为，【d】你们可以肯定，你们中间无人真正了解他。不过，我已经开始了，我要把他的真面目告诉你们。

我开始就要说他对漂亮的男孩着迷，老是围着他们转。还有，他喜欢说他自己是无知的，什么都不知道。这一点不是活像西勒诺斯吗？当然很像啦！但所有这些都只是他的外表，就像肚子里藏着小神像的西勒

① 塞壬（Σειρήν）是希腊神话中的人身鸟足的仙女，居住在海岛上，用美妙的歌声迷惑过往的水手。

诺斯雕像。但是，我在想，我的酒友们，你们一旦看到他的内里，就可以证明他有多么明智和清醒了。相信我，【e】男孩是否漂亮对他来说根本不算一回事。你们无法想象他有多么不在意一个人是否漂亮、是否富有、是否出名，而这些东西是大多数人羡慕的。他藐视这些东西，这也确实是他对我们这些人的看法。我要公开告诉你们，他的整个生活都是一场大游戏——充满讥讽。我不知道你们中是否有人见过他有真正严肃的时候。而我曾经见过他有非常公开的时候，就像西勒诺斯的雕像，我看到了隐藏在他内心的那些神像；【217】它们是像神的——如此聪明和美丽、如此珍贵和奇妙——我不再有任何选择——我只能按他的要求去做。

我曾经以为他真的需要我，我以为自己交了好运；我只要对他好一点儿，他就会把他所知道的都教给我——相信我，我对自己充满信心。当然了，到那个时候为止，我们还没有单独在相处过，我和他见面时总有我的跟班在场。【b】想到这一点，我把跟班打发走了，独自一人去和苏格拉底约会。（你们瞧，在这个朋友圈里，我必须把事实真相和盘托出；所以，请你们注意听。还有，苏格拉底，如果我说的任何事情不真实，请你纠正我。）

所以，我终于和他单独相处了，我的朋友们。当然了，我心里指望从他那里听到一些情人约会时常说的甜言蜜语，我自己就喜欢这样做。可是我的指望落空了，他一句好话都没有。他只是和平常一样与我交谈，【c】到了该分手的时候，他说了声再见就走了。

于是我又邀他一起去体育场做运动，指望借此可以达到目的。你们信不信，我和他一起练习摔跤，没有旁人在场，可就是没做成那件事，一点进展都没有！我明白了，这样做不会有什么收获，于是我想了又想，最后打定主意，大胆地对他发起正面进攻。因此，就像恋人想要勾引爱人一样，我请他来吃晚饭。要想请到他也不容易，【d】但最后他终于答应了。第一次，他来吃了晚饭以后马上就要告辞，而我当时很害羞，没能拦住他。第二次，吃了晚饭以后，我不停地和他交谈，一直谈到半夜，他要走的时候，我以夜深为理由，强迫他留下过夜。就这样，他和我同榻而卧，就在吃晚饭的那个房间，【e】没有别人，只有他和我。

现在你们必须承认，我的故事到此为止都很体面，可以讲给任何人听。俗话说，"酒后吐真言"。要不是我现在喝醉了，你们绝无可能听到后来发生的事。还有，让我颂扬苏格拉底，而不提他引以为豪的成就之一，对他来说是不公平的。还有，人们常说，一个人被蛇咬过之后，不会把他的痛苦告诉别人，除非那个人也曾经被蛇咬过，【218】因为只有这样的人会对他表示同情，而没有被蛇咬过的人只会把他当作傻瓜。这就是我现在的感觉，我被比毒蛇还要厉害的毒物咬了，我疼痛无比。我被咬的地方是我的心，把它叫作心灵或别的什么也可以。咬我的毒物是哲学，它就像一条蝰蛇紧紧咬住一颗年轻、能干的心，要他做什么就做什么，全由它支配。现在，所有在场的人，斐德罗、阿伽松、【b】厄律克西马库、鲍萨尼亚、阿里司托得姆、阿里斯托芬——我不需要提到苏格拉底本人——以及其他所有人，全都分享着哲学的迷狂和热情。就是由于这个原因，你们能听到我的故事的其余部分，你们能理解这些事情，能够原谅我的言行。至于这些家奴和其他未曾入会者，我的故事不是讲给你们听的，把你们的耳朵堵上。

【c】回过头来，我继续讲我的故事。灯熄了，仆人离去；时机正对，我想，我可以把心中的念头直接告诉他了。所以我推了他一把，小声问道：

"苏格拉底，睡着了吗？"

"不，还没有。"他答道。

"你知道我在想什么吗？"

"嗯，不，不知道。"

"我在想，"我说，"你是唯一值得我爱的人——不过，你跟我在一起好像很害羞！好吧，让我来告诉你我是怎么想的。我在想，【d】要是不把你想要的东西给你，那是很愚蠢的；你可以拥有我，拥有我拥有的一切，拥有我的朋友拥有的东西。为了使自己成为最优秀的人，我一直热心交朋友，我认为你比其他任何人都更能帮助我实现这个目标。和一位像你这样的人待在一起，实际上，要是我不把你当作我的情人，像聪明人会说的那样，而是把你当作我的情人，像其他那些愚蠢的人会说的那样，我会感到前者比后者要可耻得多。"

他听完了我的这番话，用他惯常的讥讽的口吻说：

"亲爱的阿尔基比亚德，【e】关于我如果你说得没错，那么你已经比你认为的要更加完善了。如果我真的有某种力量能使你变好，那么你能在我身上看到一种美，这种美难以言表，并会使你杰出的美相形见绌。不过，你提出的这种交换公平吗？在我看来，你想要的东西过分了：你向我提供的仅仅是美的形象，而你想要的东西是这样事物本身，【219】'以铜换金。'①

"还有，我亲爱的孩子，你应当再作思考，因为你可能看错了，我对你一点儿用处都没有。肉眼模糊的时候，心眼才会清晰起来——你要想心眼清晰还有很长的时间。"

听了这些话，我答道：

"我真的无话可说了。我已经把我的想法准确地告诉你。现在请你考虑，你认为怎样办对我们俩是最好的。"

【b】"你这样说倒是蛮合理的，"他答道。"以后让我们一起来考虑。我们会做那些对我们俩似乎最好的事情。"

他的话使我以为我放出的利箭终于射中了靶子，他已经接受了我。因此，我没有再给他说话的机会。我马上站了起来，把我的披风②盖在他薄薄的长衫上，尽管已是隆冬季节，他只穿了这件长衫。我钻到他的长衫下面，【c】用胳膊搂着他——这是极不自然的，这真是个奇特的人——就这样躺了一夜。苏格拉底，你无法否认这件事。尽管我付出了我的全部努力，但他仍旧极为傲慢，难以置信地粗鲁无礼——他拒绝了我！他对我感到自豪的美貌无动于衷，陪审团的先生们——你们现在确

---

① 荷马：《伊利亚特》6：232—36。格劳科斯用金盔甲换青铜。
② 古希腊人的服装多采用不经裁剪、缝合的矩形面料，通过在人体上的披挂、缠绕、别饰针、束带等方式，形成特殊服装风貌。披挂型的有"旗同衫"（χιτών），缠绕型的有"希马申"（ἱμάτιον）。

实是陪审员；你们现在坐在这里审判苏格拉底惊人的傲慢和无礼。我以全体男神和女神的名义向你们起誓，【d】我和苏格拉底共度良宵的那个晚上什么事都没有发生，他就好像是我的父亲或者长兄。

你们认为我在那件事情以后是什么感觉？当然了，我深深地感到他对我的鄙视，但也不得不敬佩他的天性、节制和刚毅——这个人的力量和智慧超出我最大胆的想象！我又怎么会仇视他呢？我无法忍受失去他的友谊。【e】但我又有什么办法能赢得他的青睐呢？我非常清楚，用金钱引诱对他根本不起作用，就好比用长矛捕捉埃阿斯①，我原来最有把握的一招已经失败了。所以我无计可施，我的生活没有了目标；啊，其他任何人都不会知道奴役的真正含义！

其实早在雅典人侵犯波提狄亚②的时候，所有这些事情都已经发生，我们俩都参加了当时的战役，吃饭睡觉都在一起。一开始，他就以吃苦耐劳见长，不仅胜过我，而且胜过队里的其他人。每逢给养跟不上，这在战争中是常有的事，【220】没有人能像他那样忍饥挨饿。供应充足的时候，也不会有人像他那样吃得津津有味。尽管他本来不大爱喝酒，但要是强迫他喝，他的酒量比谁都大。最奇怪的是，从来没有人见他喝醉过。我敢说，等今天的宴饮结束，他又有机会证明这一点。

除此之外，他忍受严寒的方式也令人吃惊——让我告诉你们，那里的冬天可怕极了。我记得，有一次天气骤变，冰冻三尺，【b】我们全在帐篷里待着，不敢出去。如果要出去，我们全身穿得非常厚实，还在鞋上裹上毡子，但他照样出去行走，穿着他原来常穿的那件破长衫，赤脚在冰上行走，比我们穿鞋的人走得还要自在。有些士兵用怀疑的眼光看他，以为苏格拉底这样做是故意的，他是在以此表现对其他人的蔑视。

【c】这件事就说到这里！但是你们应当听一下这次战役中的另一件

---

① 埃阿斯（Αἴας）是特洛伊战争中的希腊英雄。他的护身盾用七层牛皮做成，所以不怕长矛。

② 波提狄亚（Ποτίδαια）是希腊北部的一个城邦，公元前433年兴兵反抗雅典，经过两年苦战，被雅典征服。

事，"我们这位勇敢的英雄还立过别的功劳。"① 有一天清晨，太阳还没升起，苏格拉底想到某个问题，就站在那里沉思，想不出答案来就誓不罢休。他就一直这样站着，到了中午的时候，士兵们看他这样都感到很惊讶，相互传话说，苏格拉底从天亮起就站在那里沉思。到了傍晚，几个伊奥尼亚人吃过晚饭，把他们的铺盖搬了出来，【d】睡在露天里，想看他是否站着过夜，那个时候当然是夏天，睡在外面要凉快些。果然，他在那里一直站到天亮，直到太阳升起。他对着太阳做了祷告，然后就走开了。

　　如果你们想知道他在战斗中的表现——这真是他应得的赞扬。你们知道，在那次战役中我由于表现勇敢而得到褒奖。【e】嗯，就在那次战斗中，苏格拉底救了我的命，就他一个人！我受了伤，但他不肯把我扔下，而是背上我，连同我的盔甲。你是知道的，苏格拉底，我后来告诉过他们，他们对我的褒奖真的应当归功于你，你不能否认这件事，也不能因此责备我。但是这些将军们似乎过多地考虑我的家族背景，坚持要对我进行褒奖，而我必须说，你比那些将军们更加热心，说我比你更应当得到褒奖。

　　【221】你们也应当已经看到他在我们那次可怕的代立昂② 撤退时的表现。我当时是骑兵，而他是步兵。我们的军队当时已经四下溃散，而苏格拉底正在和拉凯斯③ 一起往后撤。我碰巧遇见他们，我对他们大声喊道，不要怕，我会和你们在一起。那一天，我有了一次观察苏格拉底的好机会，比在波提狄亚的机会更好，因为我骑着马，也就不那么危险。嗯，很容易看出，他比拉凯斯还要镇定得多。阿里斯托芬，我不禁要借用你的诗来形容苏格拉底走路的样子，【b】他"昂首阔步，斜目四顾"，④

① 荷马：《奥德赛》4：252。
② 代立昂（Δελίον），地名，公元前 424 年雅典军队在此被波提狄亚人打败，这一年是伯罗奔尼撒战争的第八个年头。参阅《拉凯斯篇》181b。
③ 拉凯斯（Λάχης），雅典将军。
④ 阿里斯托芬：《云》，第 362 行。

就好像行走在雅典的大街上。无论遇到朋友还是敌人，他都是那副斜目四顾的样子，叫人远远地看着就知道他不好惹，要是撞上他，非有你好瞧的不可。就这样，他和拉凯斯安然脱险。因为，人们在战场上遇到神气十足的人一般都不敢冒犯，而碰上那些抱头鼠窜的人则会穷追不舍。

【c】赞扬苏格拉底，你们可以叙说其他许多奇妙的事情。有些事在其他人身上当然也有。但是，从总体上说，他是世上独一无二的，前无古人，后无来者——这是关于他的迄今为止最令人惊讶的事情。我们要想知道阿喀琉斯怎么样，可以把他与伯拉西达①或其他伟大的勇士相比，我们也可以把伯里克利比作涅斯托耳②或安特诺尔③，或者比作其他伟大的演说家。【d】世上有许许多多例子可以相互比照，事情就是这样。但是在这里的这个人如此古怪，他的行为方式和思想如此非同寻常，你们仔细想一想，你们绝对找到不到一个人，活人也好，死人也罢，跟他有点儿相似。你们顶多能做到的，不是把他比作某个人，而是说其他人像他，或是像我做的那样，把他比作西勒诺斯和萨堤罗斯，在思想和论证方面也一样。

说到这个方面，我应当在前面就提到。甚至连他的思想和论证也像那些中空的西勒诺斯雕像。【e】如果你们聆听他的论证，这些论证会把你们变得完全荒唐可笑；这些论证包裹在言词中，就好像披着羊皮的、丑陋的萨堤罗斯。他老是在那里谈铁匠、鞋匠、皮匠；他老是在那里说些陈词滥调。如果你们是愚蠢的，或是对他不熟悉，你们会发现要想嘲笑他的论证是不可能的。【222】但若你们能在这些论证像雕像一样打开的时候看它们，如果你们透过外表看内里，你们会明白其他论证是没有任何意义的。它们是真正有价值的，连同其内在的美德意向。对任何想要成为真正好人的人来说，它们是极为重要的——不，是最重要的。

【b】好吧，这就是我对苏格拉底的颂扬，尽管我在其中也夹杂了

---

①　伯拉西达（Βρασίδας），公元前5世纪斯巴达英雄，屡次战胜雅典。

②　涅斯托耳（Νέστωρ），特洛伊战争中擅长辞令的谋臣，属于希腊联军。

③　安特诺尔（Αντήνωρ），特洛伊战争中擅长辞令的谋臣，属于特洛伊方面。

一些埋怨；我告诉了你们他对我的态度有多么可怕——受到冷遇的不止我一个，还有卡尔米德①、欧绪德谟②，等等。他欺骗了我们大家；他装扮成爱你们的人，而在你们明白这一点之前，你们自己就已经爱上了他！阿伽松，千万别让他愚弄你！记住我们所受的折磨，你要提高警惕；不要一味等待，就像格言中的那个傻瓜，要从你自己的不幸中吸取教训。③

【c】阿尔基比亚德的坦率引发阵阵哄笑，尤其是，他显然还在爱着苏格拉底。苏格拉底马上对他说：

"你相当清醒，阿尔基比亚德。否则你决无可能如此优雅地掩盖你的动机；你故作信口开河，不经思索，但到最后还是露出了马脚！【d】你想让别人误以为你讲话的真正目的是挑拨离间阿伽松和我的关系！你认为我应当与你相爱，不与别人相爱，而你，应当与阿伽松相爱，不与别人相爱——嗯，我们没有受骗上当；我们已经看穿了你的小把戏。阿伽松，我的朋友，别让他的诡计得逞，别让其他人在我们中间插足。"

阿伽松对苏格拉底说：

【e】"我开始认为你说得对，他到这张躺椅上来，坐在我们俩中间，这不就是一个证明吗？如果不是想要把我们隔开，他为什么要这样做？但他别想得太美了，我现在就换位置，躺到你身边来。"

"好极了，"苏格拉底说。"来吧，到我身边来。"

"天哪！"阿尔基比亚德道。"我真受不了他！他在落井下石；他决不肯放过我。来吧，别那么自私，苏格拉底；至少，我们妥协吧，让阿伽松躺在我们中间。"

"噢，不行，"苏格拉底说。"你已经结束了对我的颂扬，现在该轮到我颂扬坐在我右边的人。要是阿伽松坐到你边上，那么他就必须从头

---

① 卡尔米德（Χαρμίδης），人名，《卡尔米德篇》对话人。

② 欧绪德谟（Ἐυθύδημος），人名，《欧绪德谟篇》对话人。

③ 参阅荷马：《伊利亚特》17：32。

开始颂扬我，【223】而不是让我颂扬他，这是我在任何情况下非常想做的事情。别妒忌，让我赞扬这个孩子。"

"噢，好极了，"阿伽松嚷道。"阿尔基比亚德，现在没有任何理由能让我继续待在你身边了。无论如何我要动一动。我必须聆听苏格拉底对我的赞扬。"

"又来了，"阿尔基比亚德说。"就像以前一样，只要有苏格拉底在，别人就没有机会接近美男子。你们瞧，【b】他要阿伽松挨着他躺下，借口找得多么巧妙！"

然后，突如其来，正当阿伽松换位置的时候，一大群欢宴者突然闯了进来，有人离开时没关门，所以那些人就走了进来，不问青红皂白，坐下就喝开了。大厅里的秩序一下子全乱了，文雅和体面都抛诸脑后，大家互相劝酒，喝得昏天黑地。

在这个时候，阿里司托得姆说，厄律克西马库、斐德罗，【c】还有其他一些最先来的客人离开了。而他自己睡着了，睡了很久（当时是冬天，夜特别长）。他醒来时已是黎明时分，公鸡已经打鸣。他看到客人们要么已经走了，要么还在躺椅上睡着，只有阿伽松、阿里斯托芬和苏格拉底还醒着，【d】在共用一只大杯喝酒，从左到右轮流。苏格拉底还在和他们谈话。他们在说些什么，阿里司托得姆已经记不清了——他没听到开头，醒来以后也仍旧迷迷糊糊——但他们谈论的要点是，苏格拉底试图向他们证明，剧作家应当既能写喜剧又能写悲剧，技艺娴熟的悲剧作家也应当是喜剧作家。苏格拉底的论证进入了决定阶段，不过，说实话，他们太瞌睡了，已经跟不上他的推理。实际上，阿里斯托芬在他们讨论到一半的时候就睡着了，稍后，就在天快亮的时候，阿伽松也睡着了。

苏格拉底把他们安顿了一下，让他们睡得舒服一些，然后起身离去，阿里司托得姆跟着他，像以往那样。阿里司托得姆说，苏格拉底径直去了吕克昂①，洗了澡，像平常那样在那里度过了一天，到傍晚时才回家休息。

————————

① 吕克昂（Λύκαιον），地名。

索　引

Brasidas:Βρασίδας 伯拉西达 Smp.221c

C

calculation:λογισμός 计算，算术 Phdr.
274d

Callias,son of Hipponicus:Καρìα 卡里亚，
希波尼库之子，《普罗泰戈拉篇》对
话人 Cra.391c

Calliope:Καλλιόπη 卡利俄珀 Phdr.
259d

centaur:κενταύρους 肯陶洛斯 Phdr.
229d

Cephalus,the younger:Κεφάλους 凯发卢
斯，《国家篇》对话人 Phdr. 227a,
263d

chalcis:χαλκίδα 铜铃鸟 Cra.392a

change（s）:μεταλλăγή 变化 Smp.
207d+

Chaos（god）:Χάος 卡俄斯（神）Smp.
178b

character（s）:τρόπος 品性 Smp.207e

chariot（s）/charioteer:δίφρος/ ἡνίοχος
马车 / 驭手 Phdr.246+, 253c+

Charmides:Χαρμίδης 卡尔米德,《卡尔
米德篇》谈话人 Smp.222b

children:παῖδες 儿童 / 孩子 Smp.207+,
209

Chimera:Χιμαίρας 喀迈拉 Phdr.229d

Chrysippus:Χρυσίππος 克律西波斯
Cra.395b

Codrus:Κόδρος 考德鲁斯 Smp.208d

comedy:κωμῳδία 喜剧 Smp.223d

Corybantes:Κορυβαντες 科里班忒
Smp.215e

courtesans:ἑταίρα 妓女 Phdr.240b

criticism:ἐξέτασις 批评 Phdr.262c+

Cronus:Κρόνος 克洛诺斯 Cra.396b,
402a,404a;Smp.195b+

custom:ἔθος、νόμος 习俗、习惯 Cra.
434e

Cydathenaeum:Κυδαθηναιεύς 居达塞
奈乌姆（地名）Smp.173b

cymindis:κύμινδις 苍鹰 Cra.392a

Cypselids:Κυψελιδῶν 库普塞利德
Phdr.236b

D

daemon（s）（spirits）:δαίμων 精灵
Smp.202e

Darius:Δαρεῖος 大流士 Phdr.258b

definition:λόγος 定义、理智、理性、说
法、言词 Phdr.263,237d

Delium:Δελίον 代立昂（地名）Smp.
221a+

Delphi/Delphic oracle/god of
Delphi:Δελφοί 德尔斐（地名）Phdr.
230a,235e,244b

Demeter:Δημήτηρ 得墨忒耳 Cra.404b

desire（s）:ἐπῑθῡμία 欲望、期望 Cra.
403c;Phdr.237d+,251,253d+;Smp.191+,
200+

Destiny,law of:μοῖρα 命运法则、宿命
Phdr.248c+

dialect（s）:γλῶσσα 方言 Old Attic,
Cra.398b,401c,410c,418b+,420b,426c

dialectic（al）/dialectician（s）:
διαλέγω,διαλετικός 辩证的 / 辩证
法家 Cra.390c+

difference（s）/different:διαφορά 区别、
差别、不同 Phdr.252c+,261e+

Dione:Διώνης 狄俄涅 Smp.180e

Dionysus（the god）:Διονυσίως 狄奥

195c

flute,flute-playing:αὐλός αὐλεῖν 笛子 / 演奏笛子 Cra.417e;Smp.176e,212d

flux:ῥοῦς 流变 Cra.401d+,411b+,436e+, 440

folly/fool(s):ἠλιθιότης,ὑήθεια 愚蠢、傻瓜 Phdr.231e

forgetfulness:λήθη 遗忘 Phdr.250

form (s):εἰδώς,ἰδέα 型相（型、相）Cra.389+

friend (s) /friendship:φιλία 朋友，友谊 Phdr.232,240c,255+,279c

G

games:παιγνιά 游戏 Phdr.274d

Ganymede:Γανυμήδους 该尼墨得 Phdr.255c

genealogies:γενεαλογία 系谱 Cra. 402e

general (s):στρᾰτηγος 将军 Cra. 394b

generation (s) /genesis:γένεσις 生成 Smp.189d+

geometer/geometrical/geometry: γεωμέτρης, γεωμετρικός, γεωμετρία 几何学家，几何学 Cra. 436d;Phdr.274d

giants:γίγαντας 巨人 Smp.190b

Glaucon,friend of Apollodorus: Γλαύκων 格老孔（阿波罗多洛之友），《会饮篇》对话人 Smp.172c

Glaucus,Lycian hero:Γλαύκος 格劳科斯 Smp.218e

gluttony:ὀψοφαγία 贪吃、饕餮 Phdr. 238a

god (s):Θεός, θεῖον 神 Cra.391e+,

397c+,400d+,402b,406c,408e+,416c, 425c,438c;Phdr.246e+,252c+,273e+, 278d;Smp.180b,183b,188d,190b,195c

gold（en）:χρῦσός 金 / 金的 Cra. 397e+

good （ness/s）:ἀγαθὸν 好（善）Cra. 384b,439c+;Smp.201c+,204e+,206a, 212a

Gorgias:Γοργίας 高尔吉亚，《高尔吉亚篇》对话人 Phdr.261b+, 267a; Smp.198c

Gorgons:Γοργόνων 戈耳工 Phdr.229d

grammar:γραμματικὴ 语法 Cra.384b, 405d,431e

Greece/Greek (s):Ἑλλάς 希腊 / 希腊人 Phdr.244b

H

Hades:Ἅιδης 哈得斯 Smp.179d

happiness:εὐδαίμων 快乐 / 幸福 Smp. 204e

Harmodius:Ἁρμοδίους 哈谟狄乌 Smp. 182c

harmonies/harmony:σὔμφωνος 和音、谐音 Phdr.268d+;Smp.187

heaven (s):οὑρᾰνός 天空，苍穹 Phdr. 247c+

Hector:Ἕκτωρ 赫克托耳 Smp.179e

Helen:Ἑλέν 海伦 Phdr.243a

Helios:Ἥλιος 赫利俄斯（太阳神）Cra.408e+

Hellas/Hellenes/Hellenic:Ἑλλάς, Ἕλληνις, Ἑλληνική 希腊 / 希腊人 / 希腊式的 Cra.383a,385e,390a+,397c, 409d+

Hephaestus:Ἥφαίστος 赫淮斯托斯

Rhea:Ῥέαν 瑞亚 Cra.401e+

rhetoric:ῥητορική 修辞 Phdr.260a+,
　263—266,269+,271,272d+,277c

rhythm（s）:ῥυθμός 节奏 Cra.424c;
　Smp.187b+

rites/ritual:τελετή 祭仪 Smp.175

S

sacrifice（s）:θυσία/ θυσιάζω 献祭
　Smp.188b+

Sappho:Σαπφοῦς 萨福 Phdr.235c

satyr（s）:σατύρ 羊人 Smp.215,216c,
　221d+,222d

Scamander:Σκάμανδρος 斯卡曼德
　Cra.391e

Scamandrius:Σκαμάνδριός 斯卡曼德里
　乌 Cra.392b+

science（s）:ἐπιστήμη 知识、科学
　Smp.207e+

seasons:ὧραι 季节 Cra.410c;Smp.188a+

Selene:σελήνη 月亮 Cra.409a

self-conceit:χαυνότης 自欺 Phdr.237e

self-control:ἐγκράτεια, σωφροσύνη
　自制、自控 Phdr.237e+,256

self-deception:ἐξαπατᾶσθαί αὐτὸν
　自我欺骗 Cra.428d

self-knowledge:γνῶσιν αὐτὴν 自知
　Phdr.230a

self-motion:αὐτος κίνησις 自动 Phdr.
　245c,245e

servant（s）:οἰκεύς 仆人、奴仆 Smp.
　175b

sex/sexes/sexual:γένος /συνουσία 性
　Smp.189d+,192c

Sibyl:Σίβυλ 西彼尔 Phdr.244b

sick（ness）/disease（s）:νόσος 疾病

Smp.188b+

sight:ὄψις 视觉 Phdr.250d

sileni:σιληνύς 森林之神（西勒诺斯）
　Smp.215a+,216d,221e

similar/similarity:ὅμοιος 相同 Phdr.
　240b,262a+,273d

Simmias:Σιμμίας 西米亚斯,《斐多篇》
　对话人 Phdr.242b

Siren（s）:Σειρῆν 塞壬 Cra.403d;
　Phdr.259a;Smp.216a

skill（s）:τέχνη 技艺 Smp.197a

Smicrion:Σμικρίων 司米克里翁 Cra.
　429e

smith:χαλκεύς 铁匠 Cra.388d,389e

Socrates:Σώκρατης 苏格拉底 Cra.396d,
　407d,411a,411b,428d;Phdr.227c+,229a,
　230d,235c,235d,236d,237a,238d,242c,
　244a,252b,257a,261b+,262d,264c+,
　266e+,273e+,275b,279b+;Smp.174a,
　174d+,175e,176c,177d+,194d,199a+,
　214a,215a+,216d+,217a+,219e+,
　220c+,221a+,221e

Solon:Σόλωνος 梭伦 Phdr.258b, 278c;
　Smp.209d

sophist（s）:σοφιστής 智者 Cra.384b,
　391b+;Phdr.257d

Sophocles:Σοφοκλεῖς 索福克勒斯
　Phdr.268c,269a

Sosias:Σωσίας 索西亚斯（救助者、救
　星）Cra.397b

soul（s）:ψῦχή 灵魂 Cra.400c,403+,
　420b;Phdr.245c+,245e+,247,248—
　250,251,253c+,271,273,277c;Smp.
　209

Sous（Rush）:Σοῦς 苏斯（快捷）Cra.
　412b

Urania:Οὐρανία 乌拉尼亚 Phdr.259d;
  Smp.187d
Uranus:Οὐρανός 乌拉诺斯 Cra.396b+

V

virtue（s）:ἀρετή 德性（美德）Phdr.
  250
vowels:ωνηέντα 元音 Cra.424c

W

wantonness:τρὑφή 荒淫 Phdr.238a
warp and woof:στήμων καὶ κρόκη 经
  线与纬线 Cra.388b
weaving:ἱστουργία, ὑφαντική 纺织
  Cra.387c+,390b
whole:ὅλος 全部，整体 Cra.385c; Phdr.
  270c
wine:οἶνος βάκχιος 葡萄酒 Cra.406c
wisdom/wise:σοφία 智慧／聪明 Cra.
  398c;Smp.209a
women:γὺνη 妇女 Cra.418b

words:λόγος ῥῆμα 语词 Cra.421d;Phdr.
  263a+,275,276,278a+
world:κόσμος 世界 Phdr.249a; Smp.
  192e
writers/writing:συγγραφεύς γραφή
  作家、写作 Phdr.258d,259e+,274d+,
  275,276c+,277e,278a
wrong/wrongdoer:ἀδικέω /ἀδικητής
  作恶／做错事 Smp.345d+

X

Xanthus:Ξάνθος 克珊托斯（河名）
  Cra.391e

Z

Zeus:Διὸς 宙斯 Cra.395e+,410d;Phdr.
  227b,246e+,252c+,255c,275b;Smp.
  180e,190c,197b